러시아에서 분단을 만났습니다

러시아에서 분단을 만났습니다 - '충성의 외화벌이' 라 불리는 북한노동자

초판1쇄 인쇄	2019년 12월 6일
초판1쇄 발행	2019년 12월 22일
글·사진	강동완
출판사	도서출판 너나드리
제작	하늘생각
등록번호	2015-2호.(2015.2.16)
주 소	부산시 사하구 다대로 381번길 99 101동 1406호
이메일	simple1@hanmail.net
전 화	051-200-8790, 010-4443-6392
책임편집	강동완
디자인	박지영
일러스트	권보미
교 정	김지수 송현정

값 29,000 원
ISBN 979-11-965081-4-2(03340)

· 이 도서의 국립중앙도서관 출판예정도서목록(CIP)은 서지정보유통지원시스템 홈페이지 (http://seoji.nl.go.kr)와 국가자료공동목록시스템(http://www.nl.go.kr/kolisnet)에서 이용하실 수 있습니다. (CIP제어번호 : CIP2019049614)

러시아에서 분단을 만났습니다

'충성의 외화벌이'라 불리는 북한노동자

강동완

프롤로그

'당과 조국을 위한 충성자금'으로 러시아에 파견된 북한노동자...

바다도 얼려버릴 만큼 혹한의 추위에도 그들은 건설현장에 있었습니다. 이른 아침부터 밤늦도록 작업장의 불빛은 꺼지지 않았습니다. 뼛속을 에이는 시베리아 벌판의 매서운 칼바람에도 그들의 망치질은 계속되었습니다.

평양에 두고 온 가족의 얼굴을 못 본 지는 벌써 여러 해가 지났습니다. 지갑 속 깊숙이 넣어 둔 사진 한 장으로 사랑하는 아내와 아이의 얼굴을 더듬습니다.

온갖 멸시와 차별을 견딘 채 고된 노동으로 번 돈은 '계획분'이라는 이름으로 높은 사람들에게 바쳐졌습니다. 4년 만에 고향으로 돌아가는 어느 노동자의 손에 쥐어진 건 고작 50달러였습니다.

이 책은 그들을 기억하고자 함이 결코 아닙니다. 그들은 그 어느 때 지나간 과거가 아닌, 지금 이 순간에도 여전히 진행형입니다. 그러니 기억이 아니라 관심이 되어야 마땅합니다. 세상 어디에 '당과 조국을 위한 충성자금'이라는 이름으로 자신의 삶을 강요당하는 사람들이 있을런지요.

'유엔 안보리 대북제재 결의 2397호'는 2019년 12월 22일까지 전 세계 모든 해외 파견 북한노동자들을 본국으로 돌려보내야 한다고 규정합니다. 이제 그 시한이 한 달 정도 남았습니다.

그들의 삶의 흔적들을 세상에 남겨둬야겠다는 생각이 들었습니다. 독재정권의 폭력이 한 개인의 삶을 얼마나 모질게 짓밟는지 세상이 알아야 합니다.

저의 담력이 부족하여 그들의 삶을 온전히 들여다보지 못한 게 죄송할 따름입니다. 그들이 생활하는 단체숙소 앞에서 망설이다 발길을 돌린 적이 한두 번이 아닙니다. 어쩌면 그 문을 열고 들어가야 했을지도 모릅니다. 저의 용기 없음에 자책하면서도, 이 책을 통해 그들의 흔적이 세상에 알려질 수 있기를 감히 소망합니다.

그럼에도 그들과 함께 나눈 이야기를 상세히 전하지 못함은 여전히 그들이 감시와 통제로 갇혀 있기 때문입니다. 혹여나 그들의 신변이 노출될 내용이 있는지 몇 번이고 되뇌며 살폈습니다. 미처 생각지 못한 작은 단서 하나까지도 꼼꼼히 챙기려 했습니다.

이 책은 1부 <삶을 보다>와 2부 <삶의 이야기를 나누다>로 구성되었습니다. 1부는 그들이 타국에서 어떻게 생활하는지, 당과 조국을 위한 충성자금은 어떤 건지, 어느 건설현장에서 일했는지 등을 다룹니다.

러시아 연해주 그들이 있는 곳을 찾기 위해 부단히도 걷고 달렸습니다. 길에서 스쳐간 그들의 흔적 하나까지도 담고 싶었습니다. 2부는 그들과 나눈 이야기를 가감 없이 전하고자 했습니다. 모두 8명의 이야기가 오롯이 담겨 있습니다. 저마다의 사연들은 시린 눈물을 닦아 낼 만큼 여리고 아픈 흔적들입니다. 그들과의 만남이 여러 번 이어질수록 아려오는 마음들을 담대히 마주할 수 없었습니다.

글을 쓰는 내내 왜 이 책을 세상에 내놓아야 하는지 생각하고 또 생각했습니다. 스스로에게 던진 해답은 그들의 삶을 세상도 알아야 한다는 것, 단 하나의 이유입니다.

그리하여 이제 그들의 흔적들을 세상에 내어 놓고자 합니다. 시베리아 벌판 한 복판에서 뼛속을 에이는 칼바람을 맞으면서도 '충성의 외화벌이'라는 이름으로 청춘을 잃어가는 그들의 삶의 아픈 조각들을 말입니다.

"나도 이제 집에 가고 싶어."

그들의 최종 철수 기한인 2019년 12월 22일까지
한 달 정도 남은 어느 날,
분단을 보듬으며 강동완 쓰다.

차례

프롤로그 04

1부 삶을 보다

1장 러시아 연해주를 가다 15
1. 갈 수 없는 하늘길 17
2. 중국에서 러시아 국경 넘기: 국제버스를 이용한 땅길 22
3. 얼어버린 바다 30
4. 영하 40도, 하바롭스크 36

2장 당과 조국을 위한 충성자금 45
1. 러시아에 오기까지: 해외 파견노동자 신분 얻기 47
2. 충성의 외화벌이: 누구를 위해 좋은 울리나 64

3장 타국에서 살아가는 방법 91
1. 베트남 식당: 한 끼의 특식으로 달래는 설움 93
2. 중국시장: 공사용 자재와 생필품 구입하기 100
3. 숙소: 하룻밤 견뎌내기 110
4. 혁명광장에서 맞는 새해 첫 날 115
5. 한국영화와 드라마 접하기 119
6. 검문의 표적이 되다 122

4장 길에서 마주한 북한노동자   129
    1. 김일성-김정일 초상 휘장을 달고 다니는 사람들   131
    2. 버스 옆자리에 나란히 앉은 남북한 사람들   132
    3. 길거리에서 스쳐 지나간 분단의 사람들   136
    4. 기차역에서 러시아 각지로 흩어지기   142
    5. 공항에서 새로운 세상으로 던져지기   154
    6. 24시간 편의점에서 노동을 이어가기   158
    7. 공사장에서 버텨내기   161
    8. 탈북민과 해외 북한노동자와의 재회   164

5장 그들의 흔적: 러시아에 남겨진 노동과 눈물   171
    1. 버스킹과 해적커피   175
    2. 키즈카페 리모델링   178
    3. 혁명광장의 러시아정교회 성당   181
    4. 혁명 동상   190
    5. 주마(ZUMA)레스토랑 옆 아파트   194
    6. 로얄버거와 쇼핑몰   198
    7. 보석상점과 한국 관광 버스   200
    8. 마린스키 극장 앞 대형빌딩   202
    9. 개선문 옆 건물   204
    10. 레닌동상 옆 빌딩   208
    11. 우수리스크 호텔   210
    12. 우수리스크 최재형 고택 옆 아파트   218
    13. 우수리스크 푸시킨 동상 옆 아파트   220

6장 고국으로 돌아가는 날   223
    1. 단체로 귀국 선물 구입하기   225
    2. 두만강철교 건너 고향 가는 길   240

보다와 나누다 그 사이

금각교	248
북한섬	254
분단의 자물쇠, 통일의 열쇠	256
블라디 기차	260
영도대교 가는 버스	262
크레인이 선 곳은 어디나	264

2부 삶의 이야기를 나누다   266

1. 북한으로의 귀향을 앞두고 번뇌하던 리선생	268
2. 집 한 채를 홀로 짓던 50대의 가장	350
3. 딸아이를 위해 디지털 카메라가 필요하다던 아버지	364
4. 총 한 자루만 구해 달라요	390
5. 아내에게서 온 편지	404
6. 찬송가를 외워서 부르기까지	426
7. 우리는 핵 대국, 남조선은 경제 대국	436
8. 해외생활 한 사람은 간부사업을 안 시킨다	454

에필로그   470

일러두기 · 북한노동자의 얼굴은 신변보호 상 모자이크 처리하였음을 밝힙니다.
· 〈2부. 삶의 이야기를 나누다〉는 러시아를 여러번 오가며
북한노동자들의 삶을 기록한 이야기입니다.

1부
삶을 보다

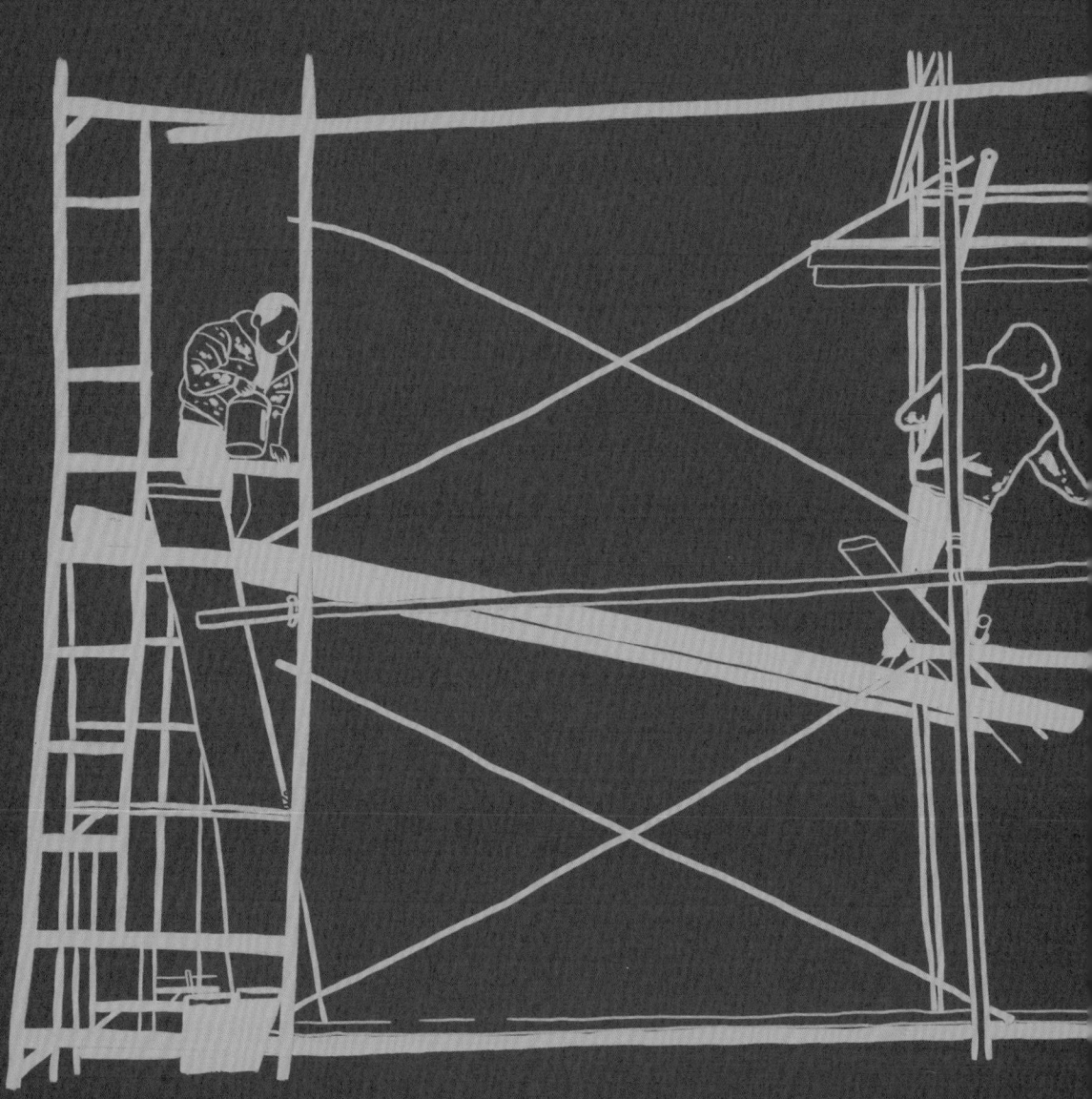

1장. 러시아 연해주를 가다

러시아 파견 북한노동자를 만나러 가는 길은 하늘길로부터 시작했다. 달리 선택의 여지가 없었다. 부산을 출발해 서울과 평양을 거쳐 시베리아 횡단열차를 타면 유럽까지 이른다는 땅길은 지금 끊어지고 막혔다. 러시아에서 북한노동자가 주로 체류하는 곳은 블라디보스토크(Vladivostok), 우수리스크(Ussuriysk), 하바롭스크(Khabarovsk), 사할린(Sakhalin) 등이다.

그들의 삶을 접하기 위해 먼저 연해주의 수도인 블라디보스토크행 비행기에 몸을 실었다. 비행기를 타고 가는 하늘길도 에둘러 가기는 마찬가지다. 부산 김해공항을 출발해 인천공항에서 환승 후 중국 영공을 거쳐야만 블라디보스토크에 이른다. 대한민국 국적기는 북한 영공을 날아갈 수 없기 때문이다.

두 번째로 선택했던 길은 중국에서 국제버스를 타고 러시아로 들어가는 땅길이다. 세계 패권을 움켜쥔 거대한 나라 중국과 러시아. 그 두 나라의 국경은 단 한줄의 선에 불과했다. 버스터미널에서 승차권을 구입하면 체제와 이념으로 얼룩진 분단은 존재하지 않았다. 그들을 만나러 가는 길은 분단의 섬나라를 살아가는 우리의 처지만큼이나 아프고 시린 걸음이었다.

러시아 연해주의 하늘과 땅은 몹시도 차갑고 시렸다. 바다마저 얼어버리는 혹한의 날씨속에 그들이 있었다. '충성의 외화벌이'라는 이름으로…

1. 갈 수 없는 하늘길

중국 영공을 에둘러 러시아로 들어가다

부산을 출발한 비행기는 한 시간도 채 안되어 인천공항에 내렸다. 두어 시간 기다린 후 러시아 블라디보스토크로 향하는 비행기로 환승을 했다. 비행기에 올라 좌석 모니터에 안내되는 비행경로를 보고 순간 깜짝 놀랐다. 인천에서 블라디보스토크까지 연결된 항공노선은 분명 북한 영공을 지나가는 직선으로 표시되었기 때문이다. 태극마크를 단 한국 국적기가 북한 상공을 날아서 러시아에 간다니... 반신반의하며 모니터를 뚫어지게 지켜봤다. 하지만 북한 하늘을 날아간다는 놀라움과 설렘은 아주 잠깐의 호사로운 상상에 불과했다.

비행기 앞머리는 서해안을 향했고, 실제 비행여정은 중국으로 우회하여 러시아에 이르는 길이었다. 남북한을 가르는 단 한 줄의 선으로 인해 곧장 닿을 수 있는 길을 에둘러 가야만 했다. 조국의 반쪽을 똑바로 마주하지 못하고 이리 돌아가야만 하는 아픈 여정이 또 있을까?

인천에서 블라디보스토크로 향하는 비행노선이 북한 영공을 지나 일직선으로 그어졌다. 실제 그 노선으로의 여정을 기대했던 건 아주 잠깐의 호사였다.

인천을 출발한 비행기는 중국 선양과 창춘을 거쳐 블라디보스토크에 이른다.
직선이 아닌 에둘러 가야만 하는 분단의 하늘길이다.

일본 영공을 거쳐 조국으로...

　블라디보스토크에서 인천공항으로 돌아오는 길 역시 슬프고 아픈 여정이기는 매한가지였다. 조국으로 돌아오는 길은 결코 순탄하지 않았다. 분명 조국의 반쪽과 맞닿은 땅이지만 분단의 섬에 갇혀 또 다른 길을 선택해야만 했다.
　블라디보스토크를 출발해 인천으로 돌아오는 길은 처음에 갔던 노선과 반대로 오면 될 일이다. 그런데 중국 영공을 지나는 항공노선의 경우 중국이 가끔 공항사정으로 허가를 하지 않을 때가 있다. 중국 영공이 막히면 대안은 일본쪽으로 돌아오는 길이다. 예정보다 한 시간 정도 더 소요되지만 달리 방법이 없다. 중국이 영공을 허가해 줄 때까지 무한정 기다릴 수 없기에 항공사는 대안으로 일본영공을 거쳐 돌아오는 노선을 선택한다.

　인천을 출발한 비행기가 원산을 지나 함흥을 거쳐 블라디보스토크에 이르는 일직선의 경로는 단 한 줄의 분단선으로 인해 결코 닿을 수 없는 금단의 하늘이다. 그들을 만나러 가는 길은 그렇게 가깝고도 멀었다.

블라디보스토크에서 인천으로 돌아오는 여정은 중국 영공이 막히면 일본영공을 이용해 처음과 정반대로 돌아서 온다.

1장 러시아 연해주를 가다

2. 중국에서 러시아 국경 넘기 : 국제버스를 이용한 땅길

연길에서 훈춘으로

한국에서 비행기를 타고 중국 연길(延吉)에 도착했다. 북녘의 모습을 조금이라도 가까이 보고자 두만강 건너 북한 남양시가 보이는 도문(圖們)을 먼저 찾았다. 추석날 아침, 중국쪽 높은 산에 올라가 멀리 북녘땅과 사람들을 바라봤다. 그리고 다시 연길로 돌아와 하룻밤을 묵은 뒤 다음날 훈춘으로 향했다. 연길에서 훈춘까지는 대략 2시간 정도 걸리는데, 우리의 마을버스 만한 크기의 정기버스가 다닌다.

연길에서 훈춘 가는 버스의 실내 모습

연길에서 훈춘에 이르는 버스는 정해진 출발시간이 없다.
손님이 좌석을 모두 채우면 출발하는데 대략 20-30분 정도 기다린다.

훈춘 국제버스 정류장과 훈춘세관

중국에서 러시아로 가는 국제버스는 훈춘에서 출발한다. 훈춘국제버스정류장에서는 크라스키노(Kraskino), 슬라비안카(Slavyanka), 블라디보스토크, 우수리스크 등으로 가는 버스가 매일 운행된다. 훈춘에서 블라디보스토크로 가는 방법은 두 가지다. 하나는 훈춘에서 블라디보스토크 까지 직행으로 가는 버스다. 또 하나는 슬라비안카 까지 간 후 거기에서 블라디보스토크로 가는 대절택시나 버스로 갈아타는 방법이다.

홀로 길을 떠난 필자는 블라디보스토크까지 한 번에 가는 여정보다는 슬라비안카에 들르는 일정을 선택했다. 연해주 그 곳 어디든 북한노동자들의 흔적을 찾고 싶었기 때문이다. 러시아로 넘어가는 국제버스는 북한노동자들도 종종 이용한다. 사람이 많아 좌석이 매진되면 옆 좌석에 북한노동자와 함께 나란히 앉는 경우도 있다.

중국 훈춘 국제버스정류장에서 출발한 버스는 30분 정도만 달리면 훈춘세관에 이른다. 버스에서 자신의 짐을 모두 꺼내 출국수속을 한다. 한꺼번에 출국자들이 세관에 모이는 날, 특히 중국과 러시아를 오가는 보따리상을 태운 대절버스라도 만나면 출국 수속은 몇 시간이 걸릴지 장담하기 어렵다.

중국에서 러시아로
들어가기 전
훈춘버스정류장에서

중국 훈춘 국제버스정류장

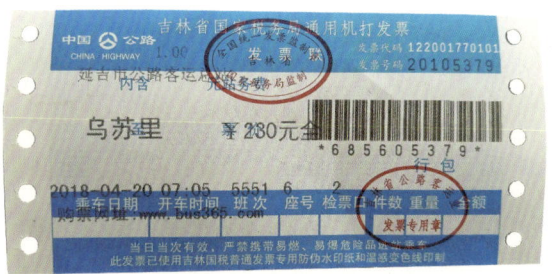

중국 훈춘에서 러시아로 가는 국제버스 티켓

1장 러시아 연해주를 가다

중국 훈춘에서 러시아 슬라비안카로 가는 국제버스와 화물차

러시아로 가는 길목인 중국 훈춘세관

단 한 줄의 선

중국과 러시아의 경계는 말 그대로 단 한 줄의 선에 불과했다. 그저 이쪽과 저쪽이라는 표식만 알려주는 선이었다. 국제버스를 타고 경계를 넘는 그 순간, 국경의 삼엄함이란 존재하지 않았다. 남북으로 갈라져 이념의 장벽으로 굳게 막힌 한반도의 분단선과는 분명 달랐다. 어쩌면 버스를 타고 그 선을 지날 수 있다는 것만으로도 이미 분단의 선과는 비교조차 할 수 없었다. 그렇게 중국에서 러시아로 넘어갔다. 경계를 넘는 건 찰나의 순간이었다.

중국과 러시아의 국경선과 도로

3. 얼어버린 바다

12월, 그 겨울의 블라디보스토크

다른 곳도 아니고 바다가 얼어버렸다. 파도가 일렁이던 그 모습 그대로 얼어붙어 거대한 얼음덩이로 변했다. 영하 40도를 오르내리는 추위에 바다는 더 이상 파도 칠 수 없었다. 그렇게 얼어버린 바다 위로 자동차가 다녔다. 사람들은 낚시를 하기 위해 길을 내어 먼 바다까지 운전해서 갔다. 살을 에는 시베리아 벌판의 맹추위는 바다를 육지로 만들어버렸다. 누군가 날카로운 송곳으로 얼굴을 할퀴는 것처럼 따갑고 시렸다. 그리도 바람은 모질었다.

얼어버린 바다

12월의 한겨울 추위는 블라디보스토크의 바다를 얼려버렸다.
배는 더 이상 바다를 향해 나아갈 수 없었다.

눈앞에 보고도 믿기지 않는 광경에 놀란 것도 잠시, 문득 이곳에 체류하는 북한노동자들이 떠올랐다. 지금 이 순간에도 그들은 어느 건설장에서 혹독한 겨울바람을 정면으로 맞서고 있을 터이다. 순식간에 바다를 얼려버린 그 매서운 추위에도 불구하고, 그들의 노동은 멈추지 않았다. 앞만 보일 정도로 겨우 눈만 빼곡히 내어놓고, 온몸을 두꺼운 옷으로 중무장해도 뼛속을 파고드는 시린 바람을 막아내지 못했다. 하지만 그들은 이 추위에도 변변한 외투 하나 걸치지 못한 채 공사장 외벽에 붙어 추위와 사투를 벌였다. 블라디보스토크의 겨울은 그들에게 너무도 차갑고 매서웠다.

한겨울 세찬 바람을 견뎌낸 봄날이 기지개를 편다는 3월의 바다도 여전히 군데군데 얼음으로 덮여있긴 마찬가지다. 따스한 봄날이 한참이나 더디 올 만큼 긴 겨울의 추위를 그들은 어떻게 견디어낼까?

새봄이 온다는 3월의 블라디보스토크 전경

4. 영하 40도, 하바롭스크

　우수리스크에서 하바롭스크까지 가는 시베리아 횡단열차를 탔다. 9박 10일간의 모스크바행 시베리아 횡단열차를 타는 건 죽기 전에 반드시 해 봐야 한다는 버킷리스트 중 하나다. 하지만 지금 이 기차를 탄 목적은 오직 하나, 시베리아 횡단열차를 타고 이동하는 북한노동자를 기차에서 만나기 위함이다. 한정된 공간에서 그들을 만난다면 많은 이야기를 나눌 수 있을 만큼 충분한 시간을 보내리라 기대했다.

　6인실, 4인실, 2인실로 나뉘는 시베리아 횡단열차에서 당연히 그들은 6인실을 이용한다. 6인실 중에서 그나마 1층 좌석을 인터넷 예약사이트를 통해 구했다. 꼭 6인실 침대 옆에 그들이 아니더라도 최소한 같은 객차 안에만 있어도 다가가 말을 걸어볼 요량이었다. 저녁에 우수리스크를 출발해 새벽 6시경에 하바롭스크에 도착하는 시베리아 횡단열차를 타고 밤새 시베리아 벌판을 달렸다.

기차 안에서의 재회는 없었다

　　6인실 침대칸에서 마주한 승객은 아쉽게도 북한노동자들이 아니었다. 젊음의 낭만으로 모스크바까지 여행한다는 중국 대학생들과의 동행이었다. 혹여나 같은 객차 안에 있을까 몇 번이나 복도를 다녀 봐도 북한노동자로 보이는 사람들을 마주하지는 못했다. 이미 출발하는 시간이 저녁이라 모두 서둘러 잠자리를 청하는 중이었다. 방해가 될까 무작정 복도를 누빌 수도 없는 노릇이었다. 결국 하바롭스크에서 블라디보스토크로 돌아올 열차를 기약하며 하루를 정리했다. 하바롭스크에서 만날 새로운 인연들을 기대하면서…

기대의 기차표

삼성 핸드폰도 얼려버린 추위

새벽녘 하바롭스크에 도착해 플랫폼에 발을 디뎠다. 도시 전체가 얼음 속에 있는 듯했다. 그 새벽, 어디로 가야할지 몰랐다. 당장 호텔을 찾아가는 것 외에는 달리 방법이 없었다. 무거운 캐리어도 두어야 했고, 무엇보다 그 시간에 북한노동자를 찾아 어디든 무작정 갈 수는 없었다. 스마트폰에서 지도 어플을 켜고 호텔 위치를 검색했다. 기차역과 가까운 곳에 숙소를 예약했기에 걸어서 갈 수 있으리라 생각했다.

하지만 영하 40도의 맹추위는 정말 혹독하리만큼 매섭고 차가웠다. 눈을 뜨기도 어려울 만큼 바람은 따가웠다. 몇 걸음 가지도 못했는데 갑자기 핸드폰이 작동하지 않았다. 추운 겨울에 핸드폰이 가끔 먹통이 된다는 말은 들었지만 실제로 경험해 보니 말문이 막혔다. 새벽이라 상점이 대부분 문을 열지 않았고, 지나가는 사람도 뜸했다.

낯선 타국의 새벽을 맞으며, 그 길 위에서 할 수 있는 게 아무것도 없었다. 추위에 얼어버린 발만 동동 구른 채 홀로 버려졌다. 북한노동자들도 처음 이곳에 왔을 때 이런 마음이었을까?

새벽에 도착한 하바롭스크 기차역

하바롭스크 기차역

▲▲ 하바롭스크 시내를 다니는 전철
▲ 하바롭스크 전철   ▶ 전철실내

1장 러시아 연해주를 가다   41

하바롭스크 아무르강변에 세워진
김정일 방문 기념 표지석

김정일과 아무르강

상점의 문이 열릴 때까지 기다렸다. 얼어버린 핸드폰을 들고 어딘지도 모르는 길을 무작정 걸어갈 수는 없었다. 태어나서 지금까지 그토록 춥다고 느껴 본 적은 아마 처음이었던 것 같다. 왜 굳이 이곳에 와서 이런 고생을 하는지 스스로를 탓했다. 그저 돌아가고 싶었다.

그렇게 자책하며 얼마의 시간이 지났을까? 슈퍼마켓으로 보이는 상점 한 곳에 문이 열렸다. 따스한 온기란 바로 그런 것임을 그 때 알았다. 온풍기 앞에 서서 한참동안이나 몸을 녹였다. 얼어버린 스마트폰을 해동하는 시간이었다. 다시 핸드폰이 작동했다. 세상에서 가장 따사로운 시간을 허락해 준 점원에게 감사하다며 몇 번이고 고개를 숙였다. 지도에 표시된 길을 따라 호텔까지 걸었다. 불과 10분 거리였다.

호텔을 나와 가장 먼저 찾아간 곳은 아무르 강변이었다. 2001년 그 곳에 김정일이 다녀갔다는 안내표지판을 보기 위해서다. 최고지도자가 다녀갔다는 하바롭스크에 파견된 그들은 가문의 영광이라 생각할 만큼 자랑스러운 마음이 들었을까?

2장. 당과 조국을 위한 충성자금

'당과 조국을 위한 충성자금', '충성의 외화벌이 일꾼'은 바로 그들을 부르는 말이다. 무엇이 그들로 하여금 낯선 타국까지 오도록 만들었을까? 마치 볼모인 양 사랑하는 가족들을 조국에 남겨둔 채, 이역만리 땅에서 하루하루를 견뎌내는 그들의 삶을 어떻게 마주할까? 그들의 생활에 깊숙이 자리한 고통의 흔적들을 따라가 보면 해외 파견 북한노동자의 삶을 조금이라도 헤아려 볼 수 있으려나...

1. 러시아에 오기까지 : 해외 파견노동자 신분 얻기

왜 해외 파견노동자가 되려 할까?

러시아 파견 북한노동자를 직접 만나기 전까지 한 가지 궁금증이 생겼다. 그들은 왜 러시아에 파견노동자로 나오려 할까라는 의문이었다. 러시아에서 한두 사람의 북한노동자를 직접 만나, 그들의 힘겨운 생활과 노동실태를 알게 되면서 그 궁금증은 더욱 깊어졌다. 해외노동자는 북한당국의 일방적인 차출이 아닌, 개인이 자원을 하고 심지어 뇌물까지 건네면서 받는 하나의 특혜다.

해외노동자 신분으로 러시아에 파견되어 마치 노예와 같은 상황에 처해지는데 그들은 정말 그런 상황을 전혀 모른 채 러시아에 오는 걸까? 아니면 그러한 상황을 익히 알면서도 또 다른 이유와 목적 때문에 자원을 하는 걸까?

러시아 파견노동자들은 국가에 의해 강제 차출이 아니라 본인들이 직접 신청해 자발적으로 오는 경우가 많다고 한다. 그렇다면 그들은 왜 러시아에 나오기를 희망할까? 그들의 말처럼 "당과 조국을 위한 충성자금"을 마련하기 위한 외화벌이 일꾼으로서 자부심을 갖고 오는 것일까?

이러한 의문은 그들이 북한체제와 정권에 대해 어떻게 인식하는지를 알 수 있는 중요한 문제다. 만약 그들이 정말 '충성자금'이라는 표현처럼 '당과 조국'을 위해 자신을 희생하면서 까지 그렇게 열악한 노동 상황을 참고 견딘다면 정권에 대한 충성도와 체제내구력은 매우 강하다고 할 수 있다. 충성자금은 말 그대로 국가에 귀속되는 공적인 자금이다. 그렇게 본다면 러시아 내 북한노동자들은 자신의 노동력을 동원해 개인의 보상이 아닌 국가의 자금마련을 위한 충성의 일꾼이 되는 것이다.

그런데 외화벌이 일꾼으로 당과 조국을 위한 충성자금이라 말하지만, 개인의 자발적 신청을 어떻게 이해해야 할까? 정말 그들은 자신의 삶을 충성의 외화벌이 일꾼으로 바치려는 것일까?

더욱이, 선발을 위한 면접 과정에서 대부분의 북한노동자들은 뇌물을 건네고 러시아에 나온다. 국가를 위한 공적인 일에 굳이 왜 개인이 뇌물을 바치면서까지 그 신분을 얻으려고 할까? 나라를 위한 충성의 길에 오직 한 몸 불사르겠다는 개인의 자발적 의지로만 설명하기에는 분명 한계가 있다. 결국 외화벌이 일꾼이라는 명분과 함께 개인의 실리를 취할 수 있는 여지가 있다는 점이다.

뇌물로 이루어지는 거래: 얼마를 바쳐야 할까?

노동자들은 러시아에 나오기 위해 뇌물을 주고 자격을 얻는다. 뇌물의 규모는 어느 정도일까? 개인별로 차이는 있지만 대략 3,000달러에 달하는 금액을 간부들에게 바치고 허가 문건을 받은 사례도 있다. 뇌물이 오간다는 건 러시아에 나오고 싶은 사람은 많지만, 나올 수 있는 인원은 제한되어 있다는 걸 의미한다.

뇌물을 건네는 과정에서 그냥 돈만 준다고 해서 허가를 구할 수 있는 건 아니다. 면접자들 중에는 "간부 중에 아는 사람이 있어서 더 헐하게 문건을 받을 수 있었다"는 증언이 있었다. 결국 친분이 있는 사람에게 뇌물을 주고 뒷거래를 해야 러시아 파견 노동자라는 자격을 얻을 수 있는 것이다.

그런데 또 하나 주목할 점은 이들의 출신지역이 대부분 평양이라는 사실이다. 러시아에서 만난 북한 노동자들의 출신지역은 평양을 제외하고 찾아볼 수가 없었다. 군복무를 위해 평양을 떠나 다른 지역에서 생활한 적은 있지만, 러시아에 나오기 직전까지는 대부분 평양이 주거주지였다. 이는 북한에서 러시아로 나오는 노동자의 출신이 편향되었음을 단적으로 보여준다. 인터뷰 내용을 종합하면 러시아 노동자로 나오기 위해서는 간부 중에 친분이 있어서 뇌물을 바치되 거주지가 반드시 평양인 사람들이 대부분이라고 한다. 그리고 가족이 반드시 평양에 남아 있어야 한다.

물론 최근에는 평양이 아닌 지방출신 사람들도 자원하는 경우가 있다는 증언도 있었다. 해외에 나와 일을 해도 계획분(상납금)을 바치고 나면 개인별 이익금이 거의 없다는 걸 평양사람들이 알았기 때문이라고 한다. 차라리 북한에서 장사를 하는 게 훨씬 낫다는 한탄도 했다. "죽어라 벌어서 남 좋은 일 시키는 거 밖에 없어요"라며 이제 평양사람들은 해외파견을 꺼린다고 한다. 지방 사람들이 아직 평양 사람들보다 해외 다니면서 "눈 뜨지 못했으니까" 상황을 잘 모른 채 자원한다고 말한다.

이는 러시아를 비롯한 해외파견 노동자들의 체류기간이 길어지면서, 본국에 들어간 후 해외 체류 시 겪었던 부당한 일들이 국내에 알려지면서 나타난 결과다. 즉 해외에 나가서 아무리 일을 해도 처음에 뇌물로 바친 돈을 갚기 어려울 정도로 큰돈을 벌지 못한다는 사례가 늘고 있다.

평양발 블라디보스토크행 비행기에 오르다

평소에 친분이 있는 사람에게 뇌물을 건네고 허가를 받아 해외 파견 노동자가 된 그들은 평양을 떠나 어떻게 러시아까지 올까? 그들이 러시아에서 어떻게 생활하는지 살펴보기 전에 먼저 러시아에 오는 경로부터 알아보자.

필자가 인천공항에서 대한항공 비행기를 타고 블라디보스토크에 도착했다면, 그들은 평양 순안공항에서 고려항공 비행기에 오른다. 평양을 출발해 블라디보스토크까지 가는 비행기는 매주 1-2회 정도 운항한다. 요금은 개인이 지불해야 하는데 200달러 정도라고 한다. 하지만 실제로 뇌물로 바치는 것까지 감안하면 500달러 정도는 있어야 비행기를 탈 수 있다고 했다. 기차가 120달러 정도인 것을 감안하면, 500달러나 되는 항공권을 지불하고 오는 경우는 많지 않다고 한다.

파견기간이 만료되어 러시아에서 북한으로 귀환할 때도 블라디보스토크 공항을 주로 이용한다. 실제로 블라디보스토크 공항에서는 북한노동자들을 어렵지 않게 볼 수 있다. 대규모 건설장에 단체로 합숙 하며 일하는 건설노동자들은 상대적으로 많은 수가 함께 이동을 한다. 공적인 업무 외에 해외에 나간다는 건 꿈도 꿀 수 없다는 그들은 해외에 첫발을 내딛는 블라디보스토크 공항에서 어떤 생각에 잠길까?

그들은 누구였을까?

그런데 그날은 조금 특이한 경험을 했다. 그날도 어김없이 블라디보스토크 공항에 평양발 비행기가 도착했다. 한 무리의 사람들이 공항에서 버스를 기다렸다. 아래위로 검은색 양복을 입은 그들은 평소 때 보던 일반 북한노동자들의 모습과는 조금 달라 보였다. 일반 건설현장의 북한노동자들이 상대적으로 왜소한 체형에 나이대가 40-50대임을 감안하면 그들은 20-30대 정도의 젊은 나이였다. 조금 나이든 사람은 그들의 인솔자인 듯했다.

북한노동자들이 공항을 처음 이용하면서 카트를 이용하는 데 익숙지 않다거나, 심지어 캐리어를 끌고 가는 모습이 인상적이었다고 까지 증언한다. 하지만 그들은 공항에 도착해 버스를 타고 공항을 빠져나갈 때까지 전혀 어색함 없었다. 자신들이 해야 할 일을 잘 알고 있는 듯했다. 캐리어를 끌고 카트에 짐을 옮기는 내내 그들의 표정에는 긴장감을 찾아볼 수 없었다. 분명 공항을 처음 이용하는, 즉 해외에 처음 나오는 사람들로 보기에는 그들의 행동이 너무도 자연스러웠다. 그들은 누구였으며, 러시아에서 무슨 일을 할까?

2장 당과 조국을 위한 충성자금

중국에서 국경을 넘는 사람들

　중국에서 러시아로 가는 국제버스는 연길과 훈춘 국제버스정류장을 이용한다. 북한에서 중국으로 연결된 세관 중 이 지역과 관련이 있는 곳은 북한 남양과 연결된 중국 도문세관, 북한 원정리와 연결된 중국 권하세관 등이다. 북한에서 두만강 다리를 건너 중국 연길과 훈춘에서 국제버스를 이용해 러시아에 이르는 여정이다. 한 명의 북한노동자라도 만나면 좋겠다는 기대를 안고 국제버스에 올랐다. 아침 7시 30분 연길을 출발해 우수리스크까지 가는 여정이었다. 한두 명씩 좌석이 채워지고 승객들 사이로 다행스럽게도 그들이 보였다. 한 그룹으로 보이는 대여섯 명 정도의 북한사람들과 같은 버스에 동행하게 된 것이다.

중국-러시아를 오가는 국경버스

중국세관을 통과할 때 그들의 짐을 유심히 살폈다. DELL 노트북이 눈에 띄었다. 그 중에 한 명은 분명 일행보다 나이가 훨씬 젊어 보였음에도 마치 그들을 지휘하는 인솔자처럼 거만하게 행동했다. 짐가방을 옮기는 것도 그가 아닌 나머지 사람들의 몫이었고, 바지주머니에 손을 넣은 채 그저 지시만 할 뿐이었다. 물건을 사거나 표를 구입할 때 돈을 지불하는 것은 모두 그의 몫이었다. 그는 필자가 앉은 좌석 바로 앞자리에 앉았다. 버스 이동 중에 그는 차안에서 내내 스마트폰에만 열중했다. 필자의 건너편 자리에 앉은 다른 북한노동자는 러시아입국 카드를 작성하고 있었다. 손에 쥔 북한여권이 선명하게 보였다.

우수리스크까지 향하는 필자와 달리 그들은 휴게소에 잠시 멈추었을 때 블라디보스토크 행 버스로 갈아탔다. 정해지지 않은 일정이었음을 확신한 건, 휴게소에 정차한 블라디보스토크 행 버스 기사와 몇 마디 나누며 흥정을 했기 때문이다. 잠시 몇 마디 나누며 돈이 오가더니 이내 그 버스로 짐을 옮기고 모두 갈아탔다. 이 모든 과정은 바로 그 젊은 인솔자가 지휘했다.

휴게소에서 블라디보스토크행 버스로 갈아타는 북한노동자

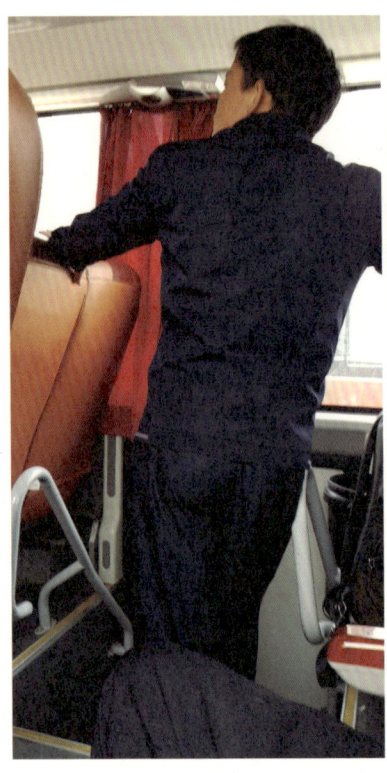

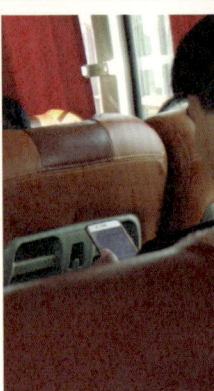

관광여권을 연장하기 위한 작전

중국에서 국경을 넘어 러시아로 들어오는 북한노동자의 경우 비자를 연장하기 위한 목적도 있다. 대북제재의 영향으로 해외 노동자 파견이 금지되자, 북한당국은 노동자들을 관광여권 형태로 내보낸다고 한다. 문제는 관광비자 체류기간이 3개월이기 때문에 기간이 경과하기 전에 중국 국경을 넘었다가 다시 들어오는 방법을 쓴다고 한다. 중국에서 러시아 국경을 넘는 북한노동자들의 형태와 목적이 각각 다름을 알 수 있다.

우수리스크 기차역

　　평양을 출발한 기차는 두만강역에서 잠시 머문 뒤 두만강철교를 건넌다. 북러 접경인 러시아 하산에 이른 북한 기차는 기관차를 교체한다. 그곳에서 우수리스크를 거쳐 모스크바까지 이른다. 2-3주에 한번 꼴로 운행하는 평양-모스크바 기차는 러시아 파견 북한노동자들에게 조국의 소식을 전하고 알리는 반가움의 기차다. 모스크바까지 갔다가 평양으로 돌아갈 때 우수리스크에서 정차를 하면, 그 때 가족들에게 보내는 편지나 선물 등을 열차 지도원에게 몰래 부탁한다.

　　또한 본국으로 송환되는 파견 노동자들이 비행기가 아닌 다른 교통편을 이용할 때 주로 사용하는 수단이 바로 우수리스크에서 출발하는 기차다. 우수리스크 기차역에서 저녁7시에 출발하는데 매일 운행을 한다. 평양까지 가는 국제열차는 보름에 한번 씩 운행을 하는데 하산초대소에서 자고 그 다음날 인수조가 나와서 노동자들을 데리고 가는 방식이다.

　　끝없이 놓인 기찻길을 뒤로 하고 우수리스크 기차역 플랫폼 한가운데에 발을 디뎌보았다. 얼마나 많은 사람들이 충성의 외화벌이라는 이름으로 이 플랫폼을 지났을까. 그리고 또 얼마나 많은 이들이 이곳을 통해 고향으로 돌아갔을까...

2장 당과 조국을 위한 충성자금

2. 충성의 외화벌이 : 누구를 위해 종은 울리나

'당과 조국을 위한 충성자금' 마련은 북한당국이 그들을 파견하는 주된 목적이자 명분이다. '자력갱생'을 외치며 세계로부터 고립된 북한당국이 그나마 외화를 벌어들이는 창구다. 북한노동자들이 해외에 파견되어 버는 돈을 모두 개인이 소유할 수 있다면 굳이 이런 표현을 쓰지 않았을 것이다. 당과 국가를 위한 자랑스러운 혁명과업에 동참하는 영웅전사의 위상을 강조한다.

그런데 해외 노동자로 파견을 가는 건 개인의 자발적인 지원에 의해서만 이루어지는 건 아니다. 자원한다고 해서 모두 갈 수 있는 게 아니다. 앞서 살펴보았듯이, 당의 허가를 받고, 출신성분 등을 고려한 일종의 선발절차가 있다. 더욱 중요한 건 이 과정에서 뇌물이 오간다는 점이다. 개인이 당과 국가를 위한 외화벌이 일군으로 해외에 나가는데 뇌물을 건네고 선택을 받는(?)는 건 분명 다른 목적도 있다는 점을 말해준다.

당과 조국을 위한 충성자금 명목으로 국가는 노동자에게 무엇을 요구할까? 또 해외 파견 북한노동자라는 신분은 그들에게 어떤 의미일까?

두 가지 형태의 해외 파견 북한노동자
: 청부와 집체노동 사이에서

첫 번째 유형: 청부일을 하는 개인노동자

러시아에 체류하는 북한 노동자의 '당과 조국을 위한 충성자금'을 '계획분'이라고 부른다. 계획분을 이해하기 위해서는 먼저 러시아에 체류 중인 북한노동자들이 두 가지 형태로 구분된다는 점을 알아야 한다. 러시아에 파견된 노동자는 개인 신분이 아닌 특정 회사에 소속된다. 회사 전체를 관리하는 사장과 그 밑에 개별조직을 관리하는 직장장 그리고 다시 하나의 분대를 관리하는 반장 등으로 조직이 이루어진다. 회사별로 국가에 바쳐야 하는 계획분이 있기 때문에 개별회사는 러시아에서 주로 건설 공사를 수주 받는다. 이 과정에서 회사가 당국에 바쳐야 하는 계획분을 충당하기 위한 고육지책으로 인해 두 가지 노동형태가 나타나는 것이다.

레몬트(리모델링)를 하다

먼저 첫 번째 노동형태는 개인별로 돈을 벌어서 회사에 바치는 청부 노동자다. 러시아에 단체로 파견된 후 2-3년이 지나면 대략 일상생활에서 필요한 언어를 습득한다. 그리고 러시아에 나오기 전까지 건설과 관련된 일을 전혀 할 줄 몰랐던 노동자도 어느 정도 시간이 경과하면 숙련공이 된다. 숙련공은 건설현장에서 특정한 분야의 일을 전문적으로 하기보다 모든 분야의 일을 다 할 줄 아는 형태다. 예를 들어 집 한곳의 리모델링을 맡으면 자신이 배관, 타일, 전기, 수도, 인테리어까지 모두 할 수 있는 경우다.

러시아는 구소련 시절에 지은 낡은 건물과 아파트가 대부분이다. 낡은 집을 허물고 대규모 아파트 건설이 붐을 이룬다. 동시에 기존 집을 수리하는 리모델링 공사도 많다. 북한노동자들이 리모델링을 의미하는 러시아 단어를 철자 그대로 읽어 그들 사이에 '레몬트'로 통한다. 거리에서 만난 북한노동자에게 "지금 무슨 일을 하세요?"라고 질문하면 "레몬트 한다"는 대답이 어김없이 돌아온다. 조금 친해지기라도 하면 "어디 레몬트 할 데 있으면 소개해 달라"는 부탁도 한다. 리모델링이 필요한 곳에 일감을 소개해 달라는 의미다. '레몬트'라는 말은 청부 일을 하는 그들에게 생명과 같은 단어일지도 모른다.

매월 1,000달러의 계획분을 바치다

러시아에 파견된 회사는 북한당국에 계획분을 바쳐야 한다. 중간, 고급간부는 본인이 직접 나가서 노동을 하는 것이 아니라 노동자들을 관리하고 거기에서 파생되는 돈을 모아 국가에 바친다. 따라서 자신들이 관리하는 노동자의 노동력을 최대한 활용해야 더 많은 돈을 벌고, 계획분을 채울 수 있다.

그렇기에 관리자는 언어와 기술이 숙련된 노동자를 개별적인 돈벌이 수단으로 활용한다. 단체생활을 하는 숙소가 아닌, 개인이 직접 나가서 노동을 하고 계획분을 벌어오는 방식이다. 그들 사이에서 이러한 노동자를 '청부 띠는 사람들'이라고 부른다.

청부 일을 하는 북한노동자가 회사에 바쳐야 하는 계획분은 1인당 매월 1,000달러 규모다. 계획분을 바치고 남는 금액은 자신의 수입으로 가져갈 수 있다. 일반적으로 러시아 내 노동자들이 단체로 합숙하며 생활할 거라 생각하지만 개인 또는 2-3명씩 조를 이루어 다니는 경우는 모두 이같이 청부를 띠는 사람들이다. 인터뷰 과정에서 만난 한 북한노동자는 자신이 속한 회사에 300명이 있는데 그중에 약 30명 정도가 자신과 같이 청부 일을 한다고 했다.

그런데 이러한 청부를 나가기 위해서는 언어와 기술 습득은 기본이고 간부와 신뢰가 형성되어야 한다. 만약 이 노동자가 도망을 갈 경우 그 책임은 전적으로 관리자에게 있으며 엄중한 처벌을 받는다. 따라서 신뢰가 형성되지 않으면 청부로 나가는 것도 쉽지 않다. 더욱이 이렇게 허가를 받으려면 당연히 뇌물이 오가야 한다. 회사에 바치는 계획분인 매월 1,000달러를 제외하고 중간,

고급 관리들에게 별도로 뇌물을 바쳐야만 청부 노동자로 생활할 수 있는 것이다. 한 달에 계획분 1,000달러와 중간, 고급관리에 바치는 뇌물금액을 제외하고 나머지 금액은 모두 자신의 소유가 될 수 있다. 관리자는 청부 일을 하는 노동자를 감시하기 위해 수시로 공사현장을 방문하거나 전화 통화로 위치를 파악한다.

토요일마다 이루어지는 학습, 생활총화

일주일 동안 나가서 혼자 청부 일을 하는 노동자들은 반드시 토요일에 회사 합숙소로 복귀해야 한다. 토요일마다 이루어지는 학습, 생활총화에 참석하기 위함이다. 또한 계획분을 바치는 것도 중요한 목적이다. 매주 토요일에 한 번씩 관리자와 만나서 상납하거나 숙소에 들어와서 바치는 형태다.

필자 역시 러시아에서 만나 어느 정도 친분이 쌓인 노동자와 연락을 할 때 토요일에는 연락하지 않는 것을 철칙으로 삼았다. 함께 생활하는 합숙소에서 남한 사람에게 걸려온 전화를 받는다는 건 생각만 해도 곤란한 상황이 될 수밖에 없다.

그들이 일주일 만에 모여서 생활총화를 하는 이유는 사상을 통제하기 위함이다. 한 북한노동자의 증언에 따르면 생활총화는 주로 "김씨 일가의 위대성을 반복해서 교육 받는다"고 한다. 김정은의 로작, 김정일 로작, 사회주의과학 등이 주요 학습 내용이라고 한다. 무엇보다 당원들의 경우 '영웅과업에서 선도적 투쟁을 하라'는 내용이 강조된다고 했다.

> 토요일 저녁 7시부터 학습총화 하고 계획분 바치는 시간이 따로 있어요. 한 주에 평균 15,000루블 정도는 바쳐야 해요. 못 바치면 그 자리에서 총화해요.

필자는 한 노동자로부터 생활총화 노트를 입수했다. 동료가 작성한 생활총화노트인데, 북한으로 돌아갈 때 남겨놓은 것이라고 했다. 노트에 쓰인 이름을 알아볼 수 없게 지우고 필자에게 건네주었다. 빼곡한 글자로 채워진 노트 한권에서 그들의 고된 흔적을 엿볼 수 있었다. 생활총화 노트는 일정한 형식으로 구성되어, 매일, 매주 작성되었다. 힘든 노동의 현장에서 하루 일과를 마치고 돌아오면 바로 잠자리에 들 수 있는 건 아니었다. 생활총화 노트를 작성하며 투철한 사상을 무장한 후에야 겨우 하루를 마감할 수 있었던것 같다.

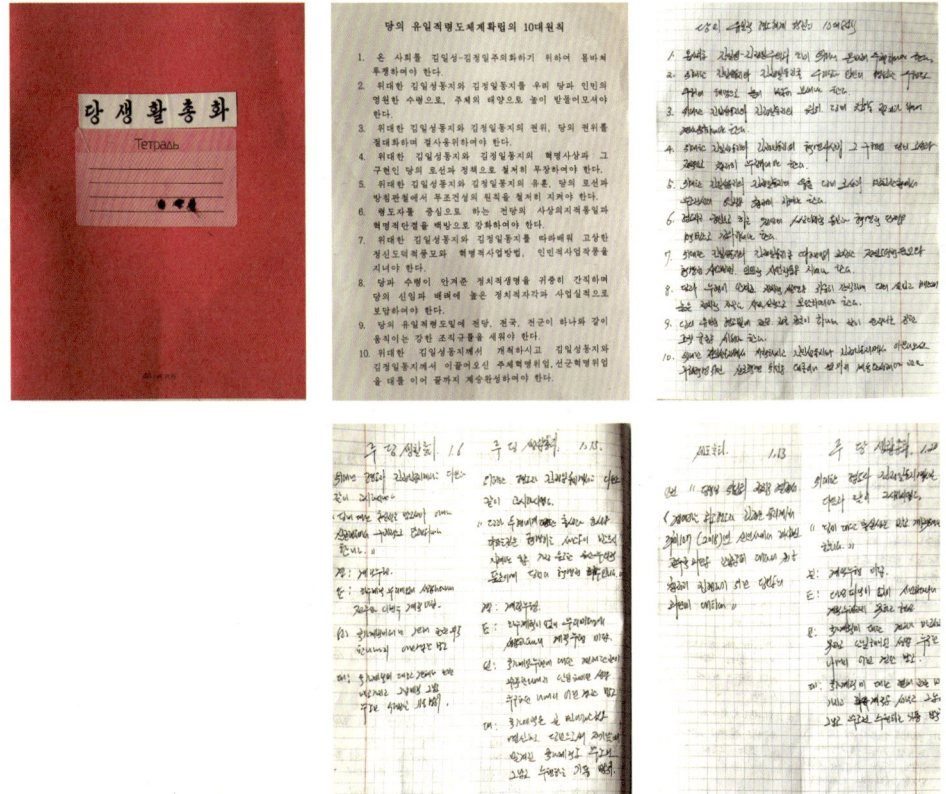

러시아 파견 해외노동자가 실제 작성한 생활총화 노트

일감을 따기 위한 경쟁

계획분을 바치는 과정에서 한 달에 1,000달러 정도 금액은 러시아 현지 물가를 고려할 때 결코 작은 금액은 아니다. 건설현장에서 노동자 한사람의 일당이 대부분 2천 루블(한화 4만 원)정도이기 때문에 1,000달러는 일당으로 치면 30일을 꼬박 일해야 벌 수 있는 돈이다. 건설현장에서 육체노동을 하는 사람들에게 30일을 하루도 쉬지 않고 일하기란 여간 어려운 일이 아니다.

더욱 큰 문제는 러시아 지역의 날씨 사정을 고려할 때 일할 수 있는 날이 많지 않다는 점이다. 겨울이면 건설 일감이 반으로 준다. 개인집 리모델링의 경우는 실내에서 작업하기 때문에 날씨의 영향을 별로 안 받을 것 같지만 추위는 매한가지다. 설사 일을 할 수 있는 날씨라 하더라도 이러한 일감을 꾸준히 받을 수 있느냐의 문제다.

러시아의 건설경기가 매우 호황을 누리면서 북한 노동자들의 일자리가 많이 늘어나지만 그것 역시 한계에 직면할 수밖에 없다. 러시아에는 북한노동자뿐만 아니라 러시아 현지 노동자 그리고 우즈베키스탄 등에서 온 해외노동자들이 함께 일하기 때문에 일감을 두고 서로 경쟁한다.

북한노동자들과 다른 국가에서 온 노동자들, 그리고 청부 일을 하는 북한노동자들 끼리 일감을 두고 경쟁 하면서 잦은 마찰이 빚어지기도 한다. 이러한 어려움을 딛고 하루 벌이를 하는 북한노동자들은 결국 당과 조국을 위한 충성자금이라는 명목으로 한 달에 1,000달러를 바친다. 그리고 나면 정작 자신이 손에 쥘 수 있는 건 고작 몇 푼이다. 영하 40도에 이르는 극한의 추위에서 건설일로 하루 4-5만 원 정도의 돈을 벌어서 매달 1,000달러를 국가에 상납해야 하는 것이 바로 러시아 체류 청부 노동자의 삶이다.

일감 소개 받기

청부일을 하는 북한노동자들은 자신의 핸드폰 번호를 적은 광고전단지를 만들어 뿌리기도 한다. 하지만 주로 광고 보다는 평소 일을 하며 쌓인 친분으로 일감을 소개 받는 게 더 많다. 특히 광고를 내면 공사를 발주하는 사람이 여러 명의 노동자를 불러서 흥정을 붙인다고 한다. 그 중에서 제일 가격이 낮은 쪽을 선정해 사업을 맡기려는 의도다. 어떨 때는 같은 회사 사람들끼리 경쟁 할 때도 있다.

간부들이 다 탈취해요

청부 일을 하는 개인 노동자 한명이 회사에 바치는 계획분이 1,000달러지만 이 돈이 모두 국가에 들어가는 건 아니다. 간부들이 받아서 일부만 국가에 바치고 나머지는 개인의 몫으로 탈취한다는 것이다. 예를 들어 1,000달러라고 하면 그 중에 70%만 윗선에 바치고 나머지 30%는 개인 주머니에 들어가는 구조다. 반장, 직장장, 사장 등 간부들이 중간에서 착취하기 때문에 개인노동자들은 더욱 힘이 들 수밖에 없다. 힘들다고 말하면 "조국에 돌아가라"는 말만 되돌아온다. 몇 년 동안 일해서 손에 돈 한 푼 없이 돌아갈 수는 없기에 이를 악물고 참고 또 견뎌낸다.

청부 일을 하는 어느 노동자의 경우 5년 동안 일해서 지금까지 벌어놓은 돈이 고작 400달러라고 했다. 그나마 개인이 가진 돈까지는 빼앗지 않는다고 한다. 북한당국이 그래도 최소한의 양심은 있구나 라는 생각이 들었지만, 한편으로는 5년 동안 일해서 번 400달러마저 빼앗는다면 정말 악마와 다를 바가 뭘까 라는 생각도 동시에 했다.

> "나와서 아무리 뼈 빠지게 벌어도 다 양반놈들 한테 가지. 우리한테 돌아오지를 않아요. 노동자들한테는 차려 지는 게 아무것도 없어요. 조선은 간부들의 세상이에요."

군대와 같은 회사 조직

청부 일을 하는 어느 노동자로부터 자신이 속한 회사가 어떻게 조직되어 있는지 들을 수 있었다. 180명이 한 회사 소속인데, 사장 한명에 직장장, 반장으로 구성된다. 1개 작업반에 20명이 배당되고, 이러한 작업반 세개를 합쳐 하나의 직장이 된다. 세 개 직장이 하나의 회사가 되는데 이는 북한 군대에서 말하는 3-3-3체계와 비슷하다고 말한다. 지역별로 번호를 부여하는데 예를 들면, A지역은 1, 2, 3 건설회사, B지역은 4, 5, 6 건설회사로 부른다.

사람에게는 누구나 '평등한 이기주의'가 있어요

그들과 이야기를 나누면서 처음에 들었던 의문이 다시 떠올랐다. 그리도 힘들고 돈도 벌지 못하는데 왜 해외 파견 노동자로 나오려 할까라는 의문 말이다. 그 의문의 해답은 바로 "100달러만 벌어오면…"이었다.

해외 파견 노동자로 나와서 몇 년 동안 일해도 큰돈을 벌지 못한다는 것을 사람들이 알기 시작했다. 처음에 해외파견 노동자가 주로 평양사람들이었다면 이제 그들은 거의 안 오려 한다. 대신 그 자리를 지방 사람들이 채운다. 지방 사람들을 유혹하는 말은 "100달러만 벌어오면 가족이 함께 먹고 살 수 있지 않나"였다.

"사람에게는 누구나 평등한 이기주의가 있어요. 그러다 나니까 돈을 조금 더 벌면 잘 살 수 있겠구나 하는 생각을 해요. 조선돈 80만원이 100달러에요. 100달러만 벌어오면 가족이 함께 먹고 살 수 있지 않나 하는 생각을 하고 지방 사람들이 지원을 해요. 근데 이제 평양사람들은 그게 아니라는 걸 알아요."

정해진 근로시간은 없다

청부 일을 하는 노동자는 순전히 자신의 선택에 따라 근로시간이 결정된다. 회사에 바치는 계획분을 무조건 벌어야 하는데, 이 금액을 한 달 안에 마련하기 위해서는 정해진 노동시간 동안 일을 해서는 결코 충당할 수 없다. 그 만큼 장시간의 노동 상황에 놓일 수밖에 없음을 말해준다.

청부 노동자의 경우 별도의 출근시간이 있는 게 아니라 작업현장에서 숙식을 해결하기 때문에 이른 새벽부터 저녁 늦게까지 일을 한다. 일당제가 아닌 공사의 완료 여부에 따른 계약제로 이루어지는데 최소한의 시일 안에 일을 끝내려 한다. 그래야 다른 일을 맡아서 또 돈을 벌 수 있기 때문이다. 예를 들어 5일 만에 끝내야 할 일을 4일 만에 끝내면 남은 하루는 다른 일을 하면서 돈을 더 벌 수 있는 것이다.

러시아 현장에서 북한노동자들이 현지인들에게 인기 좋은 이유는 작업속도 때문이다. 일당제가 아닌 일의 완성에 따라 어차피 똑같은 돈을 지급하기 때문에 공사기간을 단축하면 그만큼 서로에게 이익이다.

그러다 보니 북한노동자들은 저녁 늦은 시간까지 일을 할 수 밖에 없다. 출퇴근 시간이 정해진 게 아니라 현장에서 숙식을 해결하기 때문에 저녁 늦은 시간이라 해도 이웃에 공사소음 등의 방해만 되지 않는다면 새벽까지도 불을 밝히고 일을 한다.

잠들기 전 5분, 가장 고통스러운 시간

고된 하루의 일을 마치고 잠자리에 들면 고단한 몸 뉘였기에 바로 잠들거라 생각했다. 먹는 것도 변변히 챙겨먹지 못한 채 하루 종일 건설현장에서 일을 했으니 얼마나 피곤하고 고단할까? 하지만 쉬이 잠을 청할 수가 없다. 가장 고통스러운 시간은 일할 때가 아니라, 오히려 잠들기 전 5분이라고 한다. 그 시간이 되면 고향에 두고 온 가족들 생각, 돈을 많이 벌어서 돌아가야 한다는 생각 등 자신을 짓누르는 삶의 무게가 고스란히 내려앉는다. 결국 잠을 청할 수 있는 건 독한 술 한잔에 기대는 거다. 그것도 보드카 한 병 사서 마시는 게 돈이 아까워 알코올에 물을 타서 한 잔 털어 넣는다고 한다. 그렇게 고된 하루는 잠시 끝이 난다.

두 번째 유형: 단체합숙을 하는 집체노동

러시아에서 생활하는 노동자의 두 번째 유형은 단체합숙을 하는 경우다. 이들은 러시아에 파견된 지 대략 2년 이내 사람들로 대형건설장에서 합숙하며 생활하는 노동자들이다. 이들은 청부 노동자들처럼 외출을 할 수 있는 것도 아니기 때문에 거의 감금된 생활을 한다고 해도 과언은 아니다.

청부 노동자들은 매월 1,000달러의 계획분과 중간, 고급관리들에게 바칠 뇌물 일부를 제외하고 나머지 벌이는 그나마 개인의 몫으로 가져갈 수 있다. 하지만 단체합숙을 하는 노동자들에게는 개인의 소유는 국가가 지급해 주는 월급 외에는 아무것도 없다. 그 월급도 한 달에 고작 50달러가 채 되지 않는다.

결국 수년 동안 일을 해도 중간에 관리자가 착복하거나 보상을 지급하지 않으면 그 노동력은 온전히 국가의 몫이 되는 것이다. 그리고 그 이름 위에는 외화벌이 일꾼이라는 공허한 명분만 주어진다.

생활비 명목으로 착취하기: 솜이 하나도 없는 솜옷

월급을 착복하지 않고 지급한다고 하더라도 생활비 명목으로 다시 착취하는 경우가 많다. 예를 들어 단체로 합숙하는 경우 식사비 명목으로 돈을 떼어가는 방식이다. 또한 작업복을 비롯해 옷이 필요할 수밖에 없는데 중간관리자 나 사장이 직접 자신과 거래하는 곳에 대량으로 옷을 주문한 후 거기에 이윤을 붙여 노동자들에게 청구하는 방식이다.

실제로 필자가 북한노동자로부터 입수한 겨울작업복의 경우 그의 증언처럼 솜이 조금 들어간 것 외에 방한기능은 전혀 없었다. 그럼에도 시중에 판매하는 옷 보다 훨씬 비싼 가격을 책정하여 노동자들에게 지급하고 돈을 착취했다. 이렇게 착취해 가는 돈이 너무 많아 노동자들은 중간간부, 고급간부, 사장 등 단계가 올라갈수록 하나씩 다 떼어가기 때문에 결국 남는 게 하나도 없다고 말한다.

> "이 솜옷은 우리 회사 사람이 180명인데 모두 한 번에 지급 받은 거에요. 특수전 애들이 입는 옷인데 개구리복이라고 불러요. 이 솜 옷 살려면 1,000루블 줘야 해요. 러시아에 와서 제작해서 준 거에요. 돈이 없으니까 마음대로 못 사요. 바람이 숭숭 들어옵니다. 솜 하나 제대로 안들어 있으니까."

북한 해외노동자 한 달 임금이 공식적으로는 50달러 정도다. 시간을 연장해서 야간 늦게까지 작업하면 180달러 정도가 원래 약속된 금액이라고 한다. 하지만 평양에서 출발할 때부터 소요된 모든 경비는 개인이 갚아야 할 돈이다. 러시아에서 단체생활을 하면서 필요한 생필품을 구입하는 비용까지 모두 개인이 부담하기 때문에 실제로 손에 쥐는 건 거의 빚뿐이라고 말한다.

"생활하면서 힘이 드니까 술도 마시고 담배도 피우잖아요. 소모품도 필요하잖아. 비누, 치약 같은 거... 할 수 없이 남에게 돈을 꿔서 사니까, 이런 악순환이 계속되지. 돈 벌면 갚아주면 되는데 돈을 못 벌면 계속 빚만 남는거지요."

북한노동자가 겨울에 지급받은 솜옷

허울뿐인 휴가 제도

러시아에서 일하는 북한노동자의 기본 체류기간은 5년 정도다. 비자는 1회 연장이 가능하기 때문에 최장 10년 동안 머물 수 있다. 이 기간 중에 휴가 명목으로 북한에 다녀오는 경우도 있다. 2년을 일하면 30일 정도 휴가를 준다고 한다. 하지만 가정에 특별한 일이 아니면 대부분 휴가를 다녀오는 일은 거의 없다. 비행기 요금이나 숙박 등 오가는 경비는 개인이 모두 지불해야 하는 부담도 있다.

몇 년 동안 헤어져 보지 못하는 가족들에 대한 그리움은 무어라 표현할 길이 없다. 하루바삐 고향에 돌아가고 싶지만 마땅히 벌어놓은 돈이 없다는 것이 늘 마음을 아프게 한다. 마치 도박에 빠져드는 것과 같다고 말한다. 조금만 더 일하면, 오늘이 아닌 내일은 더 나아지겠지 하는 생각에 귀국을 미룬다고 한다. 지금이라도 당장 가족의 품에 돌아가고 싶지만, 몇 년 동안 해외에 나와 일하고도 목돈 하나 없이 가족을 볼 낯이 없기 때문에 쉽게 돌아갈 수도 없다.

야간에도 불이 꺼지지 않는 작업장

단체로 합숙을 하는 경우는 대규모 아파트나 건설 현장에서 일을 하는데, 야간에 조명을 밝히고 일하는 모습을 흔히 볼 수 있다. 대형건설장에서 야간조명을 밝히고 늦은 시간까지 작업을 지속하되 소음을 최소화 하는 범위에서 작업이 이루어진다. 러시아 연해주 건설장 어디나 야간에 불이 쉽게 꺼지지 않는 것을 볼 수 있다. 이 역시 작업공정을 서둘러 끝내기 위해 정해진 근로시간을 지키지 않는 사례다. 이는 해외 북한노동자의 노동환경 평가에 있어 굉장히 중요한 요소다. 그들이 얼마나 열악한 인권상황에 놓여 있는지를 단적으로 보여준다.

돼지농장에서 일하는 사람들

한편, 대북제재 영향으로 관광비자를 받아 러시아에 온 노동자들은 건설 현장이나 청부 일을 할 수 없다. 노동허가를 받지 못했기 때문에 잡히면 벌금을 물어야 한다. 외부와 철저히 격리하기 때문에 그들은 도심에서 멀찍이 떨어진 돼지농장으로 주로 보내진다고 한다.

3장. 타국에서 살아가는 방법

그들의 삶의 흔적을 좀 더 가까이에서 보고 싶었다. 하루하루를 견뎌내는 그들에게도 365일 중 단 하루만이라도 특별한 날이 있을 거라 여겼다. 그들이 어디서 잠을 청하고, 어떤 음식을 먹으며, 어떻게 생활하는지 그들의 흔적을 따라가 보자.

1. 웨트남 식당 : 한 끼의 특식으로 달래는 설움

그들이 주로 이용한다는 '웨트남(베트남을 이르는 북한식 표현)식당'을 찾은 건 그야말로 한 사람과의 인연 때문이다. 공사자재나 생필품을 사기 위한 목적으로 시장에 가면 반드시 들르는 곳이 바로 베트남식당이라고 했다. 정확히 어디인지 위치를 물었으나 쉽게 알려주지 않았다. 웨트남 식당이 시장 어딘가에 있다는 단서 외에는 아무것도 몰랐다. 그들이 한 끼의 밥을 특식처럼 사먹는다는 그 식당이 어디에 있는지 너무도 궁금했다.

어느 날, 그날도 어김없이 북한노동자를 만나볼 생각에 무작정 시장을 찾아갔다. 그 때 시장 근처에서 서성이던 한 명의 북한노동자를 만났다. 용기를 내어 다가가 다짜고짜 건넨 말이 "점심 먹었어요?"였다. 생전 처음 보는 낯선이가 길에서 그렇게 물어보니 조금 의아했던지 그는 아무런 말없이 멀뚱히 쳐다만 봤다.

"같은 동포인데 밥이나 한 끼 같이 먹어요"라는 말로 시작해 몇 마디 더 나누었고, 그제서야 자신의 이야기를 조금 들려주었다. 그는 아파트 리모델링 일을 하는데 자재를 사러 시장에 잠깐 나온 길이었다. 그렇지 않아도 자신도 막 식사를 하러 가던 참이었다고 했다.

"제가 여기 지리를 잘 몰라서 그런데 아는 식당 있으면 데려다 주세요. 여기 웨트남 식당이라고 있다던데…"

그에게 웨트남 식당을 아는지 조심스럽게 물었다. 그는 분명 웨트남 식당이 어디에 있는지 알 것 같았다. 잠시 망설이는가 싶더니 이내 필자를 이끌고 친절히 그 식당으로 안내해 주었다. 슬레이트 지붕에 천막을 치고 식탁 몇 개 둔, 그야말로 허름한 건물이었다. 도심 한 복판에 그것도 블라디보스토크에 베트남 식당이 있다니 선뜻 이해가 되지 않았다.

식당 출입문에는 '손님을 위해 최우선 봉사를 한다'는 북한식 표현이 쓰여 있었다. '량도 많이'라는 표현에서 '양'을 '량'으로 표기한 걸 보면 분명 북한사람과 관련이 있는 듯 했다. 식당 앞에는 변변한 간판 하나 없이 그저 출입문에 '웨트남 식당: 고기 듬뿍, 맛있습니다'라는 안내문구가 붙어 있었다. 식당 한 켠에 앉아 베트남 사람으로 보이는 주인장이 가져다준 메뉴판을 봤다. 그제서야 그들이 왜 이곳을 웨트남 식당으로 부르는지 알 것 같았다.

 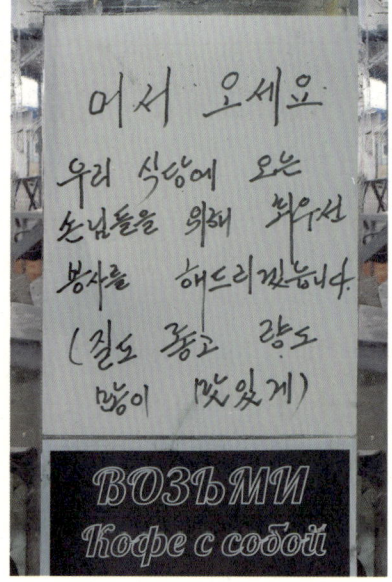

친절한 메뉴판: 월남밥과 소고기국밥

식당 내부는 간이 의자와 테이블로 채워졌고 한눈에 봐도 허름한 모습이 그대로 드러났다. 그 지역에 3곳의 베트남 식당이 있었는데 모두 한글 안내판을 달고 있었다. 허름한 베트남식당이지만 메뉴판은 친절하게도 한글로 쓰여 있었다. 글자 표기는 모두 북한식 표기였다. 어떤 음식을 팔까? 또 그 맛은 어떨까? 왜 북한노동자들이 이곳을 자주 찾을까? 식당에 대한 궁금증은 더없이 커졌다. 메뉴는 모두 12가지였다. 냉면, 비빔밥, 계란말이, 소고기국밥 등 무엇을 주문해야 할지 몰랐다. 그들이 제일 많이 먹는 음식은 무엇일까?

메뉴판에서 유독 눈에 띈 건 바로 '월남밥'이었다. 가격은 200루블(한화 약 4,000원)인데 밥, 닭고기, 닭알, 두부, 돼지고기, 찬이라는 안내문이 붙어 있었다. 우리가 익히 알고 있는 백반과 비슷할 것 같다는 생각에 월남밥을 주문했다. 어차피 시간상의 차이만 있을 뿐 언제든 와서 이 모든 음식을 다 주문해 보리라 생각했다.

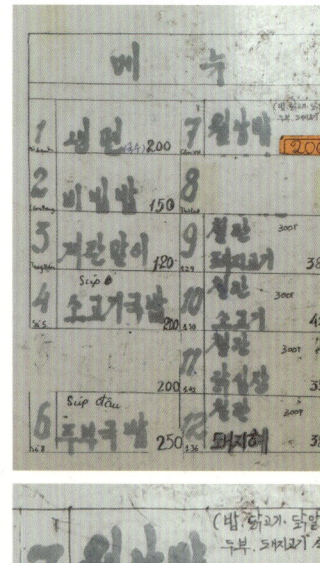
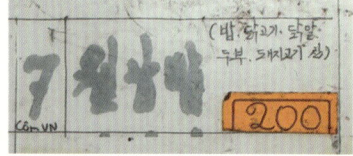
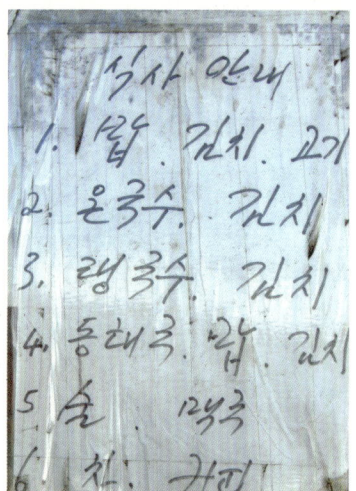

월남밥

5분도 채 지나지 않아 식탁위에 월남밥이 차려졌다. 백반일 것이라는 예상은 크게 빗나가지 않았다. 메뉴판에 표시된 그대로 닭고기는 치킨 형태로, 닭알은 계란말이로 그리고 찬은 바로 김치였다. 하얀 쌀밥에 김치를 보는 순간 왜 북한노동자들이 이곳을 주로 찾는지 알 것 같았다.

'맛은 기억이다'라는 어느 작가의 말처럼 그들은 고향의 맛이 그리웠으리라. 빵을 주식으로 하는 러시아에서 김치와 두부를 곁들인 한 끼의 식사는 어쩌면 두고 온 어머니의 맛이었을지도 모른다. 큼지막하게 튀겨낸 닭 한 조각을 입에 베어물면서 고단한 노동의 육체를 달랬을 것이다. 삭지도 않은 배추에 겨우 고춧가루 멀겋게 뿌린 김치 한쪽이었지만 그건 분명 고향이자 어머니였다.

식당에서 접하는 한국 드라마

웨트남 식당은 그들이 특식으로 먹는 한 끼 식사 외에도, 서로 정보를 주고 받는 장소였다. 어디에 가면 일감이 많은지, 국내 정세는 어떤지, 고향의 소식은 어떤지 서로의 이야기를 풀어내는 만남의 장이었다. 취할 정도로 술을 마셔서는 타국에서 자신을 지켜주는 이 없기에, 가볍게 맥주 한 두잔 기울이며 시름을 나누는 정도였다.

그런데 그곳은 또 다른 세상을 만나는 하나의 창이 되었다. 바로 식당 한 켠에 설치된 텔레비전에서 방영되는 한국 드라마였다. 말을 알아 듣지 못해 자막을 볼 필요도 없었다. 같은 말을 쓰는 한국드라마는 그들에게 잠깐의 즐거움을 선사했다. 식사가 모두 끝나도 한참동안이나 자리를 뜨지 못하고 한국드라마에 빠져드는 그들이었다.

평양냉면을 먹던 그들에게 '랭국수'는 어떤 맛이었을까?

메뉴판에 쓰인 '랭국수'라는 음식을 주문해 보았다. 북중 접경 도시인 단동에는 북한 무역일꾼들이 평양냉면이 먹고 싶을 때 찾는다는 냉면집이 많다. 오랜 기간도 아니고 1-2주일 정도 머무는 기간임에도 평양냉면이 먹고 싶어 현지 식당을 찾아가는 것이다. 불과 1-2주일이라는 시간에도 그러할진대, 몇 년 동안 해외에서 생활하는 그들에게 평양냉면은 아마 너무도 그리운 음식 중의 하나일 것이다.

그래서일까? 웨트남 식당 메뉴판에는 냉면, 랭국수라는 음식이 있다. 평양냉면에 담긴 그 깊은 맛을 기대한 건 아니었지만 랭국수를 먹어 보고 적지 않은 실망을 했다. 평양냉면이 그리워 주문했을 북한노동자들의 실망어린 표정이 눈에 선하다.

랭국수

쌀국수

2. 중국시장 : 공사용 자재와 생필품 구입하기

왜 해외 파견 노동자가 되려 할까?

블라디보스토크와 우수리스크에는 여러 곳의 중국시장이 있다. 중국 훈춘과 국경을 맞댄 곳이라 양국을 오가는 보따리상들이 많다. 국경 세관을 통과할 때 이들이 소지한 짐을 보면 가히 상점을 하나 차릴만한 양이다. 주로 중국산 제품을 러시아에 갖고 들여와 판매하는데, 러시아 현지 물가와 비교하면 상대적으로 값이 저렴하다. 물건이 중국산이기도 하지만 상인들이 대부분 중국인들이라 중국시장이라고 부른다.

이곳에 체류하는 북한노동자들 중 청부 일을 하는 노동자들은 반드시 이 시장을 이용한다고 해도 과언이 아니다. 생필품이야 일하는 장소 근처에서 살 수 있지만 그만큼 가격도 비싸고 종류도 다양하지 않다. 중국시장에는 공사용 자재부터 생필품까지 필요한 모든 물건을 싼값에 구할 수 있다.

더욱이 중국시장을 찾는 이유 중 하나는 이곳에 고려인과 조선족이 운영하는 상점이 몇 군데 있기 때문이다. 러시아어가 서툰 북한노동자들에게는 상점에서 물건을 구입하는 게 여간 어려운 일이 아니다. 그런데 조선말이 통하는 상점이 있으니 당연히 이곳을 이용한다.

블라디보스토크의 어느 시장에서 만난 한민족의 모습은 너무도 아프게 나뉘어져 있었다. 고려인과 조선족은 물건을 파는 상점 주인으로, 북한사람은 그곳에서 물건을 사는 손님으로, 그리고 남한사람은 그곳에 관광을 오는 각기 다른 신분으로 그렇게 만나고 있었다.

최근 해외 파견 북한노동자 실태를 다루는 국내 언론보도가 주목을 받는다. 러시아지역 역시 예외는 아니다. 그러다 보니 이 곳 상인들은 한국 사람에게 특히 예민한 반응을 보인다. 혹시라도 한국 기자는 아닌지 의심부터 한다. 한국 사람이 기념품 상점도 아닌 일반 상점에 와서 공사자재를 구입할리는 만무하기 때문이다. 필자가 고려인 상점 주인에게 말을 걸었을 때 그가 제일 먼저 필자에게 물어본 말은 '남조선이냐, 북조선이냐'는 질문이었다. 주인과 나눈 대화를 그대로 옮겨 본다.

필자(이하 필) : 저는 남조선에서 왔지요. 이 시장에 고려인이 운영하는 상점들이 많네요?

상점 주인(이하 상): 우리 사람들이 예전에는 여기 더 많았지. 지금은 장사가 안되니까 거의 집에 다 갔어. 한 서너집 정도가 지금 남았어. 나야 장사 하던거니까, 그냥 방법이 없어 하고 있지. 우리는 지금 건설자재 팔고 있지.

필 : 여기 사신 지 오래되셨어요?

상 : 한 20년 되었어.

필 : 북조선 분들도 많이 와요 여기 상점에?

상 : 일하는 사람들이 세게 오지. 단골도 많이 있어요. 건설하는 사람이 많아요. 물건 사러 오는 사람들도 많고, 회사도 여기 많이 나와 있어요.

필 : 저기 제품은 남조선 제품인데, 여기까지 어떻게 들어와요?

상 : 다 배로 들어오지.

러시아의 중국시장

밥가마(전기밥솥) 도매

시장을 둘러보는 중 <밥가마, 전기콘로, 열풍기, 물가열기, 건기담요> 등을 도매로 판다는 상점을 발견했다. 밥가마는 전기밥솥을 의미하는 북한말이다. 이곳의 주요 손님이 북한노동자들임을 말해주는 문구다. 필자가 상점을 지켜보던 잠시 동안에도 연신 북한노동자들이 물건을 구입하기 위해 상점을 드나들었다. 눈이 많이 내리는 지역이기 때문에 폭설이 내려도 시장은 문을 닫지 않고 영업을 계속한다. 언제가도 그곳에서는 물건을 구할 수 있다는 말이다.

주로 혼자 시장을 찾는 사람은 공사 중에 필요한 자재를 구입하러 오는 경우가 많다. 한가로이 생필품이나 식료품 구입을 위해 일부러 시장에 오는 경우는 드물다. 한푼이라도 더 벌어서 계획분을 바쳐야 하는 그들에게 시간은 그야말로 생명이다. 시장에서 마주한 북한노동자들의 걸음은 늘 분주하다. 자신들이 사야하는 물건을 파는 상점에 들렀다가 서둘러 시장을 빠져나가는 경우가 대부분이다. 만약 어느 상점에 들어가 시간이 지체되는 경우는 조금이라도 더 싼 가격에 물건을 구입하기 위한 흥정 때문이다. 말도 잘 통하지 않지만 어떻게든 가격을 더 눅게(싸게) 구입하기 위한 그들의 처절한 생존이다.

3장 타국에서 살아가는 방법　105

재활용품 시장: 한 푼이라도 더 저렴한 물건 구입을 위해

　블라디보스토크 외곽에는 매일 재활용품 시장이 열린다. 눈비가 오는 궂은 날씨를 제외하고 거의 매일 장이 선다. 길가에 물건을 펼쳐놓고 파는데 주로 재활용품이나 골동품이 많다. 그들은 한 푼이라도 더 싸게 물건을 구입하기 위해 자주 이곳을 찾는다. 헌옷부터 생활용품 까지 다양한 상품들이 있는데 가격도 저렴하다. 그들이 주로 관심을 보이는 상품은 헌옷이나 주방용품 등이다. 아마도 현지에서 생활할 때 필요한 물건을 값싸게 구하기 위함이리라. 하지만 쉽사리 지갑을 열지 못한다. 한참이나 실랑이를 하고서 물건을 사지 않은 채 뒤돌아서는 그들의 모습을 너무도 많이 봤다. 그들이 살까 말까 고민했던 물건의 가격을 물어보면 50-100루블(한화 1,000원-2,000원)짜리 물건들이다. 물론 필요가 없어서 사지 않을 수 있었지만, 한참이나 흥정을 할 만큼 비싼 가격의 물품들은 대부분 아니다.

　길가에 펼쳐놓은 수많은 상품 중 대한민국 국기가 그려진 명함집이 눈에 띄었다. 그들이 바라보는 대한민국은 과연 어떤 모습일까? 물건을 고르는 북한노동자에게 말을 걸어 보았다. 필자가 러시아 말을 잘 몰라서 가격이 얼마인지 물어봐달라는 부탁을 했다. 무작정 말을 건네면 경계하지만 도움을 요청하면 경계함 없이 대화에 응해준다. 그들은 현지에서 최소한의 의사소통은 가능하다. 상인에게 가격을 흥정해 주며 그 순간만큼은 상인을 대상으로 한 동지가 된다. 그렇게 대화를 나누며 관계가 가까워지면 근처 식당에 가서 함께 식사를 나누기도 했다.

3. 숙소 : 하룻밤 견뎌내기

블라디보스토크 단체숙소

　　저런 곳에서 사람이 생활할 수 있을 거라고는 가히 상상도 못했다. 북한노동자들의 숙소를 발견한 건 그야말로 우연이었다. 버스에서 마주한 북한노동자 한명을 무작정 따라갔다. 버스에서 내린 그가 걸어서 들어간 곳이 바로 그들의 단체숙소였다. 겉으로 보기에도 허름하고 좁은 판자촌 건물에 대략 눈에 띄는 인원만 10여명이 넘어 보였다. 필자는 저 문을 열고 무작정 들어가 보고 싶은 충동을 느꼈다. 저 숙소는 과연 어떤 환경일지 너무도 궁금했다.

　　야간에 그곳을 다시 찾았다. 밤이 되면 밖으로 새어나오는 그들의 목소리라도 들을 수 있을 거라 생각했다. 무엇보다 어둠속에서 들키지 않고 지켜볼 수도 있기 때문이었다. 조심스럽게 담벼락에 몸을 기대고 온 신경을 집중했지만 그들의 모습은 보이지 않았다. 간간히 그들의 목소리가 들리긴 했지만 내용은 알 수 없었다. 그 순간 역시 문을 열고 들어가고 싶은 충동을 몇 번이고 느꼈지만 걸음을 뗄 수는 없었다.

　　몇 달 간격으로 그곳을 다시 찾았을 때 변한 건 없었다. 달라진 게 있다면 이번에는 꼭 저 숙소안을 보고자 하는 생각이 더 커졌다는 점이다. 낮에는 모두 일을 하러 나가기 때문에 몰래 숙소안에 들어가 볼까 망설인 적이 한 두번이 아니었다. 하지만 그렇게 하지 않은 것이 얼마나 다행스러운 일이었는지는 그날의 경험 때문이다.

낮에 숙소가 비어 있는 것을 확인하고 몰래 대문을 열었다. 그리고 한 걸음을 더 떼고 들어갈까 망설이다 뒤돌아섰다. 그런데 그 때 골목을 돌아서 들어오는 북한노동자를 발견했다. 그냥 길을 가는 사람처럼 황급히 지나쳤는데, 그는 바로 그 대문을 열고 안으로 들어갔다. 그 숙소 바로 옆에 쇼핑몰 공사가 한창인데, 거기에서 일을 하다가 이 숙소에 있는 화장실을 이용하는 것이었다. 만약 필자가 대문을 열고 한 발자욱을 더 옮겨 안으로 몰래 들어갔다면, 방금 스쳐지나간 그 북한노동자와 마주할 수밖에 없었을거다. 절체절명의 순간이었다. 그 뒤로도 몇 번이나 블라디보스토크에 올 때마다 그 숙소를 찾았지만 그날의 아찔한 경험으로 인해 안으로 들어갈 생각은 절대 하지 않았다. 담벼락에 숨어 조용히 그들을 바라보는 정도로 만족해야 했다.

그들의 숙소

우수리스크 단체숙소

우수리스크 단체숙소를 발견하게 된 건 박선생이라 불리는 북한노동자 덕분이다. 그를 만나 인터뷰를 하고 숙소까지 함께 동행 했다. 자동차를 소유한 현지 선교사님이 자신의 차로 숙소 근처까지 그를 데려다 주었다. 숙소와 100여 미터 떨어진 곳에 차를 세우고 주변을 살핀 후 그를 내려 주었다. 그가 차안에서 미리 알려준 단체숙소를 확인하고 차를 돌렸다. 어차피 밤이라 잘 보이지도 않았고, 무엇보다 박선생의 안전이 우선이었기 때문이다.

그 다음날, 전날에 봐 두었던 그곳을 다시 찾았다. 물론 가까이 갈 수는 없었다. 혹여나 수상한 사람으로 신고라도 하면 위험할 수도 있다는 생각이 들었다. 이 숙소는 아파트로 사용하던 곳인데, 5층 전체를 러시아에 파견된 북한회사가 임대계약을 했다고 한다. 한 방에 1개 작업반씩 생활을 하니까 20명이 한 방을 사용한다. 식사를 하거나, 생활총화를 위해 단체로 모일 수 있는 별도의 공간이 있다고 했다. 식사비는 계획분에서 따로 거둬 가는데 1인당 5,000루블 정도다. 음식을 만드는 주방장이 별도로 있는데, 식사는 주로 김치와 명태 한토막이 전부라고 한다.

> "사람들이 먹는 거 한심하다고 투정질 하면 조금 바뀌긴 해요.
> 밥은 김치, 명태 한토막인데 가끔 닭고기나 돼지고기 나와요."

숙소 근처를 서성거릴 뿐 실내를 볼 수 있는 방법은 달리 없었다. 아파트 출입문은 굳게 닫혀 있었고 인기척은 없었다. 그 안에 분명 주방장은 오늘 저녁식사를 준비하고 있었을게다. 혹시라도 창문으로 필자를 지켜보고 있었는지도 모를 일이다.

4. 혁명광장에서 맞는 새해 첫 날

　새해를 알리는 첫날 아침. 간밤에 좋은 꿈을 꾸었는지 서로 덕담을 건네며 떡국 한그릇에 새로운 희망을 다지는 시간이다. 낯선 타국에서 맞는 새해 아침이지만 한가로이 여유를 즐길 시간은 없었다. 눈을 뜨자마자 서둘러 혁명광장으로 달려갔다. 한 해의 마지막 날 까지도 작업에 여념이 없던 그들이 과연 새해 첫날은 어떻게 보내고 있을지 너무도 궁금했다. 그들 손에는 여전히 작업도구가 들려져 있을까?

　블라디보스토크 혁명광장은 발 디딜 틈 없이 수많은 인파로 북적였다. 세상 어디나 새해 첫날을 기리며 하루의 쉼을 누리는 건 같은가보다. 이동식 놀이기구와 음식 가판대가 설치되어 광장은 어느새 신나는 놀이공원으로 변해있었다. 아이들과 함께 손잡고 즐겁게 노니는 현지인들 사이로 그들이 보였다.

　새해 첫날인 만큼 그들도 오늘만큼은 하루를 쉬나보다. 북한노동자들은 삼삼오오 모여 서로 사진도 찍어주며 모처럼 즐거운 시간을 보내는 듯 했다. 하지만 고향에 있는 자녀들이 생각나서였을까? 그들이 바라보는 시선은 대부분 어린 아이들을 향했다. 한참을 그 자리에 서서 아이들을 바라보며 홀로 미소 짓기도 했다. 이 때쯤이면 고향에서는 무엇을 하며 지냈을까? 그들도 예전에는 아이들과 손잡고 김일성광장에 나가 새해를 축하하며 마음을 나누었을까?

　12월 마지막 날 까지도 노동의 격한 현장에서 모진 칼바람과 사투를 벌였을 그들도, 새해 첫날만큼은 사람들 속에서 '사람'처럼 시간을 보냈다. 러시아 혁명광장 한 복판에 섰지만 마치 평양의 어느 한 귀퉁이에 서 있는 것 마냥 북

한노동자들이 많았다. 여러 명이 똑같은 포즈로 서서 단체사진을 찍는 풍경은 여느 관광지에서 보는 것과 다르지 않았다. 광장에 그토록 북한노동자들이 많았던 건 청부 노동자들 뿐만 아니라 회사에서 단체로 그곳에 왔기 때문이라는 것을 이후에 인터뷰를 통해 알게 되었다.

훗날 북한으로 돌아가서 이 한 장의 사진을 볼 때 그들은 무엇을 회상할까? 뼛속을 에이는 혹독한 칼바람을 맞으며 '나 그 때 그곳에서 조국의 번영을 위해 내 청춘을 바쳤다'고 고백할까? 누군가에게는 아버지였고 사랑하는 남편이었을 그들이, 그 날 그 자리에서 '충성의 외화벌이'라는 이름으로 그렇게 새해 첫 날을 맞이하고 있었다. 아무도 없는 낯선 타국에서…

혁명광장에서 새해를 맞이하는 북한노동자의 뒷모습

5. 한국영화와 드라마 접하기

　북한노동자들이 주로 찾는 중국시장에는 DVD를 판매하는 상점이 두어군데 있다. 힘들고 고된 노동현장에서도 한국 영상물은 그들에게 잠시나마 위안과 쉼을 준다. 만약 숙소에 한국 영상물이 담긴 USB나 DVD가 하나 몰래 들어오면 밤새 그걸 돌려본다. 잠도 안자고 밤을 꼬박 새우고, 아침이면 눈이 빨갛게 충혈 될 정도라고 한다. 그럼 한국산 영상물은 대체 어디서 구할까? 인터뷰 중에 중국시장에 가면 한국영상물을 판매하는 상점이 있다는 말을 듣고 무작정 시장을 누볐다. 너른 시장 구석구석 발품을 팔며 한국영상물을 판매하는 상점을 찾았다.

　어렵지 않게 상점을 찾을 수 있었던 건 출입문에 <한국영화>라는 안내문구를 붙여놓았기 때문이었다. 상점에는 상당히 많은 종류의 한국영화와 드라마 DVD가 진열되어 있었다. <아이리스>, <개와 늑대의 시간>, <신이라 불리운 사나이>, <주몽> 등 마치 인기 영상물을 잘 보이는 곳에 진열한 듯 눈에 쉽게 띄었다.

KOREA라고 쓴 케이스에 담긴 19금 영화

진열된 영상물 외에도 상점주인은 KOREA라고 쓰인 케이스에 담긴 19금 영화도 몰래 건네주었다. 가게 한쪽에 설치된 모니터를 통해 시연까지 해 주는 친절함(?)도 잊지 않았다. 한글로 표기까지 해 둔걸 보면 북한노동자들이 주요 손님임을 짐작할 수 있었다. 공사자재나 생필품을 구입하러 시장에 왔다가 한국 드라마와 영화를 찾는 북한노동자들의 모습이 그려졌다.

19금영화 코너

세상을 보는 또 하나의 창

　　DVD뿐만 아니라 USB나 마이크로 SD카드도 판매하고 있었다. 손님이 특정한 영상물을 고르면 그 파일을 그대로 USB에 옮겨 주었다. 아무래도 DVD보다는 소형메모리가 몰래 숨겨서 보거나, 재생장치가 다양하기 때문에 더 인기가 있을 것 같았다. 실제로 인터뷰 과정에서 어느 북한노동자는 핸드폰에 직접 연결할 수 있는 USB를 구해달라고 필자에게 요구하기도 했다. 스마트폰에 USB를 연결하거나 마이크로 SD카드를 삽입하여 한국 영화와 드라마를 볼 정도였다.

　　남한에 대한 호기심과 동경을 넘어 무엇이 그들로 하여금 그리도 고된 노동 현장에서도 한국영상물을 보고픈 마음을 들게 했을까? 그들의 사례를 보면 북한으로의 외부정보 유입이 얼마나 큰 효과를 거둘지 짐작할 수 있다. '알면 바뀐다'는 북한주민들의 말처럼 지금까지 자신들이 북한정권에 속았다는 것을 알게 된다면 분명 상황은 달라질 것이다. 가난한 남조선이라 교육받았는데 실상은 전혀 그렇지 않았다. 민주주의와 인권, 자유가 보장되는 나라에서 살고 싶은 마음이 들었을거다. 그렇게 혹한의 추위에서 힘겨운 생활을 이어가면서도 한국 영화와 드라마에서 보이고 들리는 정보는 잠시나마 그들에게 새로운 세상을 열어주었다.

6. 검문의 표적이 되다

　버스를 기다리는 사람은 수없이 많았다. 그 때 사이렌 소리를 울리며 요란하게 경찰차 한 대가 멈춰 섰다. 차에서 내린 경찰들은 그 많은 사람들 중에서도 자신들이 누구를 검문해야 하는지 표적이 있는 것처럼 민첩하게 행동했다. 그들은 정확히 동양인처럼 생긴 사람들에게만 접근했다. 바로 북한노동자들이었다. 먼발치서 이 광경을 지켜보며 필자 옆에 서있던 한 북한노동자는 "에이 나쁜 새끼들"하며 혼잣말로 욕을 내뱉었다. 러시아 경찰이 북한노동자들을 검문하는 장면은 필자에게 놀라움과 충격이었다. 수시로 단속을 나오는데 북한노동자들이 주로 그들의 타켓이 되었다.

　여권 원본은 회사에서 관리하기 때문에 복사본을 갖고 다니며 검문을 받을 때 그걸 보여주면 된다고 한다. 실제로 그들이 주머니에서 꺼낸 건 여권원본이 아닌 비닐봉투에 싸인 종이였다. 무사히 검문을 받는가 싶었는데, 일행 중 한명이 골목으로 끌려 들어갔다. 무슨 문제가 있으면 그 자리에서 처리해도 될 일을, 왜 사람들이 보지 않는 골목으로 데리고 들어갈까? 그 의문은 금새 풀렸다. 바로 뇌물을 요구하는 것이다.

　사고가 발생해 문건이 접수되면 다음 비자를 받을 때 문제가 생긴다. 금지된 장소에서 담배를 피우거나, 서류를 미소지 한 경우 벌금고지서를 발부한다. 이 고지서를 받으면 문제가 되기 때문에 어지간해서는 뒷돈을 주고 무마한다는 것이다. 서로가 이 사실을 너무도 잘 알고 있었다. 심지어 아무런 범법사항이 없어도 이리저리 끌고 다니면서 계속 무언가를 캐 묻는다고 한다. 가진 돈이 없는 것을 확인하면 그제야 그냥 놓아준다는 것이다.

처음 검문을 당하는 북한노동자들은 꼼짝없이 뇌물을 줄 수밖에 없다고 한다. 하지만 경험이 쌓이면 그 때부터는 오히려 배짱을 부리는 경우도 있다고 했다. '너네들 마음대로 해라'는 식으로 행동하거나, 주머니에 돈이 없다는 걸 확인시켜주면 아무 일 없었다는 듯이 보내준다. 결국 돈이 목적이었다.

경찰에게 검문 받는 북한노동자

모르는 애들은 그냥 당하지

외진 곳으로 끌려가 검문을 받던 한 북한노동자가 몹시도 걱정되었다. 먼발치서 이 광경을 처음부터 지켜보며 필자와 이야기를 나누던 또 다른 북한노동자는 별일 아니라는 듯이 지켜만 봤다. 안쓰러운 마음에 직접 가서 1,000루블이라도 대신 줄까 하는 마음이 들었다. 그렇게 해도 되는지 그에게 물어보았다.

> 일없어. 곧 풀려난다고. 주지 않아도 문제 해결돼요. 저러다가 말아요. 조서 같은 거 쓰고 있는데 쓸모없는 종이야. 여기서 나도 열 댓 번 단속되었어요. 감방가자고 맞받아치면 일없어.

그는 한사코 별일 아니라는 듯 여겼다. 복사한 증명서를 반드시 갖고 다니기 때문에 그것만 보여주면 전혀 문제가 없다고 한다. 어떻게든 돈을 뜯어내려는 경찰과 '순간의 심리전'이라고 말한다. 경험이 없어 처음 당하는 북한노동자는 '벌벌 떨면서 돈을 주는 경우도 있다'고 한다. 모르면 그냥 당할 수밖에 없다는 것이다. 한바탕 검문이 이루어지고 골목으로 끌려갔던 북한노동자는 무사히 풀려났다. 일행들과 이야기를 나누며 웃음을 띠는 걸 보니 다행히 큰 문제는 없었던 것 같다.

색시하고 떨어져 있는데 뭐 좋겠어?

골목으로 끌려간 북한노동자를 지켜보는 동안 그와 꽤 많은 이야기를 나눌 수 있었다. 올해 42살인 그는 31살에 러시아에 왔다. 러시아에 와서 지낼 만 하냐는 필자의 질문에 그는 '잘 먹고 잘 살아보자고 나와 있는거지. 색시하고 떨어져 있는데 뭐 좋겠어?'라며 말끝을 흐렸다.

아내와 세 살 차이가 나는데 9살 된 딸이 있다고 했다. 돈 많이 벌어서 '가슴 쫙 펴고 기쁨 갖고 집에 가야한다'며 하루하루 견디고 있다고 말했지만, 지난 7년 동안 아직 제대로 벌지 못해 마음이 무겁다고 했다. 내년쯤에는 조국에 들어갈 계획이라고 말하는 그의 어깨가 무거워보였다.

'까만 머리'들만 단속하는 거야

그렇게 둘이서 이야기를 나누는 중에 검문을 하던 경찰들이 우리 쪽을 향해 걸어오고 있었다. 괜한 시비 거리에 휘말리고 싶지 않았다. 필자도 그 당시 여권을 호텔에 두고 온 터라 신분을 증명할 방법이 없었다. 검문을 당하면 신분증 없는 외국사람이라 괜히 곤란한 상황이 될 것 같았다. 이야기를 나누던 북한노동자는 필자가 여권이 없다는 말을 듣고는 그럼 피하는 게 좋겠다며 얼른 필자의 등을 떠밀었다.

'까만 머리'들은 무조건 단속한다는 것이다. 러시아 경찰을 피할 때 남북한은 없었다. 서로 다른 방향으로 일단 몸을 숨겼다. 한참이 지났을까? 러시아 경찰들은 보이지 않았다. 그런데 아쉽게도 함께 이야기를 나누던 그 북한노동자도 떠난 뒤였다. 한동안 이러 저리 골목을 찾아봐도 더 이상 그를 볼 수 없었다. 그가 떠난 자리, 그렇게 잠시간의 만남은 영원한 헤어짐이 되었다. 평양으로 다시 돌아간다 했던 사람, 지금쯤 9살 된 딸의 웃는 모습을 보며 행복한 날들을 보내고 있을는지...

3장 타국에서 살아가는 방법

# 4장. 길에서 마주한 북한노동자

일반 대중교통 버스를 타고 가다 길거리에서 동양인처럼 보이는 사람들이 있으면 차에서 내려 확인했다. 그들이 북한노동자인지 알 수 있는 방법은 의외로 간단했다. 가까이 다가가서 대화를 들어보거나, 아니면 말을 걸어보면 될 일이었다. 필자와 똑같이 한국(조선)말을 사용하는 북한사람들이다. 작업을 하다 동료들끼리 모여 앉아 잠시 휴식을 취하는 모습도 심심찮게 볼 수 있었다. 버스 옆자리, 기차역, 공항, 공사장, 상점 어디서나 그들의 고된 노동의 흔적이 스며 있다. 유명관광지 근처라면 한국 관광객들과 그 틈에서 일을 하는 북한노동자를 볼 수 있다. 그렇게 서로가 얽혀 있지만 마주할 수 없는 분단의 사람들이다.

1. 김일성-김정일 초상 휘장을 달고 다니는 사람들

    러시아 연해주 도시의 길을 걷다 보면 북한 노동자를 쉽게 마주한다. 그들이 북한노동자임을 한눈에 알아 볼 수 있는 건 가슴에 달고 다니는 김일성-김정일 초상 휘장 때문이다. 블라디보스토크 길에서 동양인으로 보이는 사람들은 대게 한국 관광객이거나 북한노동자 그리고 중국인이라고 해도 과언은 아니다. 한국과 중국 관광객들은 단체버스를 이용해서 현지가이드를 따라서 움직이기 때문에 당연히 북한노동자들과는 구분된다. 중국관광객 역시 이와 별반 다르지 않다. 그렇기에 길거리에서 마주하는 동양인 중에 북한노동자를 알아보는 것은 그리 어려운 일이 아니다.

    그들이 왼쪽 가슴에 달고 있는 김일성-김정일 초상휘장은 북한사람들만이 달 수 있는 고유한 표식이다. 보이지 않는 곳에서도 항상 <김일성-김정일을 흠모하는 마음을 담는다>는 초상휘장을 달고 걸음을 옮기는 사람들... 그들의 마음에도 정말 충성의 결의가 꽂혔을까?

2. 버스 옆자리에 나란히 앉은 남북한 사람들

　필자는 블라디보스토크에서 북한노동자를 만나기 위한 방법으로 시내버스를 주로 이용했다. 버스를 타고 가다 길에 공사장이 보이면 무조건 내려서 북한노동자들이 작업하는지 확인을 했다. 또 다른 방법으로는 버스에 탄 북한노동자를 몰래 쫓아갔다. 블라디보스토크에서 일반 시내버스를 타면 북한노동자들을 자주 마주친다. 청부 노동자들은 자신이 맡은 작업장이나 숙소를 가기 위해서 주로 시내버스를 이용한다. 버스에 북한 노동자가 타면 그가 내리는 곳에 같이 내려 그의 뒤를 몰래 따라 가보곤 했다.
　정류장에서 내려 가파른 고갯길을 오르고 또 올라가는데 도저히 따라갈 수 없을 만큼 긴 거리였다. 아마 이전 정류장에서 내려 환승을 하거나, 택시를 타야 하는데 늦은밤이라 그냥 걸었던 것으로 보인다. 한국돈 400원 정도 되는 교통비가 큰 부담은 아니지만 대게 한 두 정거장 정도는 버스를 타지 않고 걸어다니는 게 다반사다. 결국 길에서 그를 놓아주고 뒤돌아서고 말았다.

　버스에서 내린 그들의 최종목적지는 주로 단체숙소이거나 개인적으로 청부 일을 하는 작업장이다. 그들이 자주 가는 시장에서 자재를 사거나 필요한 물품을 사서 다시 작업장에 가는 길이 많다. 그래서 시장앞 버스정류장에 가면 항상 그들을 볼 수 있었다. 주로 혼자 다니지만 짝을 이뤄서 작업을 하는 경우 두 세 명이 같이 버스에 오르기도 한다.

4장 길에서 마주한 북한노동자

옆자리에 앉아 스마트폰을 보던 그들

그날도 필자가 버스에서 만난 북한노동자는 두 명이었다. 토요일이었기 때문에 일을 마치고 단체숙소로 향하는 길이었던 것으로 보인다. 버스의 많은 자리 중 그들은 필자의 바로 옆자리에 앉았다. 추운 겨울날씨라 모자가 달린 두꺼운 옷으로 얼굴을 가리고 마스크를 끼고 있었기 때문에 필자가 아마 한국 사람인 줄 모르고 옆자리에 앉았을 거다. 북한노동자들도 블라디보스토크에 한국 관광객들이 많이 온다는 것을 알고 있기 때문에 한눈에 봐도 한국사람인지 자신들도 이제는 구분할 수 있다고 한다. 만약 한국 사람이라고 여겼다면 비록 자리가 있었다 해도 그들은 필자의 옆자리에 앉지 않았을 거다.

초상휘장을 달지 않아 반신반의했지만 외형만 봐도 북한노동자임을 직감했다. 옆자리에 앉은 그들의 대화를 들으며 역시 직감이 맞았음을 그저 감사했다. 그들이 사용하는 언어는 필자의 언어와 똑같았다. 공사장에서 작업하면서 힘들었던 일, 어떻게 작업을 마무리 할지 등의 이야기를 서로 나누다가 한동안 말이 없었다. 잠시 침묵이 흐르고 난 뒤, 옆자리에 앉은 북한노동자가 손에 꺼내 쥔 건 다름 아닌 스마트폰이었다. 자세히 들여다보니 메뉴판이 한글로 설정되어 있었다. 그는 능숙하게 스마트폰을 다루었다.

하루 일을 마치고 퇴근길 버스 안이라면, 집에서 기다리는 가족에게 전화 한통 할 수 있겠지만 그들은 그렇게 할 수 없었다. 가족은 이역만리 고향 땅에서 그들을 기다리고 있을 터이고, 그들은 물끄러미 지갑 속 사진으로 가족의 얼굴을 바라봤다. 그는 한참동안 핸드폰을 들여다 보다 버스에서 내렸다. 무작정 같이 따라 내려 그들의 최종목적지를 확인하고 싶었다. 만약 숙소에 가는 길이라면 그 숙소가 어디인지, 어떻게 생활하는지 확인하고픈 마음이 들었다.

하지만 그들이 내린 곳은 다른 버스를 환승하기 위한 정류장이었다. 다른 버스를 기다리는 중에 그들의 눈에 필자가 들어왔다. 이내 자기들끼리 잠시 대화를 나누더니 필자를 의식하기 시작했다. 곁눈질로 보기도 하고, 대화를 하다가 중단하기도 했다. 더 이상 그들을 따라가는 건 의미가 없었다. 그리고 서로에게 위험하다는 생각도 들었다. 버스 옆자리에서 마주한 그들과의 인연은 거기까지였다.

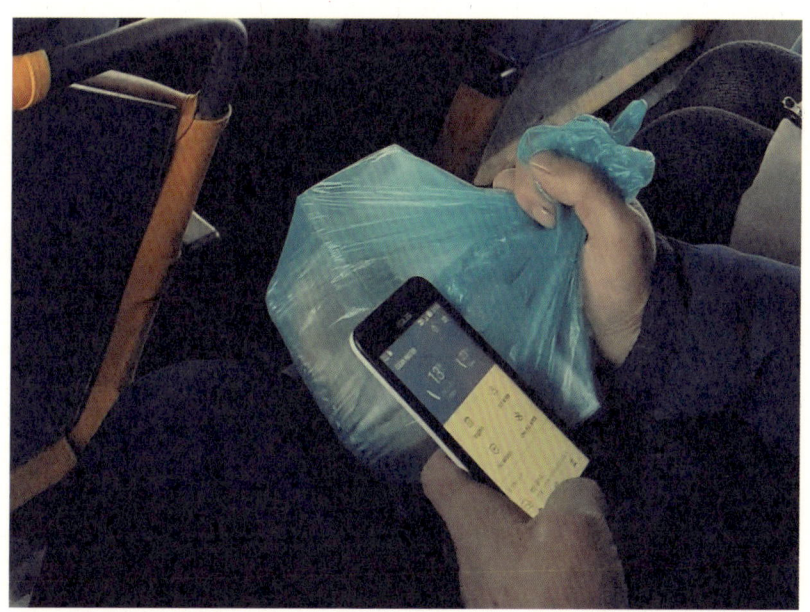

북한노동자의 한글설정 스마트폰

3. 길거리에서 스쳐 지나간 분단의 사람들

블라디보스토크 거리를 걷다 보면 무리 지어 다니는 북한노동자들을 만나게 된다. 단체로 일을 하던 중 잠시 물건을 사러 나왔거나, 작업장으로 이동하는 사람들이다. 버스를 타고 거리를 지나칠 때도 예외는 아니다. 어쩌다 손을 흔들면 무표정하게 관심을 두지 않거나, 의외로 같이 손을 흔들며 반겨주는 이도 있다. 그들도 자신들을 향해 관심을 보이는 사람들이 같은 조국 사람들이라는 것을 알고 있어서일까? 한국 사람에 대한 특별한 경계를 보이지 않는 북한노동자들을 심심찮게 만난다.

간혹 혼자 길에 서 있는 북한노동자가 조금은 긴장한 모습으로 누군가를 기다리는 장면도 목격한다. 약속을 정하고 만나는 것인데 5분 정도의 만남이 이어진 후 곧 헤어진다. 이 경우 두 사람의 옷차림이나 행색이 뚜렷이 구분된다면 한 명은 노동자이고 다른 한 명은 회사 직장장으로 볼 수 있다. 청부 노동자일 경우 수시로 위치와 상황보고를 해야 하는데 전화로 하는 경우도 있지만 주중에 한 번 정도는 이렇게 만나서 안전 여부를 확인한다. 이 때 매월 바쳐야 하는 계획분의 일부를 현금으로 전달하기도 한다.

4장 길에서 마주한 북한노동자

길에서 빵으로 한 끼를 때우던 그들

앞서 걸어가는 북한노동자를 무작정 따라갔다. 바쁜 걸음으로 어디론가 향하던 그들이 잠시 멈춰 섰다. 빵을 파는 노점이었다. 150루블(한화 3,000원)짜리 빵을 하나 사들고 허겁지겁 먹는 그들의 모습을 바라본다.

빵 하나 먹을 시간 없이 급하게 입에 넣고 떠나는 그들의 뒷모습이 눈에 보이지 않을 때까지 한참이나 바라봤다. 그들이 향하는 곳은 어디였을까? 아마 공구 자재를 손에 잔뜩 이고 가는 것을 보면 다른 작업장으로 가는 듯 했다.

그 여성들은 누구였을까?

길거리에서 이야기를 나누는 두 여성 사이를 스쳐 지나갔다. 귀에 들린 건 분명히 북한 말투였다. 초상휘장을 달지 않았지만 분명 북한사람이었다. 건설장에서 일하는 남성 노동자도 아니었기에 그들이 누구인지 궁금했다. 마침 그녀들이 선 곳으로 트램 한 대가 지나갔다. 그 트램을 찍는 척 하며 그녀들의 모습을 카메라에 담았다. 그녀들은 누구였을까?

4. 기차역에서 러시아 각지로 흩어지기

러시아에서 다른 도시로 이동하기 위해 그들은 주로 열차를 이용한다. 기차역 어디를 가도 그들의 모습을 쉽게 볼 수 있다. 매표소에서 표를 끊기도 하고, 기차를 타기 위해 황급히 플랫폼을 뛰기도 하며, 기차역 리모델링을 하는 작업장에도 어김없이 그들이 있었다.

기차역 앞에서 누군가를 기다리는 듯한 그들의 모습

하바롭스크 기차역에서 단체표를 사던 사람들

늦은밤, 하바롭스크 기차역을 찾아갔다. 분명 기차역에 그들이 있을 거라 확신했다. 기차역 앞에서 서성이던 두 명의 동양인이 보였다. 다가가 말을 걸어 보려다 잠시 지켜본 건, 그들이 누군가를 기다리고 있는 듯 보였기 때문이다. 아니나 다를까, 몇 분이 지난 뒤에 서로 알고 지내는 사이인 듯 친하게 손을 들며 다가오는 러시아사람이 보였다. 잠시 인사를 나누는가 싶더니 이내 기차역 안으로 들어갔다. 조심스럽게 그들을 따라갔다. 저녁시간에 공사를 할리도 없고, 작업복 차림도 아니었다. 그들이 이른 곳은 매표소였다.

그들이 주머니에서 꺼내 러시아사람에게 건 낸 건 두둑한 여권 뭉치였다. 표를 끊기 위해 기다리는 사람처럼 필자도 그들 뒤에 바짝 다가섰다. 손에 들려진 조선민주주인민공화국 여권이 선명하게 눈에 띄었다. 여권을 받아 든 러시아사람이 매표소에서 표를 끊는 동안 그들은 주변을 살피는 듯 했다. 혹여나 한국사람인 필자를 알아채지나 않을까 마스크로 얼굴을 가리고 두꺼운 방한모자를 눌러썼다.

그렇게 표를 끊고 역 대합실 한쪽에서 그들은 표를 건네 받았다. 그런데 특이한 건 표를 끊어준 러시아 사람이 여권과 표를 하나씩 자신의 핸드폰으로 촬영을 하는 것이었다. 북한사람으로 보이는 두 사람이 여권과 표를 건네주면, 러시아 사람이 기둥에 붙여놓고 사진을 찍었다. 통역을 도와주러 온 줄 알았는데, 그는 일일이 여권과 표를 확인했다. 한참 동안이나 그렇게 사진을 다 찍고 나서야 서로 헤어졌다.

어디로 향하는 기차표인지는 알 수 없었다. 단 그 기차에 몸을 실을 사람들이 한 두 명이 아니라 그룹을 지어 여러 명 이었다는 점, 그리고 그들이 자체적으로 움직이는 게 아니라 러시아인의 도움으로 어디론가 움직이고 있다는 사실만은 분명해 보였다. 그들이 가고자 한 최종목적지는 과연 어디였을까?

북한 여권과 기차표를 촬영하는 러시아 사람

기차역 대합실 리모델링 공사

　　북한노동자들은 어디인들 가리지 않고 일을 한다. 개인이 타일, 외장, 전기, 배관 등 리모델링을 위한 모든 작업이 가능한 숙련공이기 때문이다. 만약 본인이 그 작업을 할 수 있는 능력이 없어도 상관없다. 하청에 재하청을 주는 방식으로 북한노동자가 다른 노동자를 고용하기 때문이다. 개인집이나 아파트, 상가는 물론 공공장소의 수리도 북한노동자들의 몫이다.

　　어느날, 기차역 대합실의 화장실에서 북한노동자와 마주쳤다. 허름한 작업복을 입고 물통에 물을 담는 그를 보며 대합실 내 어딘가에서 공사를 하고 있으리라 추측했다. 한 통의 물을 담아 걸어가는 그의 뒤를 몰래 따라갔다. 대합실 한쪽에 공사현장을 알리는 선을 묶어놓고 일반인의 출입을 막았다. 그가 문을 열고 들어간 작업장 너머에서 그들의 목소리가 들렸다. 분명 조선말이었다. 거의 밤 11시가 넘어가는 시간에도 아랑곳없이 그들의 작업은 계속 이어졌다. 아마도 오늘 작업이 끝나면 시커먼 먼지 날리던 그 작업장 위에 스티로폼 하나 깔고 잠을 청할 것이다.

　　그 다음날 새벽같이 일어나 또 다시 기계를 돌리고, 그렇게 하루라도 더 빨리 일을 끝내기 위한 그들의 고된 노동은 계속 이어질 것이다. 기차역에 도착한 승객들이 저마다의 목적지를 향해 분주히 발걸음을 옮기지만 북한노동자들은 기차역 한 켠에서 쪽잠을 청했다.

4장 길에서 마주한 북한노동자

완행열차 내부모습

우수리스크 기차역에서 마주한 그들

블라디보스토크에서 우수리스크까지 운행하는 완행열차가 있다는 말을 들었다. 2시간 동안 달리면서 마을이 있는 모든 곳은 정차하는 이른바 통근열차 수준이다. 외곽으로 일을 하러 가는 북한노동자들도 주로 이용한다는 말을 듣고 열차를 타보기로 했다. 완행열차라 지정좌석도 없고, 기차를 타는 플랫폼도 정확히 표시되지 않았다. 6명이 마주보고 앉는 딱딱한 나무의자가 왠지 정겹기도 하고 낭만처럼 보였다. 하지만 지금은 그럴 여유가 없었다. 기차에서 단 한 명의 북한노동자라도 만날 수 있으면 족했다. 도착할 때까지 수 십 곳에서 정차하고, 빈 좌석 없이 빼곡히 사람들이 들어찼지만 그들의 모습은 찾을 수 없었다.

그렇게 두어 시간을 달려 우수리스크 기차역에 도착했을 때, 역 앞에서 한 무리의 북한노동자들을 마주했다. 김일성-김정일 초상휘장을 단 여러 명의 사람들이 우수리스크 역 앞 레닌동상 아래에서 이야기를 나누고 있었다. 그동안의 경험으로 여러 명의 사람들이 함께 있을 때는 말을 걸어도 서로 눈치를 보기 때문에 대화가 어렵다는 걸 알고 있었다. 그 때 우수리스크 기차역 한쪽 구석에 쪼그려 앉아 있는 두 명의 북한노동자가 있었다. 몇 시간후면 떠날 고향에 돌아갈 기차를 기다리는 중이라 했다. 오늘밤 길을 떠날 사람들이다. 그토록 그리던 조국으로...

우수리스크 기차역

블라디보스토크 기차역에서 다급히 길을 묻다

표정은 상기되었고 긴장감이 역력히 묻어났다. 블라디보스토크 기차역 플랫폼을 향해 달리던 어느 북한노동자의 다급한 모습이었다. 김일성-김정일 초상휘장을 가슴에 달고 인민복을 입은 그는 한눈에 봐도 북한사람임을 알 수 있었다. 어디를 향해 급히 가는 건지는 모르지만 기차시간이 임박한 건 틀림없었다. 그는 현지인에게 기차표로 보이는 종이를 보여주며 플랫폼을 찾고 있었다. 목적지에 무사히 도착 했으려나...

4장 길에서 마주한 북한노동자

5. 공항에서 새로운 세상으로 던져지기

블라디보스토크 시내에서 약 한 시간 정도 소요되는 아르춈이라는 곳에 위치한 공항은 북한노동자들에게 최종 종착지 이자 새로운 출발지다. 블라디보스토크 공항에서 북한노동자들은 평양을 오가는 국제선 외에도 사할린이나 하바롭스크 등으로 가는 국내선을 이용한다.

사할린으로 가는 북한노동자

블라디보스토크 공항에서 한 무리의 북한노동자들을 마주했다. 평양행 비행기가 뜨는 날은 공항에 북한 노동자들로 가득하다. 그런데 그날은 평양행 비행기가 가는 날이 아니었다. 여러 명이 그룹을 지어 수속을 한 곳은 국제선이 아닌 국내선 게이트였다. 그들이 향하는 곳은 다름 아닌 사할린이었다. 연해주 사할린에 북한노동자들이 많이 체류하고 있다는 말은 들었지만 실제로 그곳을 향해 떠나는 사람들은 처음 마주했다. 블라디보스토크 공항에서 다시 국내선을 이용해 사할린까지 이동하는 북한노동자... 그들의 내일은 과연 어떤 일들이 벌어졌을까?

사할린으로 가는 북한노동자

콜라 자판기를 이용하던 그들

그날, 블라디보스토크 공항에서 마주한 젊은 북한노동자들의 관심은 자판기였다. 공항 대합실에서 대기하던 일행 중에 젊은 나이대로 보이는 세 명이 자판기로 향했다. 한참을 들여다보며 이야기를 나누던 그들이 자판기에서 구입한 건 코카콜라 였다. 자판기 안에 무수히 많은 제품 중에 왜 코카콜라였을까? 러시아에서 생활하면서 미제의 표본이자 자본주의의 전형적인 상징이라는 코카콜라의 달콤한 맛에 길들여진걸까?

코카콜라 자판기

6. 24시간 편의점에서 노동을 이어가기

쇼핑하던 북한 여성들

지금 생각해도 그녀들이 누구였는지 알 수 없다. 확실한 건 북한사람이라는 거 외에... 그녀들은 분명히 북한말투를 썼고 주변을 경계했다. 우연히 길거리에서 두 사람이 나누는 대화를 들었을 때 북한말투임을 직감했다. 그리고 주저할 것 없이 그녀들이 가는 곳을 몰래 따라갔다. 뜻밖에도 그녀들이 찾아간 곳은 화장품 상점이었다. 물건을 고르는 척하며 몰래 그녀들의 대화를 엿들었다. 블라디보스토크 시내 한복판의 화장품 상점에서 북한말투를 쓰는 두 명의 여성. 과연 그들은 누구였을까?

북한말투를 어떻게 알아듣고 그녀들이 북한사람이라 확신하느냐 반문할 수도 있다. 필자 역시 말투만 듣고 그들이 재중동포일지도, 혹은 국내 입국 탈북민이 블라디보스토크에 여행을 온 것일 수도 있다는 생각을 했다. 그 궁금증 때문이었을까? 곁에 다가가 말을 걸었다.

"혹시 어디에서 오셨어요?" 그렇지 않아도 한국말이 들리면 경계하던 그녀들이었다. 그런데 낯선 사람이 다가와 한국말로 물어보니, 그녀들은 대답도 없이 "가자"하며 손을 끌었다. 그리고 황급히 그 자리를 떠났다. 이미 얼굴을 알아버렸으니 몰래 따라갈 수도 없는 노릇이었다. 그날 거기에 서 있던 그녀들은 과연 누구였을까?

4장 길에서 마주한 북한노동자

24시간 편의점에서 물건 사기

블라디보스톡에서 24시간 영업을 하는 쇼핑몰에서 밤늦은 시간 북한노동자들을 마주했다. 쇼핑몰에서 구입한 건 식료품과 담배였다. 그리고 그들이 향한 곳은 쇼핑몰 근처에 위치한 리모델링을 하는 작업현장이었다. 밤이 늦도록 불을 밝힌 채 여전히 실내에서 일을 하고 있었다. 물건을 사러 온 그들 외에도 여러 명의 노동자들이 함께 일을 하는 것 같았다. 무작정 그들을 따라 들어가 보고 싶었으나 명분이 없었다. 밤늦게 한국 사람이 자신들이 일하는 공사현장에 왜 들어왔을까 의심할 수밖에 없는 상황이다. 한참을 바깥에서 서성이며 고민하다 발길을 돌렸다.

7. 공사장에서 버텨내기

러시아 연해주에 위치한 도시 어디를 가도 건설현장에는 반드시 북한노동자들이 있다. 시베리아의 칼바람이 살점을 뜯고, 혹독한 추위로 온 세상이 꽁꽁 얼어붙어도 그들의 노동은 끝날 줄 모른다. 길거리에서 마주한 그들의 질긴 노동의 흔적들을 그대로 남겨둔다.

4장 길에서 마주한 북한노동자 163

8. 탈북민과 해외 북한노동자와의 재회

　북중러 접경지역은 분단의 아픔이 고스란히 배어 있는 끊김의 길이다. 조국의 반쪽 땅을 압록강과 두만강을 건너서라도 보고자 하는 마음들이 그 길을 만들었다. 압록강에서 두만강까지 이르는 북중 접경지역을 지나 국제버스를 타고 러시아 블라디보스토크에 이르는 북중러 접경지역 여정에 탈북민과 함께 동행을 했다.

　중국 단동이나 연길 등에서 북한의 무역일꾼을 길에서 우연히 만나는 경우도 있다. 러시아 블라디보스토크에서 만나는 북한노동자들을 대하는 탈북민들의 마음은 중국에서 무역일꾼을 만날 때 와는 사뭇 달랐다. 탈북민과 러시아 파견 북한노동자와의 재회는 동병상련의 마음이었을까?

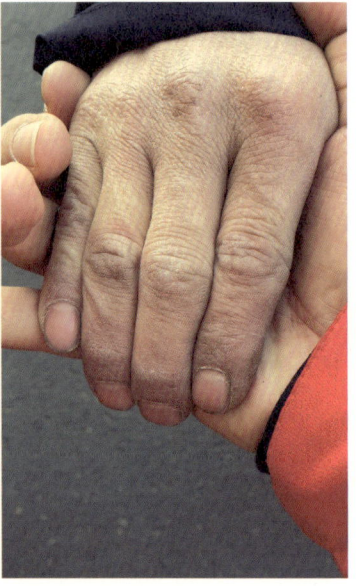

우리 오빠도 살아 있다면 딱 그 나이인데...

　　그녀는 어릴 때 북녘에서 오빠와 헤어졌다. '충성의 외화벌이' 이름 아래 오빠는 러시아 시베리아 벌목공으로 떠났다. 그렇게 떠나버린 오빠의 소식은 더 이상 들을 수 없었다. 그녀 역시 살기 위해 어쩔 수 없이 두만강을 건너 한국에 왔다. 그녀와 함께 동행한 북중러 접경지역 탐방은 어쩌면 길에서라도 우연히 오빠를 만날 수 있으리라는 꿈같은 희망에서 시작되었다.

　　러시아 블라디보스토크 어느 시장에서 북한노동자들과 마주했다. 8년의 해외 생활을 끝내고 고국으로 돌아가기 전 귀향 선물을 사러 나온 사람들이었다. 잠시간의 머뭇거림도 없이 그녀는 그들에게 다가가 먼저 말을 걸었다. 어디서 왔는지, 어떻게 살았는지 물으며 그들의 손을 꼭 잡았다. 그리고 그들의 나이가 바로 자신의 오빠와 같다는 사실도 알게 되었다.
　　"우리 오빠도 살아 있다면 딱 그 나이인데..."라며 눈시울을 적시는 그녀의 사연을 그들은 다 알지 못했다. 깡마른 체구에 깊이 파인 주름, 그리고 거칠고 거친 그들의 손등을 한동안 놓아주지 못하는 그녀였다.

　　오빠에 대한 그리움과 애절함이 그대로 묻어나서였을까? 사진 한 장 같이 찍을 수 있냐는 그녀의 제안에 그들은 흔쾌히 동의했다. 함께 간 사람들 모두가 마치 그녀의 친오빠와 함께 재회라도 한 듯 기쁨의 미소로 한 장의 사진을 남겼다. 조국으로 돌아간 그들은 수 년 동안 헤어져 생활한 그들의 가족과 이런 재회를 나누었을까? 오빠의 소식을 지금도 기다리며 브로커를 통해 수소문 하고 있는 그녀는 언제쯤 오빠와 재회할 수 있을까. 분단이 낳은 아픔은 머나먼 타국 러시아 땅에서도 한 줌의 눈물을 흩뿌렸다.

통일되면 다시 만나자요

　그의 이름은 O복이다. O계리의 복이 되라는 의미로 할머니가 직접 지어주신 이름이다. 함경북도가 고향인 그는 고난의 행군 때 아버지의 죽음을 지켜봤다. 먹을 게 없어 병든 아버지를 위해 변변한 약 하나 제대로 써보지 못했다.

　어머니는 돈 벌어 오겠다며 중국으로 떠났고, O복이는 혼자 남겨졌다. 자신도 두만강을 건너 두 번이나 탈북 했지만 중국에서 잡혀 북송되어 교화소에서 죽을 만큼 매를 맞고 겨우 목숨을 부지했다. 다시 강을 건넌 그는 한국에 들어와 어머니를 만났다. 하지만 자신을 남겨두고 떠날 수밖에 없었던 어머니를 이해는 하지만, 아직 용서할 수는 없었다. 병으로 돌아가신 아버지의 모습을 지켜보며, 자신은 꼭 의사가 되겠다고 다짐을 했다. 하지만 몇 번이나 의대 진학에 실패했다. 그 꿈을 버리고 싶지 않아 지금은 간호대학에 다니고 있다.

　그 O복이와 북중러 접경지역을 함께 달렸다. 러시아에서 북한노동자를 만났을 때 자신의 처지와 같다고 생각했을까? 멀리서 그들을 바라보는 O복이의 표정은 무어라 표현할 수가 없는 동정과 그리움이었다. 그들과 함께 손을 맞잡았다. "통일되면 다시 만나자요"라는 그들의 말이 메아리쳤다.

19년 만의 고향 땅 바라보기, 그리고 또 다른 고향사람…

그녀는 고향을 떠나온 지 19년이 되었다. 중국에 팔려와 10년을 살다 남한으로 왔다. 함경북도 온성이 고향인 그녀와 함께 북중러 접경을 동행했다. 10년 동안 한국에 살며 꼭 한번은 중국에라도 가서 북한의 고향땅을 보고 싶었다. 하지만 중국에서 경험한 북송에 대한 두려움과 트라우마로 그녀는 혼자 중국에 가는 일은 엄두도 낼 수 없었다.

이번 여정에 스무 명의 남북한 출신 사람들이 함께 동행 했다. 19년 만에 고향을 바라보러 가는 그녀의 간절한 바람이었을까? 억수같이 쏟아지던 비도 그 시간만큼 잠시 멈추어 주었다. 그녀의 언니는 여전히 그곳에 남아 있다. 멀리서 그녀의 언니 이름을 함께 목 놓아 불렀다. 그리고 그 길로 러시아 블라디보스토크로 발길을 돌렸다. 블라디보스토크에서 우연히 북한노동자를 만났다. 상점의 리모델링 작업을 하고 있었던 북한노동자에게 그녀는 자신의 고향이 함경북도 온성이라고 말했다.

조국의 반역자라며 탈북민에 대해 적개심을 갖는 그들이라 그녀가 탈북민임을 밝혔을 때 그가 어떤 반응을 보일지 매우 염려되었다. 뜻밖에도 그는 같은 고향사람이라며 너무도 반가워했다. "고향 사람을 여기에서 만나다니 이렇게 반가울 데가 있나"하며 두 사람은 뜨거운 포옹을 나누었다. 고향은 그런 곳인가 보다.

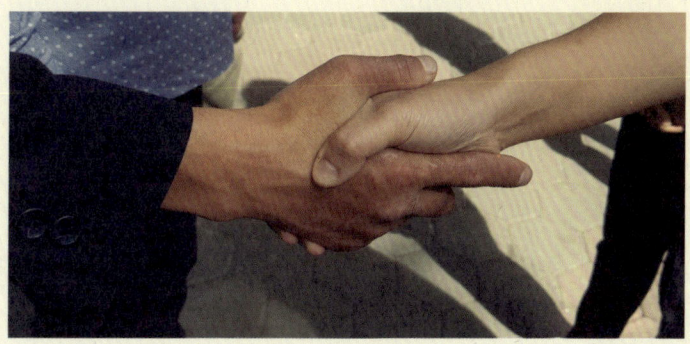

고향사람

5장. 그들의 흔적 :
러시아에 남겨진 노동과 눈물

2시간이면 닿는 '가장 가까운 유럽'이라는 광고 아래 러시아 블라디보스토크 관광이 인기다. 텔레비전 예능프로그램에 소개되면서 작년 한 해에만 약 30만 명의 한국 관광객이 블라디보스토크를 찾았다. 인천공항을 비롯해 부산, 대구, 무안공항에서 직항이 매일 운항할 정도로 관광객이 넘쳐난다.

킹크랩과 곰새우를 먹고, 당근크림 쇼핑을 하고, 아르바트 거리의 맛집 기행과 독수리전망대에 올라 블라디보스토크 전경을 내려다보고, 혁명광장에서 기념품을 구입한다. 우수리스크에 들러 고려문화센터, 최재형 고택과 이상설 유허비를 둘러보는 관광 코스다. 어떤 여행사 상품도 이 코스에서 크게 벗어나지 않는다.

그나마 단체 패키지 관광일 경우 우수리스크의 독립운동 유적지 한 두 곳을 넣지만, 블라디보스토크 자유여행일 경우 맛집 탐방과 쇼핑시간으로 대부분 채워진다. 힐링과 웰빙이 시대의 키워드가 되었으니 그렇게라도 여행을 즐기는 게 어쩌면 당연하다.

그런데 그 곳에 바로 북한노동자들이 있다는 사실을 잘 알지 못한다. 굳이 알아야 하느냐며 반문할 수도 있다. 우리는 분단 조국을 살아가는 분단의 사람들이지 않은가. 블라디보스토크와 우수리스크의 유명 관광지는 대부분 북한노동자들의 흔적이 남겨져 있다. 한국 관광객이 무심코 지나가며 여행을 즐기는 동안 반쪽 조국의 나머지 사람들은 그곳에서 당과 조국을 위한 충성자금이라는 이름으로 인권을 유린당하고 있다.

똑같은 식당, 똑같은 숙소, 똑같은 관광지를 도는 똑같은 사람들 사이로 똑같지만 전혀 다른 북한 사람들이 있다. 최소한 한국 관광객이 매일같이 다녀가는 블라디보스토크와 우수리스크의 유명관광지 근처 건설현장에 그들의 흔적이 있음을 기억하면 어떨까?

그들이 남겨놓은, 앞으로 남겨질 건설현장과 건물을 그대로 담아본다.

5장 그들의 흔적

1. 버스킹과 해적커피

유명 방송 프로그램에 소개되어서일까? 연해주에는 참으로 많은 한국 관광객이 다녀간다. 블라디보스토크에 오면 꼭 들르는 관광코스는 바로 아르바트거리이다. 해양공원과 이어지는 길로 블라디보스토크의 대표적 관광지라 해도 손색이 없다. 바다 너머로 지는 노을이 무척이나 아름다워 감성과 낭만의 거리로도 알려져 있다. 어김없이 무리를 지어 다니는 한국 관광객들을 쉽게 볼 수 있는 장소다. 길거리 버스킹이 자주 열리며 관광객들의 낭만과 여유가 묻어나는 곳이다. 쉼과 낭만 그리고 여유가 있는 이 곳에 바로 북한노동자들의 한숨도 함께 있다.

그들의 노동은 장소를 가리지 않는다. 아르바트 거리에 위치한 유명한 커피점에서 일하는 북한노동자를 마주했다. 이곳에 '해적커피'라는 이름의 커피점이 있다. 러시아의 스타벅스라 할 만큼 '해적커피'의 인기는 대단하다. 주문 대기줄이 길게 늘어서고 앉을 자리가 없을 정도로 늘 사람들로 북적인다. 한국 관광객들에게 아주 인기 있는 장소 중 하나다.

길 한켠에서는 버스킹을 하며 사람들이 하나둘씩 모여들고, 커피점에 앉아 향기로운 커피 한잔의 여유로 낭만을 즐기는 관광객들이 보였다. 그 틈에서 커피점 외벽을 수리하는 북한노동자들을 마주했다. 커피숍 출입문 앞에 쪼그리고 앉아 타일 공사를 하는 그들의 눈에 버스킹은 어떤 모습으로 비쳤을까? 아니 그렇게 시선을 돌릴만한 잠시간의 여유라도 있었을까? 얼른 공사를 끝내고 또 다른 곳을 찾아 돈벌이를 해야 하는 그들에게, 한 잔의 커피를 사기 위해 길게 늘어선 줄은 어쩌면 낯선 모습이었을지도 모른다. 모두가 웃음 띤 얼굴에 박

수 치며 노래를 듣는 관광객들의 그 여유가 왠지 그들에게는 마음 시리도록 부러운 순간일 수도 있었다. 일손을 잠시 놓고 버스킹을 물끄러미 바라보던 북한 노동자의 눈길이 자꾸 아른거린다. 무엇을 위해 그 자리에 섰는지 자문이라도 하는 듯 한동안 그는 그 자리에서 떠나지 않았다.

버스킹을 하는 장소 한켠에 그들의 삶이 고스란히 담긴 짐꾸러미를 발견했다. 작업현장에서 당장 사용할 자재와 짐이었다. 그 짐에는 오늘 하루를 또 살아갈 작업연장과 간단한 옷가지 그리고 이불 정도가 보였다. 짐꾸러미 하나 챙겨들고 이리저리 일자리를 구해 옮겨 다니는 그들은 분명 관광객과는 다른 발걸음이었다. 이국적 풍경에 취해 설렘으로 한걸음씩 내딛는 관광객들의 모습과, 하루하루 계획분의 압박을 견뎌내야 하는 그들의 손짓이 결코 같을 수는 없었다. 그들의 짐꾸러미에 생존의 무게가 켜켜이 드리워져 있었음을 그날 거기에서 그들을 스쳐 지난 많은 이들은 알고 있었을까?

이틀 동안 이어진 작업

그 다음날, 그곳을 다시 찾아갔다. 어제 작업이 마무리가 안되었기 때문에 분명 오늘도 작업을 할 거라 생각했다. 그랬다. 그들은 오늘도 거기에 있었다. 달라진 게 있다면 어제 작업 하던 두 명의 노동자 중에 한 사람이 다른 사람으로 바뀌었다. 해적커피 안에 들어가 창밖으로 그들을 바라봤다. 의자에 앉아 인증샷을 찍는 무수히 많은 한국의 젊은이들에게 그들은 관심의 대상이 되지 못했다. 어쩌면 관심을 두는 게 더 이상하리만큼 생각되었다. 만약 북한노동자들이 조선말로 대화하는 것을 그들이 들었다면 조금의 관심이라도 보였을까?

아르바트거리의 해적커피와 북한노동자

5장 그들의 흔적

2. 키즈카페 리모델링

조심스레 미행하다

　그들은 '언제 어디서나 김일성-김정일을 모시고 산다'는 충성심을 표하기 위해 김일성-김정일 사진의 초상휘장을 왼쪽가슴에 달고 다닌다. 왼쪽 가슴은 사람의 심장이 있는 부위다. '심장을 바치자 어머니 조국에'라는 선전구호가 그들의 인식을 잘 말해준다. 이른 아침 바쁘게 길을 재촉하는 두 명의 사람을 마주했다. 왼쪽 가슴에 선명하게 보이는 김일성 초상휘장이 굳이 아니어도, 그들이 북한사람이라는 건 한눈에 알 수 있었다. 작업복 차림의 허름한 행색에 연장을 들고 바삐 길을 재촉하는 사람들...

　무작정 그들을 몰래 따라갔다. 이내 도착할 수 있는 거리라 여겼다. 하지만 족히 두 정거장 정도는 될 만큼 제법 먼 거리였다. 혹시 눈치 채지 않을까 조심스레 뒤 따라가며 그들이 어디를 향해 가는지 내심 궁금했다. 바닷가 인근에 위치한 한적한 주택가에 다다랐을 때에서야 그들이 리모델링을 하는 어느 공사장에 간다는 사실을 알았다. 두 사람 외에도 먼저 도착했는지, 다른 사람들이 벌써 일을 하고 있었다.

5장 그들의 흔적 179

키즈카페로 변한 상점

두 달 뒤 다시 그 곳을 찾았다. 잠시라도 얼굴을 봤던 그들이 여전히 거기에 있었으면 하는 기대감이 앞섰다. 하지만 현장에 도착했을 때 이미 리모델링은 끝났고, 공사현장은 키즈카페로 말끔히 변해 있었다. 키즈카페로 이용될 상점의 내부 인테리어 작업을 하며 그들은 이곳이 아이들의 놀이시설이라는 것을 알았을까? 고향에 두고 온 채 몇 년 동안이나 만나지 못하는 어린 자녀의 얼굴이 아른거리지는 않았을는지...

3. 혁명광장의 러시아정교회 성당

블라디보스토크의 랜드마크를 꼽으라 하면 시내 중심가에 위치한 혁명광장을 들 수 있다. 러시아 혁명을 기념하기 위해 조성된 이 광장에는 혁명군을 상징하는 거대한 동상이 그 위용을 자랑한다. 금요일과 토요일에는 프리마켓이 열려 광장을 가득 메운다. 블라디보스토크를 관광하는 누구나 이곳 혁명광장 앞을 수십 번은 지나칠 정도다. 관광객들이 찍은 사진에는 반드시 이곳을 배경으로 한 모습이 담겨 있다. 또한 혁명광장은 러시아 기념품을 판매하는 '블라디 기프트'라는 상점과 바로 연결된다. 한글로 '기념품'이라 써놓을 만큼 한국 관광객들이 많이 찾는 곳이다. 바로 그 곳에도 북한노동자들이 있었다.

혁명광장 한켠에 돔모양의 거대한 성당을 짓기 위한 공사가 한창 진행 중이다. '스파소 프레오브라젠스키 성당(Spaso-Preobrazhenskiy Kafedral'nyy Sobor)'이라 불리는 곳이다. 러시아 정교회의 15대 총대주교였던 알렉세이 2세(Alexy II)가 2000년에 블라디보스토크에 와서 봉헌한 후 10년이 지난 2011년에 공사가 시작되었다. 한눈에 봐도 위용을 알 수 있을 만큼 대규모 건물로 높이만 무려 67미터에 이른다. 황금색으로 빛나는 가운데 돔은 14미터에 달하고, 무게는 38톤에 육박한다. 이 성당공사를 담당하는 주요 인력이 북한노동자들이다. 블로그를 비롯해 SNS에 올라오는 기념사진을 보면 혁명광장과 성당, 기념품점을 배경으로 찍은 사진들이 대부분이다. 하지만 이 성당 공사장에서 일하는 사람들이 똑같이 우리말을 사용하는 북한노동자들이라는 사실은 전혀 언급이 없다.

여름과 겨울, 그 혹독한 날씨에도 아랑곳없이 그들의 노동은 멈추지 않았다. 이제 공사가 끝나면 그 성당은 블라디보스토크의 랜드마크가 될 것이다. 그곳에 바로 그들의 흔적이 있었음을 기억하고 싶다. 2017년 6월부터 2019년 10월까지 시간에 따라 변화된 성당의 공사모습을 그대로 기록한다. 그곳에 그들이 있었음을...

5장 그들의 흔적 183

5장 그들의 흔적　187

4. 혁명 동상

　시내버스를 타고 가다 공사장이 보이면 무조건 내렸다. 그리고 북한노동자들을 찾는 일을 수 없이 반복했다. 블라디보스토크 시내버스 노선을 거의 외울 정도로 버스는 필자에게 그들을 찾아가는 길잡이가 되어 주었다. 그날도 어김없이 시내버스를 타고 가며 그들이 일하는 공사장을 찾기 시작했다. 그러다 길가에서 공사 중인 동상에 눈길이 멈추었다. 건물을 짓는 공사뿐만 아니라 동상을 세우는 일도 그들의 몫이었다.

　높은 첨탑에 올라가 작업하는 여러 명의 사람들이 보였다. 밤에 그곳을 다시 찾았을 때 환하게 불을 밝힌 채 야간작업에 여념이 없었다. 그렇게 하루 종일 노동이 끝나고 나서 그들이 향한 곳은 다름 아닌 길가에 세워진 컨테이너였다. 바로 그들의 숙소다. 어림잡아 10여명 정도가 작업을 하는데 저곳에서 숙식을 해결했다. 좀 더 가까이 가서 그들의 모습을 담으려 했는데, 카메라를 든 필자의 모습을 그들 중에 한 명이 의식하기 시작했다. 옆에 있는 동료들에게 무어라 이야기 하더니 이내 그곳의 모든 사람들이 필자가 있는 쪽을 바라봤다. 그리고는 한 명이 필자가 있는 쪽으로 다가왔다. 섬뜩하고 무서웠다. 그들의 모습을 담는 게 이리도 가슴 졸이는 일이었다는 걸 그 때 다시 한번 느꼈다. 그리고 그들에게 미안한 마음도 앞섰다. 늦은 밤까지 작업하기도 힘이 들 터인데 괜히 필자로 인해 신경을 쓰게 했으니 말이다. 황급히 발걸음을 돌렸다. 그리고 가장 먼저 오는 버스에 올랐다.

　그로부터 몇 개월 후 그곳을 다시 찾았을 때 동상은 말끔히 완성되어 있었다. 그들은 더 이상 보이지 않았다.

건설현장의 숙소로 사용되는 컨테이너와 북한노동자

혁명동상의 건설현장과 완성된 모습

5장 그들의 흔적 193

5. 주마(ZUMA)레스토랑 옆 아파트

블라디보스토크에는 '주마(ZUMA)'라는 유명한 레스토랑이 있다. 러시아의 권위 있는 잡지에 지역 최고 레스토랑으로 소개될 만큼 명소로 알려진 곳이다. 블로그에 주마라는 단어를 검색하면 위치는 물론 가격부터 음식사진까지 수많은 정보가 검색될 정도로 관광객들에게 입소문이 났다. 블라디보스토크를 대표하는 식당으로 예약을 하지 않으면 이용하기 힘들 만큼 한국 관광객이 많다.

그런데 이 레스토랑 바로 옆에 건설 중인 대형 아파트에 수많은 북한노동자들이 일을 하고 있었다. 식사를 하며 레스토랑 창밖으로 보이는 건설장에 북한노동자들의 작업현장이 그대로 보일 정도다. 레스토랑과 공사 중인 건물을 한 장의 사진에 담아 보았다. 레스토랑 입구에서 바라본 대형건설장 꼭대기에 두 명의 북한노동자가 위태로이 서 있었다.

그 시각 레스토랑을 찾은 한국 관광객 중 누구도 창문 밖 건설장에 북한노동자들의 피와 눈물이 서려 있음을 아는 사람은 없었다. 그렇게 블라디보스토크는 남북한을 갈라놓았다.

5장 그들의 흔적

주마(ZUMA)레스토랑 옆 대형빌딩

5장 그들의 흔적 197

6. 로얄버거와 쇼핑몰

'블라디보스토크 로얄버거'라는 단어로 포털사이트에서 검색을 하면 블로거들이 소개하는 여러 곳의 로얄버거 정보가 쏟아진다. 블라디보스토크를 다니면서 쉽게 찾을 수 있는 곳이 바로 로얄버거(햄버거 가게)다. 도심에서 조금 벗어나 중국시장으로 향하는 길에 대형쇼핑몰이 완공되어 영업을 시작했다. 그 중에서 아직 몇 군데는 실내 인테리어가 한창이다. 대형쇼핑몰 건설장이니 만큼 주변에 가건물로 숙소를 지어놓고 북한노동자들이 합숙을 한다. 로얄버거 가게 구석진 자리에 앉아 창밖으로 보이는 그들의 모습을 카메라에 담았다. 분주히 사람들이 오가는 쇼핑몰에서 남루한 작업복차림의 사람들이 일을 한다. 세상에서 홀로 떨어진 무인도 마냥, 길을 오가는 러시아 사람들과는 분명 구별되었다. 로얄버거 가게에 앉아 바라본 북한노동자들의 모습은 아프고 시렸다.

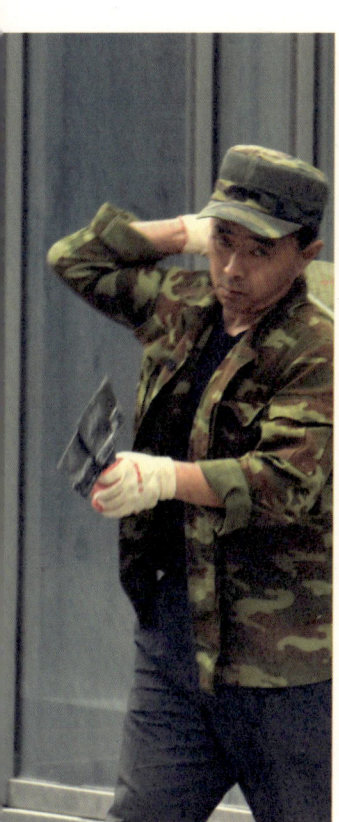
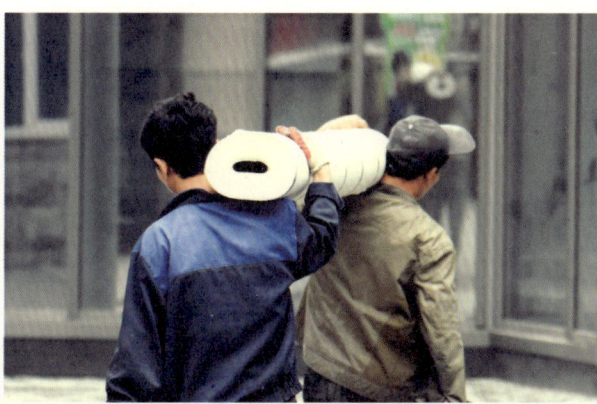

로얄버거와 쇼핑몰

7. 보석상점과 한국 관광버스

관광버스가 정차한 곳은 블라디보스토크의 유명 관광지에 이르는 길목이다. 아르바트 거리를 구경하러 가는 관광객을 태운 버스는 대부분 이곳에 정차한다. 한국 관광여행사 안내판이 선명하게 쓰인 버스 한 대가 정차했고, 신나게 웃음 짓는 한 무리의 한국 관광객들이 버스에서 내렸다. 그리고 무심코 그들을 스쳐 지나갔다. 일행 중 누군가 그들에게 눈길을 주는 듯 했으나 말을 건네는 사람은 아무도 없었다. 그저 신기한 듯 바라보며 북한노동자들의 일하는 모습을 스쳐 볼 뿐이었다.

상점 입구 계단 공사를 하는 북한노동자들의 손길이 분주했다. 그 상점은 한국 여행사에서 여행코스 중 옵션으로 보석을 판매하는 상점이다. 일을 감독하는 러시아인은 팔짱을 낀 채 지켜보며 섰다. 북한노동자들은 그라인더로 연신 석고자재를 깎아 계단에 붙이는 작업을 하고 있었다. 한국 여행사 관광버스가 떠나고 또 다른 여행사 버스가 그 곳에 정차하기까지 많은 시간이 흘러도 그들의 노동은 계속되었다. 블라디보스토크 어디나 북한노동자들의 손이 닿지 않은 곳은 없는 듯하다. 한국 관광객이 무심히 밟고 들어갈 보석상점의 계단, 그곳에도 그들의 눈물이 녹아 있다.

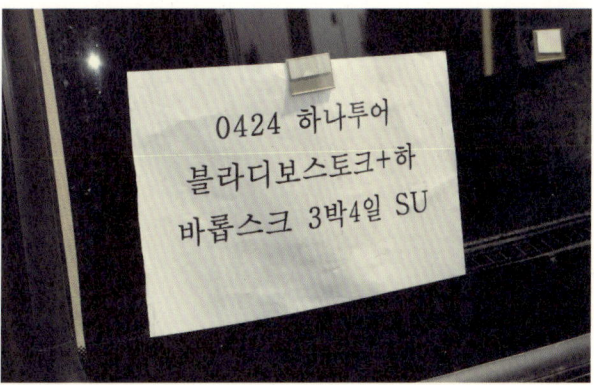

블라디보스토크 어디나 북한노동자들의 손이 닿지 않은 곳은 없다

5장 그들의 흔적 201

8. 마린스키 극장 앞 대형빌딩

　마린스키극장은 러시아 상트페테르부르크의 역사적인 오페라, 발레 극장이다. 2016년 1월 블라디보스토크 예술극장이 리모델링을 마치고 마린스키 분관으로 개장을 했다. 이곳은 블라디보스토크를 찾는 관광객들에게 이색 관광을 선사한다. 여행 기간 중에 발레 공연의 일정이 맞으면 한국보다 훨씬 저렴한 가격에 수준 높은 발레 공연을 감상할 수 있다.

　극장 홈페이지를 이용해 인터넷으로 예약이 가능할 만큼 한국 관광객들에게 인기다. 저녁시간 발레 공연을 마치고 극장 앞을 나서면 정면에 여전히 불이 꺼지지 않는 또 하나의 대형건물이 있다. 바로 북한노동자들이 공사를 하는 빌딩이다. 블라디보스토크를 대표하는 또 하나의 상징인 마린스키 극장, 그 정면에 우뚝 솟은 대형건물도 그들의 흔적이 고스란히 배어있음을...

9. 개선문 옆 건물

　블라디보스토크의 유명 관광지인 개선문은 <영원의 불꽃>광장에 있다. <영원의 불꽃>은 2차 세계 대전 당시 희생자를 기념하기 위한 시설이다. 365일 성화처럼 불이 꺼지지 않는다. 이곳은 지난 2019년 4월 러시아를 방문한 김정은이 헌화한 곳으로 알려져 있다.

　<개선문 – 영원의 불꽃 – 잠수함박물관>은 같은 곳에 위치해 있어 관광객들의 주요 코스다. 개선문 옆 건물 외벽에서 공사를 하는 북한노동자를 만났다. 외벽타일을 교체하고 페인트칠을 하는 작업이었다.

외벽타일을 교체하고 페인트칠을 하는 작업

5장 그들의 흔적 205

러시아 유명 명소와
그곳에서 일하는
북한노동자의 표정

5장 그들의 흔적 207

10. 레닌동상 옆 빌딩

　블라디보스토크 기차역 앞 건너편에는 레닌동상이 우뚝 서 있다. 레닌이 가리키는 방향은 모두 모스크바를 향한다고 한다. 레닌 동상 옆에 위치한 건물의 리모델링 작업을 하는 북한노동자를 마주했다. 차에서 공사용 자재를 옮기는 그들의 모습과 레닌동상이 오버랩 되었다. 그들이 말하는 사회주의 혁명은 힘없는 노동자들의 노역에서 비롯될까?

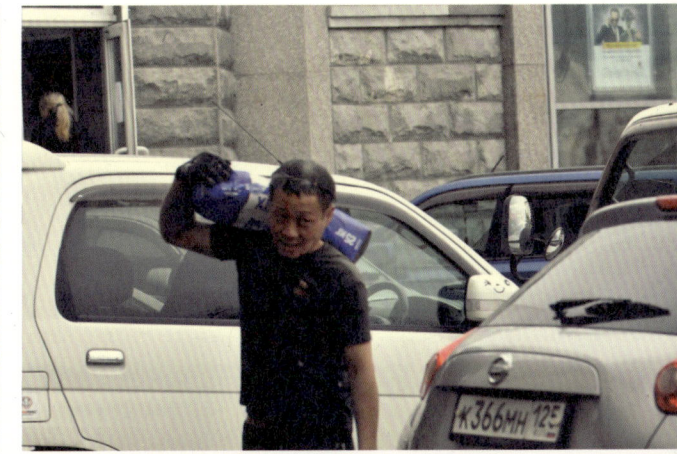

사회주의 혁명의 레닌동상 옆 힘없는 노동자들의 노역

11. 우수리스크 호텔

　우수리스크 시청 옆에 위치한 우수리스크호텔은 내부 리모델링을 해야 할 정도로 낡았지만 그 지역에서 그나마 가장 좋은 호텔로 손꼽힌다. 사정상 호텔 전체를 리모델링할 수 없어서 인지, 우선적으로 수리가 급한 객실 한 두 개씩 공사를 한다. 그날도 숙박을 위해 호텔에 들어섰을 때 복도에 자욱한 먼지며 벽을 부수는 기계소리가 요란했다. 자재를 들고 가는 사람은 한눈에 봐도 북한노동자였다.

　주저 없이 작업장에 들어가 "안녕하세요, 반갑습니다"라고 인사를 건넸다. 객실을 리모델링 하는데 모두 3명의 북한노동자들이 일하고 있었다. 외부작업장이 아닌 호텔에 묵는 손님 신분이니 필자가 그곳에 있는 게 그리 이상한 일은 아니라 여겼다. 복도를 지나가다 조선말이 들려서 들어와 봤다는 말과 함께 반갑게 악수를 청했다. 낯선이의 갑작스런 인사에도 같은 동포라는 생각에서였을까 그들 역시 경계심 없이 반갑게 맞아주었다. 그들과 함께 식사를 하고 싶었다. 하지만 식당에 갈 여유는 안 된다고 했다. 단체숙소에서 싸주는 도시락으로 대충 한 끼를 때운다는 말을 듣고 따스한 밥 한 공기라도 나누면 좋겠다는 마음이 더욱 간절했다. 지금 당장은 아니더라도 내일 여기에서 함께 점심을 먹으면 어떠냐고 제안했다. 그러면서 몇 마디 이야기를 나눌 수 있었다.

　그는 5년 비자를 받고 나왔으니 이제 1년 정도만 있으면 조국에 돌아가야 한다고 했다. 올해 56살이라는 그는 25살 된 아들이 있다. 아들을 위해 돈을 많이 벌어야 한다는 말에 잠깐 정적이 흘렀다. 아들이 장가갔냐는 필자의 질문에 "인민군대 나갔지. 조선에서는 다 군대 나갔다 와야 하니까"라며 자랑스런 아

들의 얼굴을 떠올리는 듯 했다. 아들을 생각하는 아비의 마음이 애잔하게 전해왔다.

이렇게 일을 하면 돈을 얼마나 벌 수 있는지 물었다. 한 객실 당 3만 루블을 받고 리모델링 공사를 하는데 세 명이 같이 작업 하니까 1만 루블씩 나눈다고 했다. 그는 필자에게 호텔 하룻밤 숙박료가 얼마인지 물었다. 1인실이라 1,800 루블을 지불했다는 말에 그의 대답은 "와, 이 호텔방이 꽤나 비싸구나"였다. 그도 그럴 것이 그들이 1인당 1만 루블을 받고 약속한 공사기간은 15일이었다. 15일 동안 밤낮으로 돌가루 먼지 뒤집어쓰고 번 돈이 1만 루블(한화 20만원)이다.

그와 이야기를 나누며 필자도 한국에 있는 아버지가 생각났다. 우리네 아버지도 그러했으리라는 생각에 문득 그와 꼭 한 끼의 식사를 같이 나누고 싶었다. 이 호텔에 묵으니 내일 꼭 다시 만나자고 약속했다. 점심 때 밥 한 끼 라도 꼭 같이하자고...

15일 동안 밤낮으로 돌가루 먼지 뒤집어쓰고 번 돈이 1만 루블(한화 20만원)

다음날, 한 끼의 식사를 나누다

아침에 일어나 방문을 열고 복도를 먼저 바라보았다. 그들이 일을 하러 다시 왔는지 확인하고 싶었다. 오전 내내 작업장에서 들려오는 공사소리가 너무 시끄러웠지만, 한편으로는 다행이라고 여겼다. 그들이 여전히 일을 한다는 표시였기 때문에 감사하기까지 했다. 근처를 수소문 해 한식을 파는 음식점을 찾았다. 중국식당이기는 하지만 우수리스크에서 한식을 파는 꽤 유명한 식당이었다. 푸짐하게 음식을 포장해서 한걸음에 달려갔다. 작업장 한 켠에 스티로폼을 깔고 식탁을 만들었다. 먼지 펄펄 나는 작업장에 그대로 밥상을 펼쳤다. 밥상이라고 할 것도 없었다. 그냥 신문지 하나 깔고 식당에서 사온 음식 몇 가지를 주섬주섬 펼쳐 놓은 게 전부였다. 기어코 사양하는 그들의 손을 이끌고 한 식탁에 마주앉았다. 주저하는 그들에게, 포장까지 해 온 정성을 봐서라도 함께 먹자고 했다.

"무얼 좋아하시는지 몰라서 중국식당 가서 여러 개 사왔어요. 볶음밥, 소고기, 이건 돼지고기..."

함께 이야기를 나누고 싶은데 그때 옆방에서 기계로 벽을 허무는 소리가 천둥소리처럼 들려왔다. 북한노동자 세 사람과 러시아인이 함께 작업을 하는데, 그들은 점심을 따로 먹지 않아 계속해서 일을 하는 중이있다. 좀체 대화를 할 수 없을 정도로 시끄러웠다. 밥 한 끼 먹는 단 몇 분만이라도 여유롭고 싶었다. 일행 중에 대장이라 불리는 북한노동자가 옆방에 가서 그들에게 잠시 쉬라고 이야기를 해 주었다.

"이걸 다 사왔나?"

"그럼요. 제가 음식을 만들어 드릴 수는 없잖아요. 도시락 싸온 거 있으면 꺼내보세요. 같이 먹게요."

"에이, 아니야. 꺼내놓기가 한심하네."

평소 점심은 어떻게 해결하느냐는 말에 회사에서 도시락을 싸 준다는 말을 들었던 터라 그들의 도시락이 어떨지 너무 궁금했다. 하지만 싸 온 도시락이 너무 형편없다고 생각했던지 그들은 끝내 자신들의 도시락은 꺼내놓지 않았다.

"이거 산다고 돈 많이 들어갔겠는데…"

"괜찮아요. 밥 한 끼 같이 먹는 건데요. 조선 사람들은 밥 한 끼 같이 먹어야 친해지지요."

밥 한 끼 같이 먹는 온정

한국산 커피

식사를 마치고 밥값을 해야 한다며 그는 필자에게 커피 한 잔을 권했다. 보따리에서 주섬주섬 꺼낸 것은 다름 아님 한국산 브랜드의 커피였다. 컵이 없으니 밥그릇에 주어서 미안하다며 커피 한 잔을 건넸다. 북한노동자가 직접 타 준 커피, 그것도 일회용 믹스커피가 아닌 숟가락으로 대충 양을 조절해 물에 탄 커피였다. 맛은 어땠을까? 세상 그 어떤 커피와 비교할 수 없는 따스한 정이 담긴 한 잔의 커피... 조선에 돌아가면 러시아에서 마시던 커피향이 기억날까?

그리고 거기까지였다. 식사를 마치고 헤어지면서 내일 또 볼 수 있느냐고 물었다. 아마 오늘이 마지막 날이라 내일은 오지 않는다고 했다. 그렇게 또 인사말을 건네었다. "통일되면 꼭 다시 만나자요". 그들과 그곳에서 나누는 가장 아프고 서러운 인사말이다. 잠시간의 만남과 한 끼 식사였지만 두 손 꼭 잡고 나눈 따스한 온기는 지금도 온전히 가슴에 남았다.

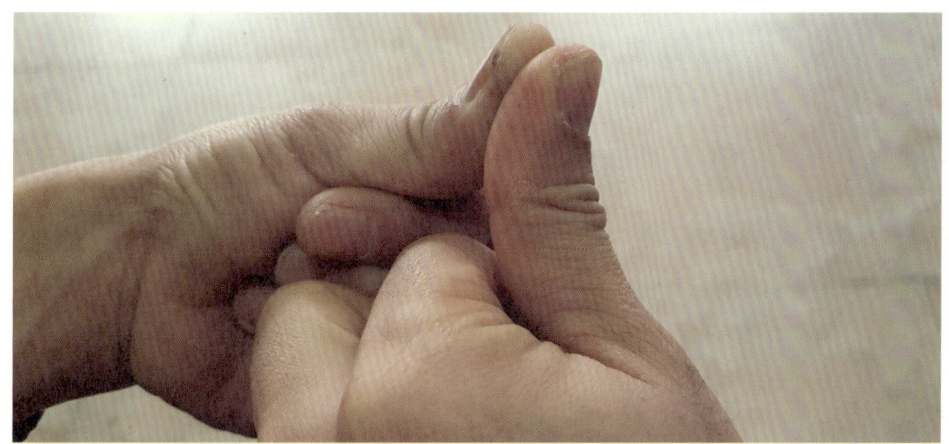

세상 그 어떤 커피와도 비교할 수 없는 따스한 정이 담긴 커피

12. 우수리스크 최재형 기념관 옆 아파트

　최재형 선생은 러시아 연해주 독립운동의 아버지라 불린다. 전 재산을 독립운동 자금으로 바치며, 평생을 나라의 독립을 위해 애쓰신 분이다. 1908년 그는 러시아에서 가장 대표적인 의병조직인 '동의회'를 조직했다. 러시아로 망명한 독립운동가들의 생계비와 활동비, 군자금 지원도 그의 몫이었다. 이토 히로부미를 암살한 안중근 의사에게 자금을 지원한 것도 바로 최재형 선생이다. 1919년 대한민국 임시정부가 수립되자 초대 재무총장에 선임되기도 했다. 우스리스크 최재형 고택은 1920년 4월 참변 당시 일본군에 붙잡히기 까지 2년간 생활하던 곳이다.

　최재형 고택은 우수리스크에서 한국 관광객이 반드시 찾아가는 코스로 2019년 3월 최재형 기념관으로 리모델링되었다. 그런데 최재형 고택 옆에 위치한 현지 아파트도 북한노동자의 손으로 지어졌다. 지금도 2차 단지 공사가 한창 진행중이다.

최재형 기념관 옆 아파트 공사

13. 우수리스크 푸시킨 동상 옆 아파트

　"삶이 그대를 속일지라도 결코 슬퍼하거나 노여워하지 말라..." 아마 누구나 한번쯤은 들어봄직한 싯구다. 바로 러시아가 사랑한 시인 '알렉산드르 푸시킨'의 시에 나오는 한 구절이다. 우수리스크의 시내 중앙에는 푸시킨의 동상이 있다. 바로 그 동상 옆에 고층아파트 공사현장이 보인다. 그곳도 북한노동자들의 손길이 미친 곳이다.

푸시킨 동상 옆 아파트 공사현장

5장 그들의 흔적　221

6장. 고국으로 돌아가는 길

그들이 조국으로 돌아가는 날은 정해져 있지 않다. 하지만 체류 기한은 분명히 정해져 있다. 그 기한이 지나면 1회에 한해 비자기간을 연장할 수는 있다. 지금까지는 그랬다. 하지만 대북제재의 영향으로 2019년 12월 22일까지 러시아에 체류 중인 모든 북한노동자는 철수를 해야하는 상황이다. 이미 단계적으로 철수가 시작되어, 비자기한이 남아 있음에도 본국으로 송환이 빠르게 진행 중이다.

러시아에 파견된 기간이 오래된 사람부터 순차적으로 돌아가고 있다. 비자기한이 남아 있다 하더라도 북한 당국이 무조건 본국으로 돌려보내라는 지시를 내렸다. 갑작스러운 철수에 노동자들의 마음이 변해 혹시 모를 이탈에 대비하기 위함이라고 한다.

현재 러시아는 취업비자를 추가로 발급하지 않기 때문에 북한은 3개월 관광비자 형태로 노동자를 보낸다. 3개월이 경과하면 당연히 불법체류 신분이 된다. 대북제재 상황에서 외화벌이의 가장 큰 비중을 차지하던 해외 파견 노동이 금지되면서 북한당국은 우회적인 방법으로 러시아에서의 노동을 이어가려고 한다. 하지만 관광비자 역시 한계가 있다.

러시아에 파견되어 비자를 1회 연장하고, 중간에 휴가를 받아 고향에 한 번도 다녀오지 않은 노동자라면 체류시간이 10년 정도다. 그 기간 동안 한 번도 가족의 얼굴을 보지 못했다. 고향에 돌아가지 못했던 그들이 이제 자의반 타의반으로 북한에 돌아가야 하는 상황이 되었다. 조국에 돌아가기 전 그들은 무엇을 준비할까? 또 어떤 마음으로 조국에 돌아갈까?

1. 단체로 귀국 선물 구입하기

    2018년부터 본격적으로 북한 노동자들의 본국으로의 철수가 진행되었다. 대북제재에 적극적으로 동참한 러시아는 2019년 12월까지 자국 내 북한노동자들의 철수를 지시했다. 이전에도 비자연장을 불허하거나 특별한 문제가 있을 경우 본국으로 철수를 시켰지만, 2018년에는 더욱 강력하게 노동자들의 철수를 요구했다.

    필자가 그동안 지속적으로 만나던 한 노동자의 경우 10일 안에 모든 걸 다 정리하고 떠나야 한다고 말했다. 그전에는 직장장에게 뇌물을 주고 비자기간을 연장하거나, 비자기간이 다되었다고 해도 불법체류로 눈감아 주는 경우가 허다했다. 하지만 뇌물을 줘도 이제 더 이상 연장 자체가 어렵다고 한다.

    그들이 주로 찾았던 러시아내 재래시장은 본국으로의 철수를 앞두고 물건을 구매하러 오는 북한노동자들로 넘쳐났다. 이전까지는 작업에 필요한 자재를 주로 구입했지만 철수가 결정되고 나서부터는 단체로 물건을 구매하러 오는 경우가 많았다. 쓸쓸한 귀국 선물을 구입하는 그들의 뒷모습을 바라본다.

시장에서 단체로 귀국 선물을 사는 사람들

귀국 날짜가 확정되면 떠나는 주의 일요일에 주로 시장에 나온다고 한다. 그들은 주로 식료품점이나 도매상에 가서 귀국 선물을 구입한다. 선물 중에 빠지지 않는 것이 러시아산 초콜렛과 담배다. 귀국 선물을 살 때도 돈을 얼마나 벌었느냐에 따라 당연히 구매 양이 차이가 있다고 한다. 청부일을 하면서 돈을 좀 번 노동자는 러시아 시장에 가서 주로 물건을 사고, 그렇지 않은 사람들은 외곽에 있는 중국시장에 간다.

6년만의 귀향

　그들이 자주 찾는 재래시장에서 한 무리의 사람들을 만났다. 이른 아침부터 시장에 나와 무엇인가를 상의하는 듯 했다. 똑같은 옷을 맞추어 입고 단체로 다니는 것을 보며 한 직장에 소속된 노동자들이라 추측했다. 일행 중 한명과 이야기를 나누면서 그들이 한 회사에 소속되어 한솥밥을 먹은 동료들이라는 말을 들었다. 그리고 이제 3일후면 조국으로 돌아간다는 말도 덧붙였다.

　러시아에 온 지 꼬박 6년 만에 조국으로 돌아간다는 그의 얼굴은 기대반, 근심반의 알 수 없는 표정이었다. 무엇을 기대하고 또 걱정할까? 6년 만에 만나는 가족이니 설렘과 기대는 당연한 것이리라. 식구들에게 줄 선물을 이리저리 고르는 그들의 손길에서 설렘이 가득 묻어났다. 하지만 동시에 조국에 귀국하는 자신들의 주머니에 과연 얼마만큼의 돈이 있는지에 대해서는 큰 시름거리였다.

　돈 많이 벌어 오겠다며 떠난 가장의 주머니가 과연 얼마나 큰 돈으로 채워졌을지 미지수였다. "조국에 돌아간다니 참 기쁘겠어요. 돈은 많이 벌었냐"는 필자의 질문에 그저 어색한 웃음만 띨 뿐 아무 말이 없었다.

　시장에서 그들이 고른 선물 보따리며 물건 꾸러미를 살펴보았다. 누구에게 무엇을 선물로 사다주려 했을까?

귀국 선물이 아닌 뇌물

　가족의 품을 떠나 몇 년 만에 재회이던가. 사랑하는 가족을 생각하며 하나 둘씩 마련하는 귀국 선물 보따리는 온전히 가족들을 위한 선물로만 채워지지는 않는다. 러시아로 떠나는 파견 노동자를 선발할 때, 자신의 '뒤를 봐준' 간부에게 인사치례를 해야 한다. 가족에게 줄 선물보다 오히려 여기저기 인사할 때가 더 많아 고민이라고 까지 말한다. 6년 동안 일하면서 중간에 북한에 있는 가족에게 송금을 하긴 했지만, 지금 당장 손에 쥐고 가는 돈은 400달러였다. 그 돈에서 여기저기 인사할 사람들에게 바쳐야 하는 뇌물도 구입해야 한다. 선물이던 뇌물이던 무어라도 건네줘야 귀국해서도 문제가 없다고 한다. 해외 파견 노동자로 다녀오면 혁명화 교육을 받는다. 6개월간 감시도 붙는데 인민반장이 와서 계속 감시하고, 1년 동안은 당위원회에서 감시한다. 그런 감시로부터 불필요한 흠을 잡히지 않으려면 귀국 할 때 인사가 무엇보다 중요하다고…

액정 타치식 다기능 밥가마

유독 어느 한 상점에 사람들이 북적였다. 조선말로 밥가마라 쓰인 광고 문구를 보고 그 상점을 찾았을까? 상품에 붙여 놓은 문구는 '액정 타치식 다기능 밥가마 (24가지 기능 최신판)'이라는 북한말이었다. 밥가마는 북한말로 전기밥솥을 의미한다.

단체로 시장에 나온 모든 사람들이 하나씩 그 밥가마를 구입할 정도로 인기였다. 양손 가득 밥가마를 사들고 떠난 그 상점에 들어가서 필자도 똑같은 제품을 구입해 봤다. 우리돈으로 약 4만원 정도 하는 밥솥이었다. 러시아에서 선물로 사 온 밥가마, 평양에서 남편이 돌아오기를 기다리던 아내는 그 밥가마를 보며 어떤 표정을 지을까?

시장 한 복판에서 직장장과 갈등을 겪다

그 날, 유니폼이라도 되는 듯 똑같은 디자인의 옷을 입은 수 십명의 사람들이 시장에 모여 들었다. 그들만 보면 여기가 러시아인지 북한인지 구별을 할 수 없을 정도였다. 시장에 물건을 사러 온 건 분명해 보이는데, 왠지 분위기가 험악했다. 여러 명의 사람들에게 둘러싸여 무엇인가 말을 전하는 사람은 분명 다른 사람들과는 다른 행색이었다.

함께 모여 있는 사람들을 향해 무엇인가 말을 전하는 듯 했는데, 서로 간에 의견이 잘 맞지 않는 듯 한동안 실랑이를 벌였다. 그렇게 몇 분 동안 대립은 계속 되었다. 어느 정도 의견이 정리 되었던지 모여 있던 사람들이 제 각각 흩어져 각자 상점에 들어갔다. 여느 때처럼 건설자재나 식료품 정도를 사러 온 것 같지는 않았다. 마침 필자가 서 있던 상점안으로 일행 중 한명이 들어왔다. 주변에 다른 동료가 없는 걸 확인하고 그에게 조심스럽게 말을 건넸다.

이번 주에 북한으로 돌아가는 팀인데 가기 전 단체로 귀국 물건을 사기 위해 왔다고 했다. 실랑이를 벌였던 그 한 사람은 직장장이 맞다고 했다. 하지만 무엇이 문제였는지는 자세히 들려주지는 않았다. 자신도 물건을 사야 하는데 오늘은 돈이 없어서 사지 못할 것 같다고 했다. 그러면서 내일 다시 이곳에 온다는 말을 했다.

다시 만난 사람들

어제 시장 한복판에서 직장장과 실랑이를 벌이던 그들을 시장에서 다시 마주했다. 어제 그들은 시장을 돌아다니며 상점에는 들어갔지만 실제로 물건을 사는 사람은 거의 없었다. 밤새 돌아가서 일이 잘 풀렸는지, 오늘은 두 세 사람씩 조를 지어 각자 물건을 구매하느라 정신이 없었다. 자유시간을 많이 주지 않아서인지, 아니면 그들의 마음이 급해서인지 시장 여기저기를 분주히 다녔다. 그런데 무작정 둘러보지 않고 마치 어제 봐둔 물건을 구매하듯 속속들이 시장을 잘 알고 있었다. 실제로 상점에 들어가면 별도의 흥정이 아닌 이미 약속된 듯 돈을 지불하고 물건을 챙겼다. 아마도 어제 시장을 다니면서 대충 물건을 골라놓은 듯 했다. 그들의 손에 하나둘씩 물건 박스가 들려지고, 어떤 이는 자신들이 타고 온 버스에 물건을 가져다 놓고 다시 시장을 둘러보기도 했다. 그들의 귀향은 어떠했을까?

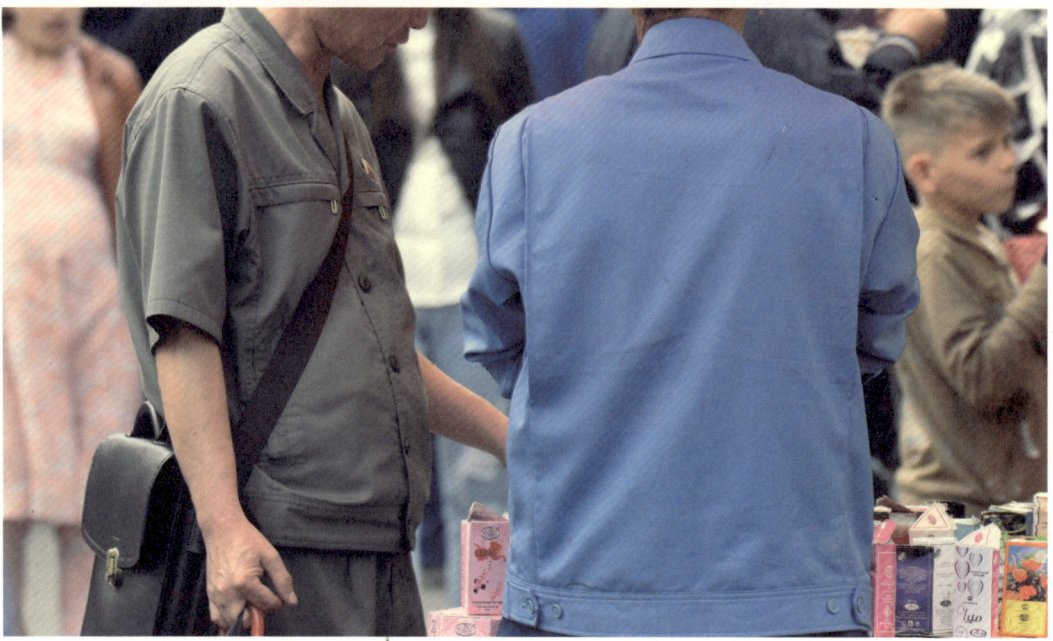

2. 두만강철교 건너 고향 가는 길

　그들의 귀향길은 블라디보스토크나 우스리스크에서 출발해 크라스키노를 거쳐 하산에 이른 뒤, 두만강철교를 건너 북한으로 들어간다. 블라디보스토크에서 차량으로 3시간 정도를 달리면 크라스키노에 도착한다. 그곳에서 길은 두 갈래로 나뉜다. 크라스키노 삼거리에서 좌회전을 하면 북한과 접경을 맞닿은 '하산'이다. 우회전을 하면 중국 국경을 넘는 훈춘 세관으로 향하는 길이다. 만약 남북한의 사람들이 블라디보스토크에서 출발해 그 길을 간다면 크라스키노는 남북을 가르는 분단의 갈림길이 된다. 한국 사람이 크라스키노를 지나 하산까지는 간다 해도 두만강철교를 건널 수는 없다. 더욱이 지금은 한국 사람이 하산까지 가는 것도 제약이 많아 쉽지 않은 길이다.

안중근 의사의 단지 동맹비가 있는 크라스키노

크라스키노가 우리에게 더욱 아픈 장소가 되는 건 바로 그곳에 안중근 의사의 단지 동맹비가 있기 때문이다. 잃어버린 조국의 독립을 위해 이름도 없이 사라져간 수많은 독립투사들의 영혼이 바로 그 연해주 땅에 서려 있다. 크라스키노의 안중근 단지 동맹비는 연해주의 광활한 벌판 위에 의로이 그 뜻을 새기고 있다. 나라의 독립을 위해 자신의 손가락 까지 잘라 피로써 결의를 다진 그분들의 순결한 넋이 고스란히 배어 있다. 하지만 목숨까지 바쳐가며 후세에 물려주시고자 했던 그 나라는 지금 둘로 쪼개져 여전히 분단의 길을 걷고 있다. 연해주의 독립 운동은 아직 끝나지 않았다.

두만강역으로 향하는 사람들을 만나다

어쩌면 크라스키노는 분단된 남북한의 사람들이 잠시 만나고 헤어지는 아픔의 장소일지도 모른다는 생각이 들었다. 블라디보스토크에서 크라스키노를 지나 중국 국경을 넘던 날, 길에서 그들을 만났다. 잠시 휴게소에 들러 갈 요량으로 차를 세웠는데 한 무리의 북한사람들과 마주한 것이다. 왼쪽 가슴에 김일성-김정일 초상휘장을 달고 있어 한눈에 알아봤다. 이 길로 곧장 가면 크라스키노에 이르기 때문에 그들의 목적지는 북한 아니면 중국이었다.

휴게소에서 물건을 사서 나오는 사람에게 무작정 말을 걸었다. 처음 대화는 "반갑습니다"였다. 어디서 오는 길이냐는 질문 대신, "중국으로 가는지, 하산으로 가는지"를 물었다. 둘 중에 어디든 한 곳이라 생각했다. 아니나 다를까 그들의 목적지는 하산이었다. 하지만 하산은 최종목적지가 아니었다. 하산에서 하루를 머문 뒤 기차를 타고 두만강역으로 들어가, 그곳에서 이틀 정도 묵었다가 평양까지 간다고 했다. 그들의 최종 목적지는 평양이었다. 러시아 도로 위 휴게소에서 평양을 향해 가는 북한사람을 만나다니 묘한 감정이 밀려왔다. 분명 사람이 다니는 길인데, 길에 선 사람이 누구냐에 따라 '갈 수 있는 길'과 '갈 수 없는 길'이 되었다.

잠시 동안의 상념에서 벗어난 건 그가 필자에게 건넨 질문 때문이었다.
"남조선 사람인가?"라는 그의 말에 화들짝 정신을 차렸다. 남조선 사람이 아니라고 말하기에는 이미 우리 일행들의 말과 행동이 많은 것을 말해 준 상태였다. 러시아에 여행을 왔다가 중국으로 가는 한국 여행객으로 소개했다. 한국사람이라는 말을 듣고도 그는 경계하지 않았다. 러시아에 나와서 1년 간 일하고 조국으로 돌아가는 길이라고 했다. 건설장에서 힘들지 않았냐는 질문에 그는 일반 노동자가 아니라 컴퓨터 관련 일을 했기 때문에 큰 어려움은 없었다고 말한다. 북한노동자가 러시아에서 컴퓨터 관련 일을 했다면 대체 어떤 일이었을지 궁금했지만 더 이상 자세히 물어볼 수는 없었다.

그렇게 이야기를 나누다 보니 서로의 일행들이 하나둘씩 모여들었다. 러시아 땅에서 우연히 조우한 남북한 사람들 사이에 묘한 긴장감 보다는 친구같은 느낌이 들었다. 앞서 휴게소에 들어간 북한노동자들이 물건을 사지는 못하고 들었다 다시 내려 놓기를 몇 번이나 하는 모습을 봤다며, 우리 일행 중에 한명이 그들에게 물건을 한 보따리 권했다. 필자도 휴게소에 다시 들어가 러시아산 초콜렛과 보드카 몇 병을 사서 그에게 안겨주었다. 고향까지 안전하게 무사히 돌아가라는 인사도 건넸다. 그리고 늘 북한 사람을 만나면 마지막에 하던 그 인사말, "통일되면 꼭 다시 만나자요"라는 말로 헤어짐의 아쉬움을 달랬다.

얼굴을 보여서는 안 되는 단체사진

그 짧은 시간동안 정이 들었으면 얼마일까 마는, 서로가 잡은 손을 놓지 못했다. 같은 방향으로 차는 달리지만, 크라스키노에서 서로 좌회전과 우회전으로 갈라져야만 한다. 마치 지금 우리네 분단 조국의 모습과 같았다. 서로의 일행들이 이렇게 만난것도 인연이라며 같이 사진을 찍자고 제안했다. 거절할 거라 생각했는데, 흔쾌히 포즈를 취해 주었다. 분단의 사람들이지만 그 순간만큼은 남도 북도 아닌 그저 같은 사람이었다. 하지만 지금 그 단체 사진의 얼굴은 공개할 수가 없다. 그게 바로 분단인가 보다.

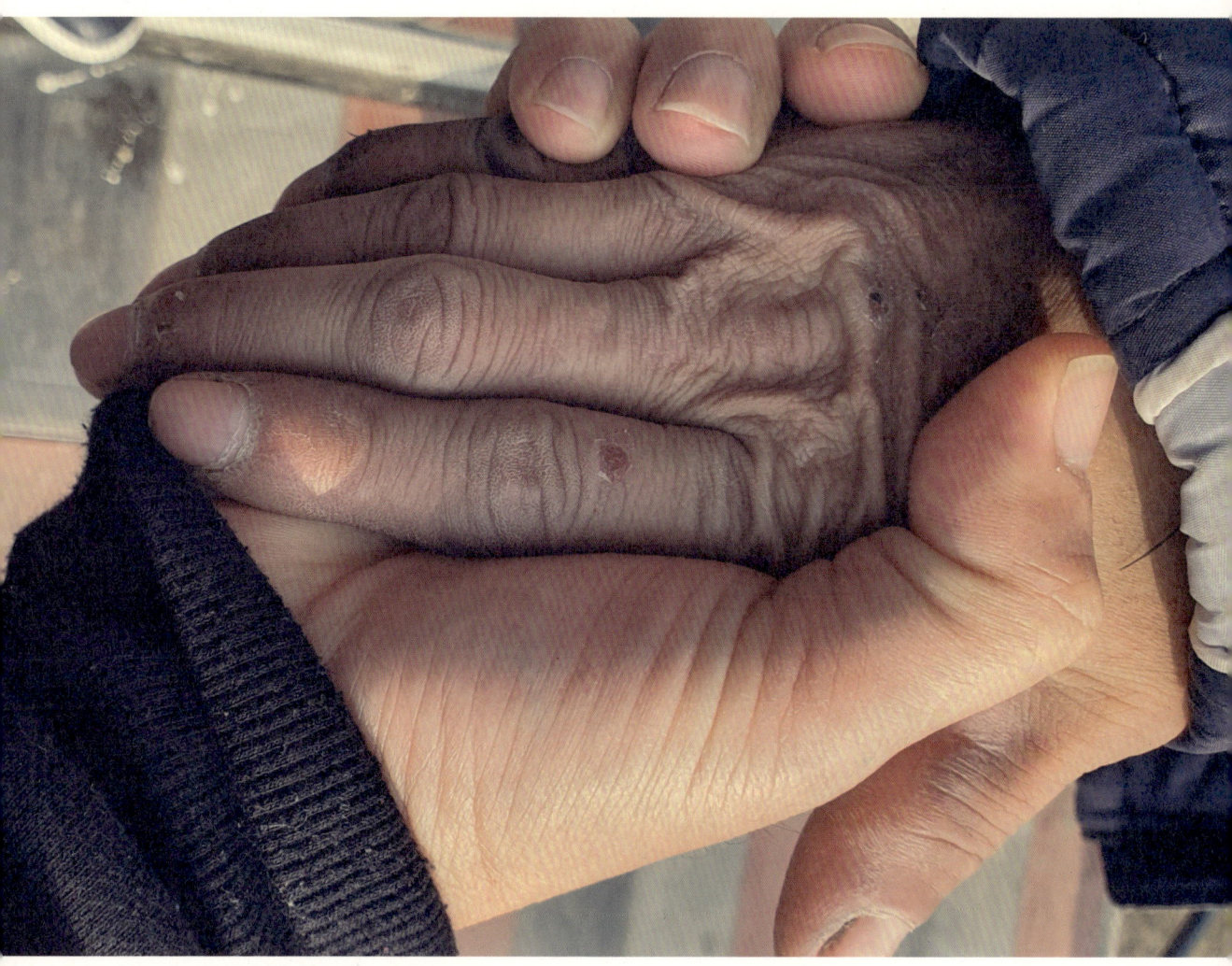

그들의 거친 손마디는 분단만큼이나 시렸다

금각교

북한섬

분단의 자물쇠, 통일의 열쇠

블라디 기차

영도대교 가는 버스

크레인이 선 곳은 어디나

금각교

북한노동자들의 흔적만 아니었다면
블라디보스토크의 아름다운 광경은
그렇게 아프지 않았을 듯 싶다.

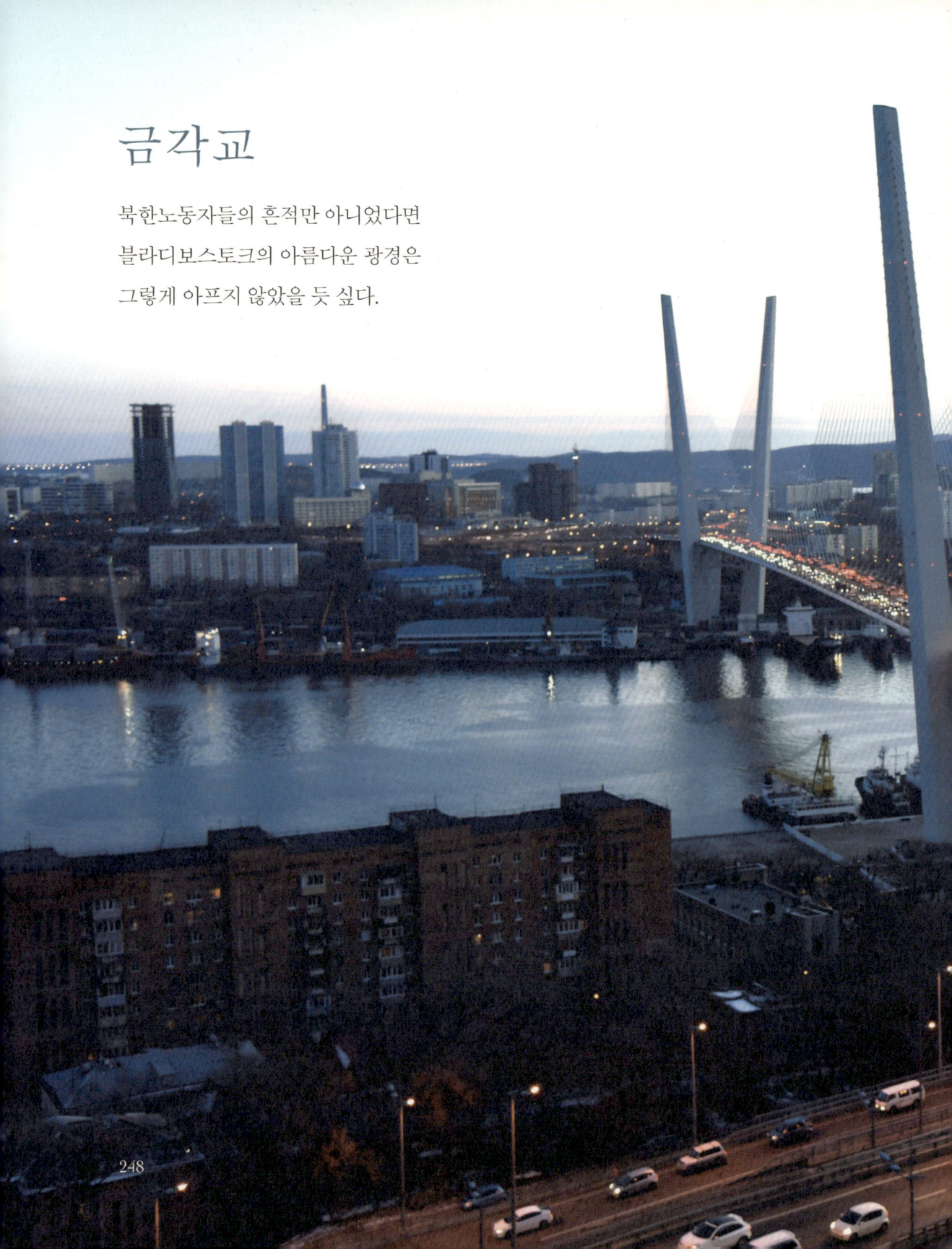

북한섬

블라디보스토크에는 북한섬이라 불리는 곳이 있다.
섬 모양이 마치 북한의 지도와 닮았다고 해서 붙여진 이름이다.
그날, 북한섬을 바라보며 웨딩촬영을 하는 신혼부부와 마주했다.
새로운 인생의 출발선에서 설렘 가득 아름다움이 묻어나는
그들만큼이나 우리네 조국도 통일이라는
새로운 출발선에 닿으면 얼마나 좋을까.

255

분단의 자물쇠, 통일의 열쇠

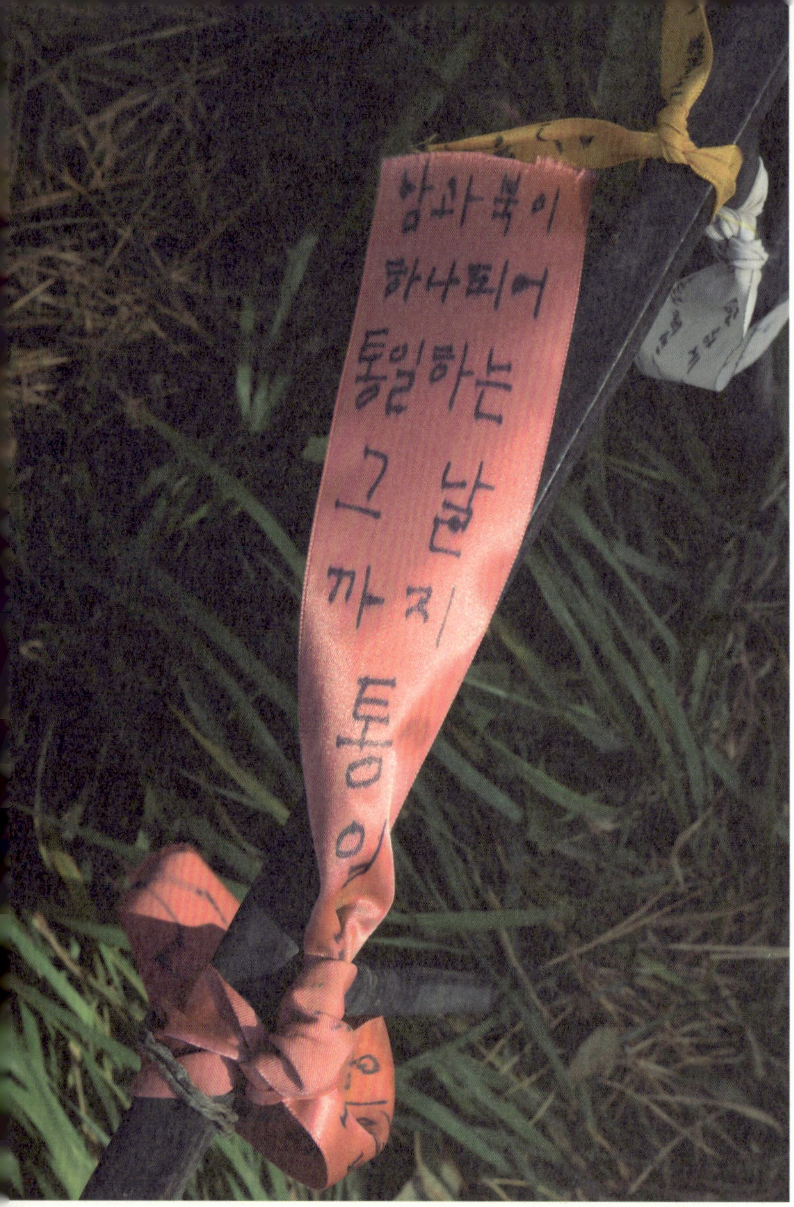

블라디 기차

블라디보스토크에서 마주한 트램은
마치 분단의 평행선을 달리는
남북한의 모습을 닮은 듯 하다.
파랑색과 빨강색으로 나뉘어
서로 다른 방향으로만 달리는 모습처럼...

영도대교 가는 버스

블라디보스토크에서는 한국에서 수출된 중고버스를 흔히 볼 수 있다. 버스에 설치되었던 광고판을 그대로 둔 채 운행하면서 마치 한국에 있는 듯 착각도 든다. 그만큼 블라디보스토크에서 한국 중고버스를 보는 것은 어렵지 않다. 마침 이곳의 가장 번화한 혁명광장 앞 버스정류장에 "영도대교"라고 쓰인 한국 중고버스가 눈에 띄었다. 부산에 위치한 영도대교는 교량 상판이 들려지는 국내 유일의 도개교다. 6.25전쟁 당시 피난민들이 부산항에 들어오는 피란선에서 자신들의 가족을 찾기 위해 영도대교로 몰려들었다. 피난을 떠나면서 영도대교에서 꼭 다시 만나자는 약속은 영원한 이별이 되었다. 영도대교는 바로 한반도 전쟁과 분단의 전형적인 상징이다.

그런 영도대교를 향하던 버스가 이제 블라디보스토크를 누빈다. 블라디보스토크는 북한에 가족을 볼모로 잡힌 해외 파견 북한노동자들의 아픔이 고스란히 서린 곳이다. 가족과의 헤어짐이 길 곳곳에 묻어 있다. 이 버스에 오른 북한노동자들은 영도대교가 가족을 찾아 헤매던 바로 그 아픔이었다는 사실을 알고 있을까?

크레인이 선 곳은 어디나

블라디보스토크에서 공사장 크레인이 선 곳 어디나
북한노동자들을 볼 수 있다.
구소련 시절에 건설된 낡은 건물들을 허물고 새롭게 도시가 바뀌고 있다.
그 변화의 시작에 북한노동자들의 절규가 녹아 있다.
구름 한 점 없이 푸르른 블라디보스토크의 하늘 아래
건설장 크레인이 위용 있게 섰다.
북한노동자들의 아픔도 함께 허공을 향한다.

2부
삶의 이야기를 나누다

귀향

1. 북한으로의 귀향을 앞두고 번뇌하던 리선생

그는 '리 선생'으로 통한다. 성이 리 씨라 리선생으로 부르지만 정작 그의 이름은 모른다. 애초부터 이름이 뭔지 물어보지 않았다. 러시아에 파견된 북한노동자를 만나기 위해 블라디보스토크에 첫 발을 디딘 순간 가장 처음으로 알게 된 사람이 바로 리 선생이다.

그와의 두 번째 만남에 형님과 아우 사이가 되었고, 남한 사람을 만났다는 이유로 혹여나 그가 안 좋을 일을 당할까 싶어 이름조차 묻지 않았다. 형님과 아우로 만났지만 분명 분단의 사람들이었기에 누군가에게는 환영받지 못할 인연이었다.

약 7개월 동안 여섯 번의 만남과 한 번의 영원한 헤어짐을 맞았다. 그와의 마지막 만남은 너무도 아린 기억으로 남았다. 마지막 순간까지도 가족이 있는 북한으로의 귀향과, 국가로부터의 탈피라는 새로운 삶 앞에서 번뇌하던 그의 표정이 지금도 눈에 선하다.

첫번째 만남

그들을 만나러 가는 길

아무런 준비 없이 무작정 떠났다는 말이 가장 적절하다. 블라디보스토크로 향하는 비행기에 오른 순간까지도 아무런 걱정이 없었다. 그 때까지만 해도 당연히 공항에 마중을 나올 줄 알았다.

러시아에서 일하는 북한노동자들의 삶과 인권 실태를 조사하기로 마음먹었을 때 가장 먼저 생각난 사람은 바로 그분이었다. 한 번도 가본 적 없는 낯선 땅에서, 그것도 북한노동자들을 만나야 하는 일은 너무나 막연했다. 현지 사정을 잘 아는 누군가의 도움이 절실히 필요했다. 바로 그 때 그분의 얼굴이 떠올랐다.

그는 중국에서 오랜 기간 탈북민을 돕는 일을 하다 추방되었다. 이후 러시아 지역으로 들어가 지금은 북한노동자들을 돕는 선교사다. 그분이라면 분명 큰 힘이 되어 주리라 기대했다. 한국에 잠시 들어오셨을 때 전후사정을 설명 드리고 도움을 구했다. 언제나처럼 흔쾌히 도와주시겠다는 말에 한시름 놓으며 출국준비를 서둘렀다.

출국날짜가 잡히고 항공권까지 모두 구매한 후 다시 연락을 드렸다. 그런데 답신이 없었다. 이미 계획된 날짜를 미룰 수도 없고, 항공권을 취소할 상황도 아니었다. 문자와 이메일을 통해 도착 날짜와 비행시간을 다시 한번 전달하고 블라디보스토크행 비행기에 몸을 실었다. 그렇게 무작정 출발한 여정이었다.

홀로 서다

비행기에서 내려 입국수속을 한 후 반신반의하며 공항 도착게이트에 나섰다. 피켓을 들고 선 현지 가이드들 사이로 그의 모습이 보일까 한참을 두리번거렸다. 하지만 그는 공항에 나오지 않았다. 출국장을 빠져나가는 수많은 여행객들을 뒤로 한 채 홀로 그곳에 남겨졌다. 호텔예약도 하지 않았고, 무엇보다 어디로 가야 할지 그저 막막할 뿐이었다. 혹시나 해서 출발하기 전 비행기에서 인터넷 검색으로 알아온 정보라고는, 공항에서 블라디보스토크 시내까지 택시 바가지요금이 많으니 107번 버스를 타면 된다는 정도였다.

107번 버스를 타는 건 어려운 일이 아니었다. 하지만 그 버스를 타고 어디로 가야할지 목적지가 없었다. 그 때, 공항 도착게이트 앞에서 두리번거리며 한참을 서 있는 낯선 여행자에게 접근하는 한 사람이 있었다. 초행자를 단번에 알아차린듯 현지 택시드라이버가 말을 건넸다. 친절하게도 목에건 택시드라이버 신분증까지 보여주면서 말이다. 어설프게 구글 번역기를 통해 그가 필자에게 한 질문은 "예약한 호텔이 어딥니까"였다. 응답할 호텔이 없었다. 어디로 가야 할지 모르는 발걸음이었다.

친절한(?) 택시드라이버

과한 친절을 베풀며 자신의 택시를 이용하라는 그의 설득은 집요할 만큼 계속되었다. 공항에서 시내까지 가는 길에 택시 바가지요금이 많다는 말을 들었던 터라 한사코 거절했다. 그러다 결정적인 한마디에 그만 경계를 늦추고 말았다. 바로 자신의 택시는 공식 미터기를 사용한다는 말이었다. 심지어 호텔을 예약하고 거기까지 데려다 준다고도 했다. 번역기를 통해 아주 친절한 웃음을 지으면서...

　나중에 안 사실이지만 러시아 택시는 전화예약이나 스마트폰 어플을 통해 주로 예약제로 운영된다. 미터기 자체가 바로 바가지였다. 호텔예약도 없이 당장 어디로 가야할지도 모르는, 낯선 땅에 홀로 선 여행객에게 그의 친절은 거부할 수 없는 선택이었다.
　택시에 오르자마자 미터기의 요금은 눈에 보이지도 않을 만큼 빠르게 올라갔다. 도심 외곽에 위치한 블라디보스토크 공항을 출발해 한 30여분을 달렸을까. 도심에 들어서자마자 택시는 허름한 건물 앞에 멈춰 섰다. 택시미터기는 3,000(루블)이라는 숫자를 가리켰다. 공항에서 이곳까지의 보통 택시요금은 800-1,000루블 정도였다(물론 이후에 여러번 다니면서 알게 된 사실이다). 해외 어디를 가나 현지어가 통하지 않으니 바가지요금 한 번 정도는 당할 수 있다며 스스로 위로했다.

　그런데 그가 안내한 숙소는 하룻밤에 800루블 정도의 8인실 도미토리 게스트하우스였다. 20대 청년이 배낭여행을 가서 세계 각지에서 온 사람들과 친구가 된다는 그런 게스트하우스의 낭만을 이야기하기에는 너무 낡고 허름했다. 무엇보다 낮부터 술에 취해 곯아떨어진 사람들로 채워진 그곳의 분위기가 낭만과는 거리가 멀었다. 그래도 하룻밤 묵을 수 있는 숙소가 성해졌다는 사실만으로도 안도의 숨을 내쉬었다.

블라디보스토크에서의 첫 숙소: 8인실 게스트하우스

우연한 만남과 분단조국의 인연

새로운 만남을 위한 통과의례였을까? 낯선 곳에서 어떻게 지낼까 하는 걱정과 함께 짐만 숙소에 둔 채 무작정 밖으로 나왔다. 초행길이라 당연히 그곳이 어디쯤인지 알 수 없었다. 이후 몇 번의 방문으로 지리가 익숙해 졌을 때 쯤, 바로 그곳이 시외버스터미널 근처였음을 알았다.

어디로 가야할지, 무엇을 해야 할지 그저 막막했다. 바로 그 때, 운명처럼 낯선 동양인과 우연히 마주쳤다. 러시아에서 동양인으로 보이는 사람을 보니 그 모습 자체만으로도 반가웠다. 더욱이 그는 바로 이번 여정에서 꼭 만나야 할 북한노동자들이었다. 그 지역은 북한노동자들이 시장을 이용하기 위해 자주 찾는 곳이었다. 무작정 다가가 말을 걸었다.

"혹시 어디서 오셨어요?"

그렇게 그와의 인연이 시작되었다.
두 사람 중 한명은 대꾸 없이 아주 냉담한 표정으로 눈길도 주지 않았다. 옆에 서 있던 또 다른 사람은 친절하지는 않지만 자신들이 조선에서 왔다는 말을 하며 관심을 보였다. 분명 '조선'이라 했다.

멀리서 그들을 봤을 때 북한사람일거라 확신했다. 하지만 북한사람이 왜 블라디보스토크에 있는지 전혀 이해할 수 없다는 표정으로 난생 처음 북한사람을 본다는 거짓말을 했다. 그래야 그들이 조금 더 경계를 하지 않을 거라 생각했기 때문이다. 혼자 처음으로 러시아에 여행을 와서 현지 사정을 잘 모른다는 말부터 시작해, 북한 사람을 만나 너무 신기하다며 호들갑을 떨었다.

그러면서 그들이 러시아에 온지 벌써 6년이라는 시간이 지났고, 블라디보스토크의 현지사정은 누구보다 잘 알고 있다는 말을 들었다. 대화가 오가는 중에 옆에 서 있던 냉담한 표정의 한 사람은 먼저 자리를 떴다. 이제 그와 둘만 남겨졌다. 서로의 눈치를 보며 말을 아끼던 그들이었다. 그는 잠시 여기에서 누구를 만나기로 했는데, 5분 정도면 일이 끝나니까 필자더러 멀찌감치 떨어져 있으라 했다. 가급적 보이지 않는 곳에 가서 기다리라며 등을 떠밀었다. 그러면서 자신의 전화번호를 알려줬다.

가이드를 부탁하다

그의 말대로 건물 뒤에 숨어서 그를 지켜봤다. 누군가와 만나 무엇인가를 건네주었다. 몇 마디 서로 나누는가 싶더니 이내 헤어졌다. 그와 만났던 사람이 떠난 걸 확인하고, 조심스럽게 다시 그에게 다가갔다. 그가 만난 사람은 누구였을까, 무엇을 건넸을까? 이 궁금증이 풀린 건 불과 얼마 지나지 않아서였다.

우선 그와 오랜 시간 함께 할 수 있는 명분이 필요했다. 북한노동자를 만나러 이 낯선 땅까지 어렵게 왔는데, 오자마자 길에서 이런 인연이 이어지리라고는 생각지도 못했다. 오히려 공항에 마중을 나오지 않은 그 선교사님께 감사한 마음까지 들었다. 절박함이 이리도 귀한 인연을 만들어 줄지 상상이나 했을까.

러시아에서 일을 한다는 그에게 하루에 얼마나 버는 지 물었다. 그리고 그만큼 사례비를 드릴 테니 내일 하루 동안 블라디보스토크 가이드를 해달라고 부탁했다. 너무 어이없는 제안이었을까? 망설이는 그의 팔을 이끌면서 그러지 말고 지금 당장부터 가이드를 해 달라고 졸라댔다. 그 때가 해질 무렵이었으니 시내로 가서 저녁을 먹을 수 있는 식당을 알려달라고 했다.

마지못해 그는 자신의 핸드폰을 꺼내더니 러시아 말로 통화를 했다. 택시를 호출하는 거라며... 길에 세워진 택시는 400루블 정도인데, 전화로 콜을 하면 250루블이면 된다는 말도 덧붙였다. 능숙하게 택시를 부르는 그의 모습에서 이후 펼쳐질 많은 일에 대한 기대감이 앞섰다.

몰래카메라로 곤혹을 치른 일

전화를 끊고 얼마 지나지 않아 택시가 우리 앞에 멈추어 섰다. 뒷좌석에 나란히 앉았다. 낯선 땅에서의 첫날, 어디로 가야할지도 몰랐던 불과 몇 시간 전의 상황과 달리 분명 북한사람과 함께 지금 택시에 탄 것이다. 처음 만남에서 서로에 대한 경계와 긴장은 당연했다. 어깨가 맞닿을 만큼 나란히 앉았지만 남북한의 각기 다른 출신 사람들에게 보이지 않는 경계는 분명 있었다.

그는 연신 필자의 핸드폰과 녹음기를 소지했는지 확인하고 싶어 했다. 솔직히 말해서 주머니라도 뒤져보고 싶다고도 했다. 왜 그렇게까지 믿지 못하냐는 말에 그가 털어놓은 사정은 충분히 그를 이해하게 만들었나. 자신이 직접 겪은 일은 아니지만 남조선 사람과 만난 다른 동료가 한국 뉴스에 얼굴이 공개되어 곤혹을 치렀다고 한다.

"남조선사람들이 지저분하게 놀아"라는 말에 말할 수 없는 두려움과 죄책

감도 들었다. 필자 역시 그 때 녹음기를 사용하지는 않았지만, 그의 말처럼 단순히 남북한 출신 사람들이 낯선 외국 땅에서 만나 밥 한끼 같이 먹으러 가는 정도의 목적은 아니었기 때문이다. 그로부터 필자는 무슨 이야기든 들어야 했고, 알아내야 했다. 그들이 여기에서 살아가는 삶의 다양한 모습이 어떠한지…

몰래카메라와 녹음기는 아니더라도 이미 순수한 마음으로 밥 한끼 먹으러 가는 목적은 아니었기에 내심 미안한 마음은 어쩔 수 없었다. 하지만 내색할 수 없었고 그저 창밖으로 보이는 낯선 풍경이 신기한 초행길의 여행자처럼 행동했다. 그리고 서로를 어떻게 불러야 하는지 물었다. 그의 성이 리씨라는 거, 그래서 그를 리선생으로, 그는 필자를 강선생으로 서로 부르기로 했다. 이름은 묻지 않았다.

택시를 타고 가는 동안 그에 대해 조금 알 수 있었다. 2012년에 러시아에 온 그는 평양에 아내와 중학생 아들이 있었다. 벌써 7년째 접어든 해외생활에 가족이 많이 그립다고 했다. 가족이 보고싶냐는 필자의 질문에 그는 "그거야 뭐 두말하면 잔소리지요. 안보고 싶을 리가 있어요?"라며 말끝을 흐렸다.

한국 방송 프로그램에 소개된 현지 식당

20여분을 달려 택시가 도착한 곳은 블라디보스토크 기차역이었다. 시베리아횡단 열차의 출발역으로 알려진 이곳을 북한노동자와 함께 바라보는 감정은 무어라 표현할 수 있을까? 통일되면 부산-서울-평양-신의주를 거쳐 유럽까지 갈수 있다는 바로 그 기차역이었다. 그는 블라디보스토크에서 가장 유명한 곳으로 기차역을 꼽았다. 그리고 그곳으로 필자를 데려왔다. 이국풍의 기차역 건물을 보며 그제서야 내가 지금 해외에 와 있다는 사실을 다시 한번 실감했다.

둘이 나란히 걷는 건 왠지 불안하고 불편했다. 북한노동자가 남한 사람을 만나서는 안되기에 보이지 않는곳에 감시자가 있을 것 같았다. 불안하다고 느낀 건 서로 말하지 않아도 공감할 수 있는 아픔이었다. 리선생이 한걸음 앞에서 걸으며 길을 안내했다. 통일이 되면 유럽까지 기차타고 가자던 그 희망은 최소한 지금은 누군가를 의식해 나란히 걸을 수조차 없는 분단의 길이었다.

그렇게 앞서 가던 리선생이 걸음을 멈춘 곳은 번화한 거리의 어느 식당이었다. 평소 이곳에 잘 가느냐고 물었을 때 리선생도 이 지역만 왔지 그런 식당은 한번도 가본적이 없다고 말했다. 문을 열고 들어서자 말을 건네기 어려울 만큼 시끄러운 음악소리가 온 가게 안에 울렸다. 식사를 하며 조용히 대화를 나누는 건 어렵다는 생각이 들었다. 다른 곳으로 가자며 그의 손을 이끌고 밖으로 나왔다. 그리고 그 길에서 반가운 또 다른 사람들을 마주했다.

그 때 거닐었던 길(아르바트 거리)은 블라디보스토크에서 유명한 관광지로 한국 관광객의 필수 코스였다. 어쩌면 이곳이 러시아가 아닌 한국의 어느 번화가인가 할 정도로 한국 관광객이 많았다. 마침 그곳을 지나가는 한국 관광객을 만났다. 이 지역에서 가장 유명한 식당이 어디인지 물었다. 그들이 안내해 준 곳은 한국 방송 프로그램에도 자주 소개되면서 유명세를 탄 식당이었다. 리선생을 생각했을 때 오히려 한국사람들이 많이 가는 식당이 더 안전하지 않을까 라는 생각이 들었다.

지금까지는 그가 앞서 걸으며 가이드 했지만 지금부터는 필자가 가이드가 되어 주겠다며 호기를 부렸다. 그리고는 리선생을 데리고 그 유명하다는 식당으로 들어갔다.

한국 방송 프로그램에 소개된 현지 유명 식당

아내와 함께 찍은 리선생의 가족사진

그는 한국에 대해 많은 걸 알고 있었다. 스마트폰을 통해 유튜브로 검색까지 할 정도였다. 한국의 정치상황에 대해서는 그가 정말 북한사람이 맞나 할 정도로 속속들이 알고 있었다. 식당 테라스 밖으로 보이는 광장에 많은 사람들이 한가로이 저녁시간을 즐기는 것을 보며, 한국 사람들도 저렇게 노느냐며 물었다. 필자의 시각으로 보면 당연한 그저 저녁시간의 평범한 일상이었다. 그 평범함조차 그에게는 부러움이 되었을까? 한국 사람들의 생활이 너무 궁금하다는 그의 말에 '저 모습은 그냥 보통사람들의 일상'이라고만 대답해 주었다. 한동안 말없이 창밖의 사람들을 바라보는 그의 눈이 무엇을 말하는지 알 것 같았다.

그렇게 잠시간의 시간이 흐른 뒤 그가 꺼낸 것은 지갑속의 가족사진이었다. 아내와 함께 포즈를 취하고 그 둘 사이에 아들이 자리한 모습이었다. 러시아에 나오기 전에 가족들과 기념으로 찍었다는 그 사진은 지금 그가 가족을 그려보는 유일한 끈이었다. 고된 하루 일을 마치고 잠자리에 들 때면 꼭 꺼내본다는 그 한 장의 사진... 거기에 리선생의 청춘이, 아픔이, 간절함이 고스란히 스며 있었다.

한국 노래 〈가족사진〉을 좋아한다는 리선생

가족사진을 보면서 대화의 화두는 당연히 가족이었다. 리선생의 가족은 모두 평양에 살고 있다. 가족이 보고 싶지 않느냐는 말에 그는 한동안 말이 없었다. 그리고는 한국 노래 중에 〈가족사진〉이라는 제목의 노래를 아느냐고 물었다. 북한노동자 입에서 한국 노래, 그것도 유튜브에서 봤다며 〈가족사진〉이라는 노래를 아는지 되묻고 있는 것이다.

그는 이 노래를 어떻게 듣게 되었을까? 리선생은 핸드폰을 두 개 사용했다. 하나는 통화만을 목적으로 하는 2G폰이고, 다른 하나는 스마트폰이었다. 핸드폰을 개설하는 상점직원이 유튜브를 볼 수 있도록 이메일 등록까지 해주었다고 한다.

<가족사진>　　작사·곡: 김진호

바쁘게 살아온 당신의 젊음에
의미를 더해줄 아이가 생기고
그날에 찍었던 가족사진 속의
설레는 웃음은 빛바래가지만

어른이 되어서 현실에 던져진
나는 철이 없는 아들딸이 되어서
이곳저곳에서 깨지고 또 일어서다
외로운 어느날 꺼내본 사진 속
아빠를 닮아 있네

내 젊음 어느새 기울어갈 때쯤
그제야 보이는 당신의 날들이
가족사진 속에 미소 띤 젊은 우리 엄마
꽃피던 시절은 나에게 다시 돌아와서
나를 꽃 피우기 위해 거름이 되어버렸던
그을린 그 시간들을 내가 깨끗이 모아서
당신의 웃음꽃 피우길

"여러분들이 사랑하는 사람들이 웃음꽃 피울 수 있기를…"

노래가 끝난 후 가수가 건넨 멘트다. 유튜브 영상을 보면 가수가 노래를 부를 때 관객들이 눈물을 흘리는 장면이 나온다. 그는 울고 있는 사람들에게 감동을 받았다고 했다. 낯선 땅에 와서 그가 유일하게 버틸 수 있는 건 바로 가족이었다. '당과 조국을 위한 충성자금'을 벌기 위해 자랑스럽게 나와 있는 거 아니냐는 필자의 질문에 그는 냉소적인 반응을 보였다.

"기딴 소리 하지 말라. 내가 일하는 건 당과 조국도 아닌 아들을 위해서다."

아들 때문에 힘들어도 꾹 참고 일한다는 그의 말을 들으며 필자 역시 아버지를 떠올렸다. 우리네 아버지의 마음들과 똑같이, 그들도 자식을 위해 온 마음을 쏟고 있었다. 그가 조심스럽게 지갑속에서 꺼내준 가족사진을 보며 문득 남한 사람을 만난 일로 인해 곤혹을 치르게 되는 건 아닌지 걱정이 앞섰다.

"혹시 녹음한 내용이나 남한 사람 만난 거 알면 어떻게 되나요."

가족들을 떠올리는 그의 모습이 너무 안쓰러워 던진 말이었다. 무엇보다 그를 한 명의 아버지가 아닌 북한노동자라는 신분으로 대하고 있는 필자에게 너무 화가 났다.
순간 그의 눈빛이 달라졌다.

"이거 녹음 하고 있는 거구만…"
"아… 아닙니다. 제가 왜 녹음을 해요."

"한국 사람들 만나보면 다들 지저분하게 논단 말이야."

테이블에 두었던 핸드폰이 못내 신경이 쓰였나 보다. 그래서 얼른 주머니에 넣으며 녹음은 절대 하지 않는다고 말했다.

리선생은 자신들의 이야기가 한국 뉴스에 어떻게 보도되는지 너무도 잘 알고 있었다. 자신들이 국가를 위해 일하러 나와서 월급 한 푼 못받으며 힘들게 일한다는 게 대부분의 보도내용이라고 했다. 그러면서 그는 한사코 자신이 국가와 당을 위해 일 하는게 아니라 오직 가족을 위해 일한다는 말을 되풀이 했다.

토요일 저녁은 절대 금지

충성의 외화벌이가 아니라 오직 가족을 위해 일한다는 말을 내심 강조하는 그였다. 이곳에서의 생활이 힘들지 않다는 말도 덧붙였다. 하지만 그가 주먹을 불끈 쥐면서까지 강조한 건 절대 토요일에는 자신에게 연락을 해서는 안 된다는 말이었다. 이렇게 혼자 나와서 일을 하지만, 토요일에는 반드시 단체 숙소에 들어가서 교육을 받아야 하기 때문이다. 그렇지 않아도 그가 혼자 일을 하면서 어떻게 숙박을 해결하는지 못내 궁금하던 참이었다.

가방 두고 화장실 가기

리선생을 만난 지 거의 7시간 정도가 지났다. 길에서 우연히 만나 나란히 택시를 타고 식당까지 와서 식탁을 함께 나누었다. 가족에 대한 이야기며 살아온 날들이 어땠는지 함께 나누었다. 서로에 대한 경계와 긴장의 수위를 낮추고 친근함이 묻어나는 시간들로 채워졌다. 서로에 대한 경계심이 풀어졌다는 건 시간이 지날수록 더욱 선명해졌다. 리선생은 식탁에 앉아 마음을 나누기 전만 해도, 담배를 피우러 밖에 나갈 때 자신의 손가방을 꼬옥 챙겨서 나갔다. 이야기가 오가고 서로에 대한 마음이 두터워져서 였을까? 서스럼 없이 가방을 자리에 두고, 심지어 핸드폰도 식탁위에 그대로 둔 채 밖에 나가 담배를 피우고 들어왔다.

필자 역시 처음에는 그를 혼자 식탁에 둔 채 화장실에 갈 수 없었다. 리선생처럼 작은 손가방이면 들고 다녀오면 될 일이지만, 배낭처럼 생긴 가방을 메고 화장실에 다녀온다는 건 누가 봐도 그를 믿지 못한다는 표시였다. 그래서 한동안은 화장실에 가지 않았다. 어찌 보면 참으로 웃음이 나오는 상황이지만 노트북과 자료가 가득 든 가방을 그냥 둘 수는 없는 노릇이었다.

그런데 경계를 먼저 푼 건 리선생이었다. 그가 먼저 손가방을 두고 자리를 몇 번 비우는 것을 보며 그제야 조금은 안심이 되었다. 그리고 필자도 가방을 둔 채 화장실을 다녀왔다. 물론 화장실에 다녀오는 그 짧은 시간동안 불안감이 엄습해 오는 건 어쩔 수 없었다. 최악의 경우 가방을 들고 그가 사라진다면 그 안에 담긴 자료로 인해 참으로 낭패를 볼 일이었다. 만약 그게 아니더라도 리선생이 혹시나 가방을 열어본다면 단순 여행자의 물품은 아니라는 걸 그가 알아차릴지도 모를 일이었다. 이래저래 불안한 마음으로 화장실을 다녀와서 여전히 경계를 풀 수 없는 그와 나의 사이가 어쩌면 분단의 경계만큼이나 가깝고도 멀다는 것을 새삼 실감했다.

캐리어가 뭐나

문득 그가 혼자 이렇게 다니면 잠은 어디서 자는지 궁금해졌다. 그의 숙소는 과연 어디일까? 그는 루스키(러시아인) 집에서 잔다고 말했다. 그 때까지만 해도 러시아 파견 북한노동자의 생활을 전혀 모를 때라 그의 말을 잘 이해할 수 없었다. 러시아에 파견되어 건설노동자로 일한다는 사람이 혼자 루스키 집에서 잔다니...

나중에 알고 보니 그는 청부 일을 하는 개인 노동자였고, 그 때 말한 루스키 집은 자신이 리모델링 공사를 하는 집이었다. 그곳에서 일하며 숙식을 해결하는 것이다.

혼자 그 집에서 잔다는 말에 "저도 오늘 거기서 잘 걸 그랬어요."라며 농담처럼 건넸다.

"나 혼자 자는 침구류 밖에 없어. 모포 하나, 깔개 하나 들고 다니니까."

그의 대답은 의외였다. 침구류가 한 개 밖에 없어서 문제지 그 집에 오면 안된다는 건 아니었다. 대체 어떤 곳에서 혼자 자는지 더욱 궁금해졌다.

"뜨거운 물은 나와요? 침대는 있어요? 방은 몇 개에요?"

지금 생각하면 이런 필자의 말이 얼마나 어이가 없는 질문이었던지 부끄러울 뿐이다. 그의 상황을 전혀 이해하지 못한 채 건넨 질문이었기 때문이다.

"더운물이야 당연히 안 나오지. 레몬트(리모델링) 대충 하는 집이니까 잘 수는 있어. 자기 엄마가 살던 집인데 다시 꾸려서 남한테 빌려준다고 하더라고. 바닥공사 다 끝내고 이제 벽지 발라야 해."

그가 말한 집은 자신이 리모델링하는 아파트 공사 현장을 의미했다. 오래되고 낡은 집을 수리해서 세를 놓으려고 바닥과 벽지 그리고 화장실 등을 개조하는 공사였다. 바로 그곳에 그저 침구류 하나 깔고 잠을 청하는 정도다. 그래도 8인실 게스트하우스보다는 나을 성 싶어 여차하면 그 집에 가서 하룻밤 잘까 하는 생각이 정말 들었다.

"오늘 묵는 방은 하루에 얼마나?"
"800루블 정도에요."
"비싸네. 루스키 집 할머니 혼자 사는 집에 방 한 칸 빌려 주는데… 그게 한 달에 5,000루블이야."
"정말 싸네요. 제가 있는 방은 800루블인데도 8명이 같이 자야 해요."
"야! 완전 강도구나."

그는 필자에게 오늘 묵는 숙소의 하룻밤 숙박료가 얼마인지 물었다. 월세 5,000루블 이면 방 한 칸을 사용할 수 있는데, 8명이 같이 쓰는 방을 800루블 지불 했다는 말에 그는 '강도'라며 혀를 찼다.

"그 집에 캐리어 갖고 가도 되나요?"
"캐리어? 캐리어는 뭐냐?"
"짐 넣는 큰 가방이요. 왜 공항에서 보면 짐 끌고 가잖아요."
"아, 큰 가방… 일없어."

정말 그 집에 갈 요량으로 캐리어를 갖고 가도 되는지 까지 물어보았다. 선택의 순간이었다. 8인실 게스트하우스에 같이 가서 캐리어를 찾아 리 선생이 일한다는 아파트로 갈까? 아니면 오늘은 일단 여기에서 헤어져야 할까?

오늘은 그냥 헤어지고 내일 다시 만나기로 결정한 건 순전히 겁이 났기 때문이다. 러시아에 온 첫날, 첫 만남에 북한사람이 혼자 일하는 곳에서 같이 하룻밤을 묵는다는 건 큰 용기를 필요로 했다. 물론 그와 몇 번의 만남 이후 정이 들었고, 나중에는 첫날 왜 그 곳에 가지 않았을까 후회도 했다. 하지만 그날 첫 만남에서의 선택은 그게 최선이었다고 스스로 위로한다.

미국과 관계 끊으라

그렇게 친해졌다고 생각해도 정치 이야기 앞에서는 서로가 평행선을 달렸다. 그를 만날 때인 2017년 8월 즈음은 북한이 한 달 전에 <화성-14형>이라는 이름의 대륙간탄도미사일을 발사하면서 세상이 떠들 썩 할 때였다.

필 자: 얼마 전에 북한이 대륙간탄도미사일인가 발사했잖아요. 혹시 여기서도 소식 들었어요?
리선생: 당연히 알지.
필 자: 핵무기를 실어서 쏜다는 데 그거 있으면 정말 좋아요?
리선생: 좋긴 뭘 좋겠어. 다 미국 놈 새끼들 때문에 그렇지. 우린 평화협정 하자고 그러잖아. 평화협정 하면서 우리 핵개발 중단하겠다는 거고, 한미훈련 전쟁 관두라. 그거 관두면 우리도 핵개발 안하겠다는 거지. 미국놈들 때문에 그렇지, 그것들 아니면 우리가 핵개발 해서 뭐하겠어. 한국하고 전쟁하겠다는 것도 아니고 우리가... 다 미국 놈 때문에 그렇지 뭐. 문재인이도 이번에 통일대통령 하겠다고 하는데... 문재인이가 그렇게 나오는데 그렇게 될려면 미국과 관계 끊으라는 거지. 문재인이 미국에도 찾아가고 그러면서 미국 걸쳐서 통일하겠다는 건데 우리는 그거 반

대항하는 거야. 미국하고. 단절하라. 그게 우리 입장이라고.

두 번째 만남을 약속하다

이런 저런 이야기를 나누다 보니 꽤나 시간이 흘렀다. 식사를 다 마치고 우리는 함께 식당문을 나서지 못했다. 남북한 사람들이 한 식당에서 나란히 나오는 모습을 봐서는 안 되는 사람들이 분명 어딘가에 있음을 의식했기 때문이다. 앞서 식당에 들어갈 때처럼 조금의 간격을 두고 걸었다. 식당 앞 거리는 해양공원과 바로 연결되었다. 저녁 해 지는 풍경이 너무도 아름답고 낭만적인 블라디보스톡 해양공원, 그 곳에 분단의 사람들이 나란히 섰다. 마주 보지 않고 서로 모르는 사람처럼 조금 떨어져서 지는 해를 바라다 봤다.

무슨 말을 이어갈까? 아직 그로부터 러시아 체류 북한노동자의 삶에 대한 이야기는 자세히 듣지 못했다. 첫 만남에 형님아우처럼 정을 느꼈지만 앞으로 목적을 두고 만나야 하는 현실이 그저 서글펐다. 이런 저런 이유에서건 두 번째 만남을 기약했다.

이렇게 한번 만나고 영원히 헤어진다는 건 어느 시인의 말처럼 "차라리 아니 만남만 못하기 때문이다"는 생각이 들었다. 리 선생으로 부터 받은 현지 전화번호를 다시 확인했다. 두 번째 만남을 기약하며 해가 뉘엿뉘엿 넘어갈 때까지 그 자리에 우두커니 서 있었다. 어둠이 내려앉았고, 그가 불러준 택시를 타고 혼자 숙소로 향했다.

블라디보스토크 해양공원에서 북한노동자와 함께 마주한 일몰

녹음기 있는지 검사 좀 하자요

리 선생을 다시 만난 건 첫 만남 이후 이틀이 지나서였다. 낯선 땅에 와서 혼자 아무것도 모른 채 8인실 게스트하우스에서 계속 지낼 수는 없었다. 하루 동안 현지를 좀 살펴봤다고 할까? 인터넷 검색을 통해 며칠 묵을 숙소를 정하고 짐도 옮겨 놓았다. 무작정 시내버스를 타고 블라디보스토크를 이리저리 다녀 보았다. 대략 어떤 곳인지는 알아야 한다는 생각에서였다. 그렇게 하루를 보낸 후 리 선생이 알려준 번호로 전화를 걸었다.

필　자: 일 끝나고 오늘 저녁 같이 먹을까요?
리선생: 나 오늘 늦게까지 일해서 시간이 좀 걸릴 것 같아.
필　자: 그러면 제가 일하는 데로 갈까요? 먹을 것 좀 사가지고 갈게요.
리선생: 기케 하던가.
필　자: 거기 어떻게 찾아가요? 몇 번 버스 타면 되요?
리선생: 버스 타고 오면 찾기가 힘들다고.
필　자: 택시타면 주소가 어떻게 되요?
리선생: 스타뉴코비차 00번지. 스타 할 때 스, 뉴스 할 때 뉴…
필　자: 택시타고 찾아갈게요. 도착하면 전화할게요.
리선생: 네. 기케하라요.

그는 오늘까지는 작업을 무조건 마무리해야 한다고 했다. 늦게까지 일하기 때문에 밖에 나가 식사를 하는 건 어렵다는 말이었다. 그래서 음식을 사서 그쪽으로 가면 어떠냐고 제안한 것이다.

막상 가려고 하니 잠시 망설여졌다. 그가 일하는 곳에 찾아간다는 건 또 한 번의 고민이었다. 남한 사람을 만났다는 이유로 괜한 피해를 받으면 어쩌나 하는 생각이 앞섰기 때문이다. 하지만 방금 약속을 해놓고 못 간다고 다시 번복하는 것도 마음을 불편케 하는 건 마찬가지라 생각했다.

그렇게 마음먹고 나니 어떤 음식을 사가야 할지가 더 큰 고민이었다. 낯선 타국에서 말도 통하지 않는데 어떤 음식을 어디서 사야할지 막막했다. 그 때 문득 '평양관'이 떠올랐다. 첫 만남 때 그가 가끔 평양관에 간다는 말이 기억났다. 평양관은 블라디보스토크에 있는 북한식당 중 한 곳이다. 그곳은 블라디보스토크를 찾는 한국 관광객들에게도 잘 알려진 곳이다. 심지어 블라디보스토크 맛집을 검색하면 평양관에 대한 상세한 정보가 쏟아질 정도다.

밥 한 끼라도 제대로 나누고 싶어 '평양관'을 찾아갔다. 육개장과 김치를 비롯해 몇 가지 음식을 포장했다. 북한식당에서 음식을 포장해, 북한노동자를 찾아간다니 묘한 기분이 들었다. 어쩌면 제3국에서 만난 남북한 주민들에게 분단의 경계는 무색했다.

택시를 타고 가면서 리 선생에게 다시 전화를 걸었다. 도착해서 아파트 5층까지 올라오면 자신이 복도에 나가 있겠다고 했다. 그런데 막상 도착해서 들어가려고 하니 아파트 현관문이 잠겼다. 마침 그 때 아파트에 사는 한 여성이 문을 열기에 같이 따라 들어갔다. 그녀가 앨리베이터 버튼을 누른 층은 신기하게도 5층이었다. 문이 열리고 5층 복도에 내려섰을 때 리선생은 보이지 않았다. 함께 엘리베이터 에서 내린 그 여성은 낯선 남자가 자신을 쫓아온 건 아닌지 내심 불안 해 하는 눈치였다. 그녀는 바쁘게 걸음을 옮겼다. 괜한 오해와 의심을 받기 싫어 황급히 리 선생에게 전화를 걸었다. 복도 끝에 위치한 어느 집안에서 요란하게 전화벨이 울렸다. 그의 핸드폰 소리였다.

"이쪽으로 들어오라."

정말 그가 혼자 일하는 아파트였다. 말그대로 리모델링을 하는 집이니 공사장이나 다름없었다. 바닥공사를 마친지 얼마 안되어 회색 빛 시멘트가 그대로 드러나 있었고, 벽지도 아직 바르지 않은 상태였다. 심지어 전기공사도 끝나지 않아 방안에 불을 켜기 위해서는 벽면에 삐죽 튀어나온 두가닥의 선을 서로 연결해야 했다. 그는 전기공사만 빼고 벽지, 바닥, 화장실 등 나머지는 모두 자신이 혼자 맡았다고 했다.

집 상태를 보고 놀란 것도 잠시, 집안으로 들어서려 할 때 리 선생의 한마디가 귓가를 울렸다. 순간 멈칫했다.

"몰래 녹음하는 거 아니지? 녹음기 있는지 검사라도 하자요."

엷은 미소를 띠며 농담처럼 건넨 말이었지만 분명 의심 하는 게 틀림없었다. 어쩌면 의심이라기보다 자신을 보호하기 위한 당연한 말인지도 몰랐다. 내심 불안 해 하는 그를 위해 가지고 있던 핸드폰 2개를 모두 꺼냈다. 그리고 직접 전원을 끄라며 내밀었다.

"회사에 들어가니까 또 그 이야기 한단 말입니다. 우리 쪽은 아니고 다른 기업소에서 일어난 일이에요. 길에서 남조선 사람한테 무슨 바케스를 받았는데 그 안에 성경이 들어 있었단 말입니다. 그것 때문에 문제가 되었다고..."

그는 얼마전에 다른 회사 사람이 겪은 일이라며 또 한번 경계했다. 한국 사람에게 무언가를 받았는데 그 안에 성경책이 들어 있어서 큰 문제가 되었다는 이야기였다.

"왜 나를 자꾸 찾아오는지 잘 이해 안된단 말입니다. 괜히 이거 사진 찍어서 우리 쪽 사람들 이런 곳에서 일한다고 인터넷에 올리는 건 아닌지... 기자인 것 같아."

그랬다. 사실 그의 모습을 찍고 녹음해서 인터넷에 올리려는 건 전혀 아니다. 하지만 그의 이야기를 지금 이렇게 풀어내고 있으니 어쩌면 그와의 약속을 지키지 못한 것인지도 모른다. 여전히 그에게 미안하고 죄송한 마음까지 든다.
절대 기자가 아니라며 다시금 확인시켜 주고 나서야, 집안으로 발걸음을 옮겼다.

"저보다 나이가 많으니, 형님이라고 할게요. 형님 잘못되게 하는 동생이 있던가요?"

그리고는 "내가 더 무섭지, 형님이 더 무섭겠냐"며 핀잔 아닌 핀잔을 주었다. 정말 그랬다. 처음 러시아에 와서 이제 단 3일째다. 말도 통하지 않는 낯선 나라에서, 북한 사람과 만나 지금 그가 알려준 곳에 찾아와 단 둘만 있다. 혹여나 무슨 일이 생기다 해도 문은 굳게 잠겼고 5층이라 창문으로 뛰어 내릴 수도 없다. 필자가 녹음을 하는 것이 염려되는 리 선생 보다, 그에 대한 필자의 두려움이 더 컸다. 다른 사람과 미리 계획하고 필자를 유인한 건 아닌지 온갖 생각이 다 들었다. 무서움과 두려움이 엄습했다.

밥이나 먹자요

이왕 여기까지 온 거 후회해도 이미 소용이 없었다. 그저 형님이라 부른 리 선생을 믿는 거 외에는… 그렇게 서로에 대한 탐색(?)이 이어지는 중에, 경계를 누그러뜨린 건 순전히 밥 때문이다.

"그냥 밥이나 먹어요."

육개장, 김치, 비빔밥, 돼지고기조림… 평양관에서 사온 음식은 둘이 먹기에 푸짐한 양이었다.

"오랜만에 식사다운 식사를 해 보네요. 조선사람은 이렇게 국에 말아서
김치랑 한 술 떠야 밥먹는 것 같지."

그는 자신이 저녁 식사로 술과 함께 먹는다는 치킨(닭다리) 하나를 꺼내놓았다. 슈퍼마켓에서 구입한 포장용 제품이다. 주섬주섬 꺼내는 그의 식료품 보따리에는 한국산 브랜드인 O라면도 들어 있었다.

"한국 라면 맛있지 뭐. 도시락(러시아에서 유명한 국내라면 브랜드)보
다 이게 맛있더라구."

성경책을 전해 주는 사람들

식사를 하던 중 문득 성경책을 줬다는 사람들의 이야기가 생각났다.

"형님, 아까 성경책을 받았다고 했는데 무슨 말이에요?"

블라디보스토크 시장에 가면 북한노동자를 대상으로 선물을 나눠주는 남한 사람들이 있다고 한다. 그들에게 받은 꾸러미를 펼쳤는데 그 안에 성경책이 들어 있어서 곤란을 겪었다는 내용이었다. 토요일 회사에 들어가면 사상교육 때 마다 남한 사람을 절대 접촉해서는 안된다는 교육을 받는다고 했다. 그러면서 자신도 남한 사람을 만났던 경험을 들려주었다.

그가 남한 사람을 만난 건 그 사건이 있기 전이었다. 시장에서 아주머니들이 다니면서 보따리를 건네는데 그 안에 한국산 장갑, 화장품, 약 등이 들어 있었다고 한다. 그들은 물건을 나눠주며 통일, 통일하고 외쳤다. 길에서 그러지 말고 안으로 들어가자고 해서, 인적이 드문 곳에 가서 잠시간 말을 나누기도 했다. "무슨 일이 있으면, 정말 어려운 일이 있으면 연락하라"며 전화번호도 하나 건네주었다고 한다.

그걸 받아들고 길을 가는데 또 다른 한 무리가 와서 물건을 또 주었다. "아까 받았어요" 했더니 동무들 주라며 하나를 더 건네주더란다. 역시 전화번호를 받았는데 아까 받은 번호와 동일한 번호였다. 전화번호가 같다는 걸 알게되자 배신감 같은 것도 들었다고 했다. 그들과 헤어지고 나서 전화번호가 적힌 메모지를 바로 찢어 버렸다고 한다. "왜 그런 지저분한 짓을 하는지 모르겠다"며 이해할 수 없다고 말하는 그였다.

아내에게 줄 익모초 약을 구해 달라

식사를 하며 이런저런 이야기를 나누다 보니 어느덧 시간은 저녁 8시를 훌쩍 넘겼다. 오늘은 무조건 일을 끝내고 내일은 약속한 다른 장소로 가야 한다며 바삐 서둘렀다. 여유롭게 앉아서 밥을 먹으며 이야기를 나누고 싶었는데 이미 많은 시간을 뺏은 것 같아 미안했다.

자리에서 일어나야 할 시간이 되었다. 다음번에 볼 때는 혹시 필요한 게 있으면 가져다주겠다고 했다. 러시아에서 혼자 생활하며 여러 가지 필요한 게 많을 것 같았다. 그런데 의외였다. 형님이 요구한 건 다름 아닌 익모초 약이었다. 필요한 건 여기서도 다 구할 수 있는데, 아내를 위해 여성에게 좋다는 약 하나를 사올 수 있느냐며 물었다. 그가 말한 약은 인터넷에서 광고를 하는 한국산 제품이었다. 사용 후기까지 꼼꼼하게 봤다며 꼭 하나 사달라고 부탁했다. 대체 어떤 광고를 보았길래 저리도 신뢰를 하는가 싶어 직접 광고를 다시 보여달라고 했다. 광고는 정말 여성에게 만능통치약처럼 선전했다.

"에이 형님 북에서 그렇게 자본주의 나쁘다고 교육 받아놓고 이런 걸 다 믿으세요. 이렇게 말하는 거 다 가짜예요. 과장광고라고 하는데…"

"가짜? 한국 민주주의 아니냐? 민주주의 국가인데 왜 가짜가 있어?"

"민주주의 맞지요. 근데 그건 좀 다른 이야기에요. 그런 거 다 팔기 위한 상술이에요."

"기런가, 난 잘 모르지"

"그래도 한국 가서 한번 알아볼게요. 통일되면 형님 집에 가서 형수님 만나 보면 좋겠어요."
"그러게. 우리가 싸울 일이 있나. 이렇게 보면 그냥 좋은 사람인데…"

문득 그와의 첫 만남이 떠올랐다. 그는 왜 낯선 한국사람의 접근을 거부하지 않았을까?

"형님. 그날 저 처음 봤을 때 왜 제 부탁 들어주셨어요?. 제가 같이 가자고 했을 때…"
"그냥 보니까 믿을 수 있는 사람 같았어. 나도 10년차가 되는데 딱 보면 알지."
"에이, 형님 제가 여기에 카메라 숨겨놓았으면 어쩌시려구요."

그는 나를 믿어주었다. 그런 그가 지금도 가슴 아리도록 고맙고 보고프다. 그리고 한편으로 미안한 마음이 가득하다. 그와 나눈 대화를 다시 더듬으며 함께 나누었던 찰나의 시간들이 주마등처럼 지나간다.

"사실 제가 더 무서워요. 형님이 저 잡아서 조선사람 오라 하면 전 완전 납치되는 건데 제가 더 떨리지요. 더구나 이렇게 한적한 곳에서 저 하나 없어지면 누가 알겠어요. 사실 제가 여기 올까 말까 더 고민했어요. 지금도 조선사람 누가 오지 않을까 걱정 되요."

그 때 솔직한 마음을 형님에게 털어놓았다.

"동생 입장에서 생각하면 그럴 수도 있네"라며 허허 웃음 짓는 그의 얼굴이 더없이 정겨웠다.

친한 친구에게도 절대 비밀

내일 일하는 곳에 같이 가면 안되냐고 물었다. 어디든 그가 일하는 곳이면 함께 가서 그 모습을 담고 싶었다. 하지만 내일은 혼자 일하지 않고 동료들과 함께 일해서 절대 안된다고 했다. 자신이 한국 사람을 만난 거 알면 그날로 끝이라며 연신 손사래를 쳤다.

"아무리 친해도 내가 한국사람 만난 거 절대 말 안 해. 나중에 싸우거나 하면 어떻게 될지 알고... 내가 한국사람 만난 거 신고하면 끝이야."

.. 두번째 만남 ..

타국에서 보내는 추석 명절

형님을 다시 만난 건 그 해 가을 추석이었다. 지난여름 첫 만남 이후 3개월 정도가 지났다. 하루라도 빨리 러시아로 가서 형님을 만나고 싶었다. 한국에서 국제전화를 걸어 그의 안부를 물어볼 수도 있었지만 일부러 그렇게 하지 않았다. 그가 어떤 상황에 있을지도 모르고, 혹 다른 동료들과 함께 있는 자리라면 해외에서 걸려온 국제전화를 설명할 방법이 없기 때문이었다.

추석 연휴 때 일정을 조정해 중국행 비행기에 올랐다. 러시아로 바로 가지 않은 건 탈북민들에게 추석날 고향의 생생한 모습을 사진으로나마 보여주고 싶었서였다. 러시아로 바로 들어가면 형님을 빨리 볼 수는 있겠지만, 북녘 고향의 모습은 담을 수가 없다. 그래서 이번에는 한국에서 러시아로 바로 들어가지 않고, 중국에서 국제버스를 이용하기로 했다.

추석선물로 건넨 대동강 담배

중국에서 추석을 보내고 국제버스를 이용해 블라디보스토크에 도착했다. 오자마자 형님에게 전화를 걸었다. 지난번 가르쳐 준 전화번호로 신호음이 갈 때 얼마나 반가웠는지 모른다. 혹시나 지난번 만남이 작별인사도 못한 마지막 만남이 되면 어쩌나 염려되었다. 러시아는 추석명절을 보내지 않으니 여느 날과 다름없겠지만, 그래도 우리에게는 민족 최대의 명절이니 근사한 저녁식사라도 한 끼 하고 싶었다.

그와 약속을 하고 만난 곳은 시내와 조금 떨어진 바닷가 옆 식당이었다. 필자가 미리 가서 자리를 잡고, 그의 핸드폰으로 식당주소를 문자로 보내주었다. 그래도 혹시나 찾아오기 힘들까 싶어서, 식당 종업원에게 전화를 바꾸어 주고 위치를 알려주었다.

한 시간 정도가 지났을까? 일을 마치고 왔다는 리선생과 감격스러운 재회를 했다. 다시 만나준 그가 더없이 고마울 따름이었다. 그는 오랫동안 러시아에서 일하면서도 러시아 현지 식당에 오는 건 처음이라고 했다.

"루스키 식당은 이번에 처음 온거야. 우리는 조선식당이나 중국식당에 가지. 난 혼자 일할 때에는 훈제 같은 것 그냥 사다먹지, 혼자 일할 때에는 밥 잘 안해 먹어."

추석 선물로 무엇을 줄까 고민하다 중국에서 구입한 북한담배 '대동강'을 건넸다. 지난 만남 때 조국 담배가 무척 생각나는데, 구하기가 쉽지 않다는 말을 들었기 때문이다. 어쩌다 집에 급한 일이 있어 북한에 다녀 오는 동료들이 가장 많이 챙겨오는 게 북한담배라고 했다. 대동강 담배를 받아든 형님은 "이야 조국에서 이런 담배도 나왔나. 우리 때는 이런 거 없었는데"라며 몹시도 기뻐했다. 그러면서 자신의 속마음을 솔직히 털어놓았다.

리선생: 지난번 만나고 나서 새벽에 깨어났어. 깨어나서 이상하다는 생각이 들더라구. 한참이나 신경 쓰였어. 나를 잡아가는 거 아닌가. 뭐를 조작하는 거 넣은건 아닌가라는 생각이 들더라구.

필 자: 형님보다 그날 제가 더 무서웠어요. 사실 내가 그날 어떻게 형님 일하는 아파트까지 갔는지 모르겠어요. 지금 생각하면 무슨 마음으로 갔는지 몰라요. 나는 말도 모르는데 형님을 뭘 믿고요.

리선생: 한국 사람들이 북한사람들 일하는 곳에 가서, 사진도 찍고 녹음도 하고 그럴려고 하니까. 물건에 도청장치 넣어서 주고. 길에서 한국사람 만나면 자꾸 연락하라고 그래. 근데 이상한 생각이 들어서 전화번호 받은 거 그 자리에서 찢어버려. 동생은 술 안하지? 나 술 한잔해도 되나?

필 자: 그럼요 드세요. 술 한 병 시킬까요?

추석이기도 하고 오늘은 왠지 술을 한잔 하고 싶다는 그의 말에 보드카 한 병을 주문했다. 그가 좋아한다는 고기 안주와 함께...

북한 대동강 담배와 보드카 그리고 고기 안주

유튜브를 통해 엿보는 남조선

독한 보드카가 한두 잔 들어가자 취기가 오른 듯 했다. 러시아에서 몇 년 동안 생활했지만 이렇게 레스토랑에서 보드카를 마시는 경우는 흔치 않는 일이라 했다. 그런데 형님도 필자도 연신 가게 안으로 사람들이 들어올 때마다 유심이 사람을 살폈다. 약속하지 않았지만 똑같은 행동이었다. 다른 손님들이 잘 보이지 않는 구석진 자리에서 은밀한 대화를 나누는 사람들 마냥 그저 조심스러웠다. 추석날이라고 하릴없이 보냈다는 형님의 말에 창밖으로 보이는 보름달을 함께 올려다봤다.

'저 보름달을 조국에서 가족들도 보고 있겠지' 라는 그의 한숨은 한 잔의 술로 대신 달랬다.

얼마간의 시간이 흘렀을까. 그가 자신의 스마트폰을 꺼내더니 노래를 검색했다. 그가 검색한 건 놀랍게도 M-net 한국노래 방송이었다. 드라마 첫사랑의 주제가인 'Forever'를 좋아한다고 했다.

고독하고 외로워 마시는 술: 맨 정신에는 못 자

명절날 고향에도 못가고 벌써 수년 째 타국에서 보내다 보니 외로움은 익숙해졌다고 한다. 그래도 가족 생각에 매일 밤마다 젖어오는 그리움과 고독은 어쩔 수 없었다. 그 시름을 달래주는 건 한 잔의 술이었다. 그는 러시아에 나오기 전까지는 술을 마시지 않았다.

스마트폰에 삽입된 마이크로 SD카드   북한노동자가 소지한 스마트폰

조선에 있을 때 술 한잔도 안했어요. 동생들한테 술 먹지 말라고 엄하게 했지. 근데 여기 처음에 와서 한두 달 일하는데, 사람이 스무 명씩 되고 잠자리는 좁지 하니까, 말짱한 정신에는 자지를 못해. 저녁밥 먹고 취해서 자야지. 맨 정신에는 못 자.

처음 러시아에 왔을 때 숙소에서 20명이 함께 생활을 했다. 청부 일을 하며 혼자 생활하기 전이다. 술에 취하지 않으면 잠들 수 없는 날들이었다.

나도 여기 혼자 일하니까 술 마시지. 앞으로 조국에 가면 술 안 마셔. 조선에 있을 때 명절이면 맥주 2병, 단물 2병 내주는데 우리집은 일년 내내 술 내주는 거 그대로 있었어. 잘 안마시니까. 근데 여기 와서 고독스러우니까 술 마시는 거지.

고독해서 술을 마신다는 형님의 이야기를 들으면서 그의 얼굴에 깊이 패인 시름이 느껴졌다. 북한에 있을 때는 맥주도 잘 마시지 않던 그였지만, 여기에서 생활하며 잠을 청하기 위해서는 술에라도 의지해야 했다. 가끔 동료들과 술이라도 한잔 먹는 날이면 그 외로움은 더욱 커졌다. 30-40대의 남자가 몇 년 동안 혼자 지내면서 욕망 앞에 드는 유혹도 있었다고 한다.

그전에 나왔을 때는 서른 가제 넘었을 때니까 동무들끼리 가끔 그런 말 했지. 제부스카, 조선말로 처녀라는 뜻인데 "오늘 제부스카 한번 찾자" 하고 말한다고...

여기 노동자 중에 돈은 내가 제일 많이 벌었을거야

형님은 러시아에 나온 북한노동자 중에 자신이 아마 돈을 제일 많이 벌었을 거라며 큰 소리쳤다. 사실, 형님 외에 다른 노동자들과 인터뷰 하면서 형님의 말이 거짓말은 아니라는 것을 알았다. 아무리 청부일을 하는 노동자라 해도 형님만큼 자유롭고 많은 돈을 번 사람은 없는 듯 했다.

그는 겨울에도 일감이 하루도 떨어지지 않았다고 한다. 날씨가 추워서 "태반이 다 놀아"도 자신은 계속 일을 했다며 자랑했다. 그렇게 번 돈은 다 어디에 썼을까?

> 우리 아들을 7살 때부터 사교육 시켰다고. 수학 많이 배워줬지. 그 때 한 달에 10달러 정도 했다고. 내가 여기 나온 다음에 50달러 이정도 하다가, 중학교 졸업 하기 전에 한 달에 120달러 주면 그 집에서 밥도 다 주고 하는 집에서 공부시킨다고. 그래서 살지, 자기가 벌지 못하면 못 살아요.

힘들게 번 돈은 고국으로 보내서 아들 뒷바라지에 다 썼다는 그의 말이었다. 처음에는 듣고도 잘 이해가 안되었다. 어쩌면 그의 말이 거짓은 아닐까라는 의심도 들었다. 러시아에서 일하는 노동자가 돈을 벌어서 북한에 송금을 하고, 그 돈으로 자녀가 사교육을 받는다(?)는 걸 어떻게 이해해야 할지 막연했다. 그는 '당과 조국을 위한 충성자금'이 아니라 '오로지 자식을 위해 지금 이 고생을 하고 있다'며 참고 견디는 거라 했다.

보위부원이 되고 싶다는 아들

그가 해외에 나와서 수년 동안 고생하며 뒷바라지 했다는 아들은 지금 군대에 갔다. 군관학교를 마친 후에 OO대학교에 들어간다고 한다. 그리고 그 아들은 평범하게 살기를 원하는 아버지의 뜻과는 달리, 보위부원이 되고 싶은 게 꿈이다.

> 이제 군대 가. 집에 와서 한 달 정도 있다가 부대로 떠난다고 편지 왔더라구. 금요일에 편지를 받았는데 군대로 떠난다고 했으니 이제 갔겠지 뭐. 10년인데 우리 애들은 신병교육 끝나고 집에 와서 한 달 있다가, 한 달 후에 부대 가서 1년 동안 있어. 군관학교 1년 단기로 가서 졸업하고 OO대학교에 보내기로 했어. 졸업하고 보위부에 들어가겠다고 그래. 무조건 군관을 하고 싶은데, 수사일 하는 보위부에 가고 싶다고 편지 왔어. 난 그냥 나처럼 평범하게 사는 게 좋은데 아이는 보위부 가고 싶어해.

군대 이야기를 하면서 자연스럽게 그가 러시아에 오기까지의 과정도 들을 수 있었다. 아마 아들이 보위부원이 되겠다고 마음먹은 건, 아버지의 영향 때문인지도 모르겠다. 그가 러시아에 올 수 있었던 건 이웃에 살던 보위부 OO부장과의 친분 때문이었다.

> 나도 군대 갔다가 전문학교 3년 졸업했어. 근데 우리 옆집에 살던 사람이 서로 이사해서 같은 데 갔단 말이에요. 보위부에서 OO부장 하는 사람이야. 전문학교 졸업하면서 문건 써서 보위부 갖다 주니까, 1년 동안 아무데나 가서 당 생활 하는데 들어가래요. 경력증명을 뗄 수 있는데 가

라고 하더라고. 입적한 지 1년도 안되고 9개월 쯤 되니까 러시아에 가라 하더라고.

한국으로 전화하기

형님과 대화중에 한국에 있는 필자의 지인으로부터 전화가 걸려왔다. 굳이 받지 않으려 했지만 왠지 한국과 이곳이 얼마나 가까운 지를 보여주고 싶었다. 그는 필자의 핸드폰으로 어떻게 한국에 바로 전화할 수 있는지 궁금해 했다. 국제전화를 사용하면 요금이 비싸지만 요즘은 스마트폰 어플리케이션을 통해 무료로 통화할 수 있다고 말했다(카카오톡 전화 기능을 말함). 형님은 어플리케이션이라는 말을 잘 이해하지 못했다. 한참을 설명해도 잘 모르는 것 같아, 직접 그 자리에서 보여주었다. 한국에 있는 친구에게 카카오톡으로 전화를 걸어 잠시간의 이야기를 나누었다. 한참 동안이나 핸드폰을 들여다보며 어플리케이션을 다운 받는 방법에 대해서도 알려주었다.

김정일 초상휘장에 얽힌 사연

북한노동자들이 왼쪽 가슴에 달고 다니는 김일성-김정일 초상휘장을 구할 수 있으리라고는 상상도 못했다. 필자도 예전에 북한을 방문할 기회가 있었다. 북한에 가서 절대 하면 안되는 행동 중의 하나가 북한주민들이 가슴에 달고 다니는 초상휘장을 뺏지라 부르거나 손가락으로 가리켜서는 안된다는 내용이었다. 그만큼 그들에게는 신성한 의미를 지닌 표식이었다.

리선생: 원래는 안 달고 다니는데 오늘 행사한다고 그래서. 오늘이 김정일 장

군님이 당중앙위원회 총비서 시작한 날이라 행사한다고 그래서 휘장 달았어. 모레는 당창건 기념일이기 때문에 그거 겸해서 오늘 행사했어요.

필 자: 그거 잃어버리면 어떻게 되요?

리선생: 시끄럽기는 한데, 하나 또 달라고 하면 줘요. 이거보다 큰 거, 수령님과 장군님 같이 있는 거 있었는데 그건 잃어버렸어.

필 자: 그거 잃어버리면 문제되지 않아요? 제가 알기로는 처벌 받는다고 하던데요.

리선생: 잃어버렸는데 어떻게 하겠나.

필 자: 형님이 나한테 그냥 줄 수는 없고, 길 가다가 툭 떨어트리면 제가 주울게요(농담처럼 한 말).

리선생: 이거 갖고 한국가다 잡히지만 않으면 내가 줄게. 난 일없어. 진짜 한국 갈 때 일없으면 갖고 가.

필 자: 잃어버리면 비판받고 그런 거 아니에요.

리선생: 그런 거 없어. 아니 잃어버렸다는데 뭐라고 하겠나.

 형님이 몰래 길에 툭 떨어뜨리면 주워가겠다고 농담처럼 건넸다. 신성한 표식을 갖고 장난치냐며 기분 나빠할 줄 알았는데 전혀 다른 반응이었다. 한국 입국할 때 문제만 없으면 갖고 가라고 했다. 자신은 잃어버렸다고 하면 큰 문제가 안된다는 말과 함께...

 그 초상휘장은 지금 필자의 손에 있다. 그날, 초상휘장을 잃어버렸다고 신고한 형님에게는 정말 아무런 문제가 없었을까? 혹시라도 인연을 소중히 여겨 아우에게 선물로 주고, 정작 자신은 호되게 비판을 받지는 않았을는지...

전쟁판 다음으로 힘든 게 여기야
: 계획분을 바치지 못하는 현실

러시아 파견 북한노동자 중에 돈을 제일 많이 벌었을 거라며 자신 있게 말하던 그였다. 하지만 그의 러시아 생활은 결코 화려하지 않았다. 그는 며칠 전에도 계획분을 바치지 못해 매우 곤란한 상황이라고 말한다. 계획분을 바치지 못하면 계속 빚만 남는다.

필　자: 지금 일하는 건 괜찮아요?

리선생: 얼마 전에도 계획분 못 바쳤어. 지금 만 오천 루블 미너스야.

필　자: 미너스가 뭐에요?

리선생: 마이너스. 한국말로는 마이너스라고 하나? 한 달에 45,500루블 낸다고. 70,000루블 벌 때도 있었는데 지금은 정말 힘들어.

필　자: 계속 그렇게 못 내면 어떻게 해요?

리선생: 나중에라도 다 내야 돼. 돈 벌려고 소개해 준 곳 갔는데 너무 고생했어. 50분 기다렸다가 버스가 한 대 오는데 내려서 또 한참 걸어가야 해. 산꼭대기에서 길이 갈라지는데 알 수가 있어야지. 지나가는 차 얻어 타고 일하는 곳 까지 갔지. 내려서 물어보니까 또 반대로 가야 한다고 그래. 공구 다 들고 갔는데, 멀어서 가지를 못해. 거기까지 어케 다니나 멀어서. 그래서 또 하루 공쳤지. 전쟁판이 제일 힘들고 그 다음에 러시아에서 일하는 게 제일 힘들어. 여기서는 자기 식료, 의료 혼자 알아서 다 챙겨야 해. 가족들 다 조국에 남겨 두고 혼자 와서 일하는데, 혼자 일하면서 별일 다 있지.

공사대금 때문에 싸운 일

"혼자 일하면서 별일 다 있지"라는 형님의 그 한마디가 그동안 이곳에서 얼마나 숱한 고생을 하며 지냈는지 짐작할 수 있게 했다. 그들의 신분이 불법체류는 아니지만 공사대금을 못 받거나 억울한 일을 당해도 딱히 해결할 수 있는 방법은 없었다.

"루스키하고 싸운 적도 많아. 집주인이 돈을 소개해 준 사람한테 줬는데, 그 사람이 나한테 돈을 안 준거지. 친한 동무가 7만 루블 못 받은 적도 있어. 조선사람들 중에서 내가 좀 쎄다고 생각해서 같이 갔지. 돈 받으러 갔는데 루스키 새끼가 전화도 안 받고 찾을 수가 있어야지."

본인이 돈을 받지 못해 억울한 일을 당해 봐서 였을까? 함께 일하는 동무가 공사대금 70,000루블을 받지 못해 힘들어 할 때 대신 나선 건 그였다. 하지만 동무랑 함께 백방으로 찾아다녔지만 결국 돈을 받지 못했다고 한다.

수단과 방법을 다 써야지

한번은 또 이런 일도 있었다. 공사대금을 받기 위해 어쩔 수 없었던 일이라며 자신을 이해해 달라는 표정이었다. 수단과 방법을 가리지 않아야 살 수 있다고 말하는 그였다. 아무도 자신들을 지켜주지 못한다고…

"10명 붙여놓고 일하는데 돈을 안 주더라고. 전화 연락도 안되고. 내가 돈을 못 받으면 같이 일하는 10명 한테 임금을 못 주잖아. 그래서 문자

보냈어. "조선사람 다 철수한다. 여기서는 일 못한다" 그랬지. 그랬더니 전화 제각 왔어. 근데 몇 번 메시지를 보내니까 이제 전화를 안 받아. 80,000루블을 받아야 하는데... 근데 그 사람 집을 내가 알아. 정확히 호수는 모르고 집만 알았지. 마당에 그 사람 차가 있더라구. 그래서 가방에서 종이 쓱 꺼내서 "4일 뒤에 너한테 마피아 온다" 이렇게 썼다고 (러시아어로). 종이 끼워 넣고 왔지. 그래도 전화 안 오더라구. 저녁에 다시 가니까 경비가 우즈벡키 였는데, 만나서 말해 줬다는 거야. 그 사람이 종이도 봤다고 그러더라구. 차 안 갖고 걸어서 나갔다고 그래. 이틀 뒤에 전화 왔더라구. 4시간 있다가 갖고 올게 그래. 밤11시 반쯤 전화하니까, 내일 아침에 온다고 그래. 그 다음날 아침에 진짜 돈 갖고 왔더라구. 마피아 이야기 하니까 꼼짝 못하지. 마피아 쓰면 절반은 떼 줘야 돼. 그래도 반이라도 찾으려면 그렇게 해야지. 수단과 방법을 다 써서라도 해야지, 우물쩍 해서는 안 돼. 누가 우리를 지켜주나."

주사기 때문에 마약범으로 잡혀갈 뻔...

러시아 경찰에게 당하는 불시 검문은 그들이 반드시 피해야 할 철칙 중 하나였다. 괜한 꼬투리를 잡아 뇌물을 요구하기 때문에 검문에 안 걸리는 게 상책이라고 했다. 하지만 어디서 나타났는지 길에서 검문을 당하기가 일쑤다. 그도 처음에 잘 모를 때는 몇 번이나 돈을 뺏긴 적이 있다고 했다. 심지어 작업을 위해 쓰는 주사기 때문에 마약범으로 잡아 가겠다는 협박도 받았다고 한다.

짐 검사 하다가 가방에서 주사기가 하나 나온적 있어. 나보고 마약 한다고 막 그러더라구. 그거 공사 할 때 쓰는건데 말이야. "너 주사기 모르나? 이거 벽지 바르고 접착제 바르는 공구"라고 설명했지. 그래도 안 믿고 무조건 잡아간다는 거야.

북한노동자가 서로 고용하는 구조

대화중에 형님이 급한 전화를 해야 한다며 전화기를 집어들었다. 그가 나눈 대화 내용은 일하는 곳에 사람을 한 명 소개해 달라는 내용이었다. 그의 전화내용을 대략 요약하면 이렇다.

리선생: 내일 뭐 하나? 내일 나 혼자 일하는데 너무 무거워서 들지를 못해. 2,500루블 줄게 사람 한명 구해줘. 내일 아침에 오라고 하면 돼.

(잠시 후 다시 전화가 왔다. 아마 소개를 받은 사람인 듯 했다).

리선생: 작업공구는 나한테 다 있으니까 작업복만 갖고 오세요. 무거운 거라 혼자 다루지 못해서, 같이 좀 들어줘야 돼요. 오늘 회사에 들어가요? 그럼 거기서 버스 OO번 타요. 그거타면 OO까지 오는데 거기서 OO번으로 갈아타고 OO까지 오면 돼요. 9시까지 오면 좋아요.

일당으로 2,500루블을 주고 한 사람을 고용하는 내용이었다. 계획분을 바쳐야 하는 청부 노동자들은 또 다른 사람을 고용한다. 지금도 그는 10명 정도 북한 노동자를 고용해서 일을 맡겨놓았다고 했다. 청부 일을 하는 노동자가 공사를 수주 받지 못하면, 다른 청부 일을 하는 노동자로부터 고용되어 일당을 받는다. 한 푼이라도 더 벌어야하기 때문이다. 사업수완이 좋아 일감을 많이 받은 청부 노동자는 다른 북한노동자를 고용해 관리만 하는 경우도 있다고 한다. 또 북한 청부 노동자가 우즈베키스탄 노동자를 고용하기도 한다.

"일 마치고 저녁에 갈 때 2,500루블 줘서 보내요. 내가 좀 여유가 있으면 3,000루블 정도 주겠는데 나도 지금 힘드니까… 조선 사람 중에 스스로 일감 찾지 못하는 사람이 더 많아요. 루스키들과 대상해서 일감 못 찾으니까 나 같은 사람에게 부탁해서 일하는 거지. 우즈벡키 쓸라고 했는데 사람을 못 구했어. 여기 돌아다녀보면 아파트 청소하고 그런거 다 우즈벡키들이 해. 우리보다 더 한심해. 근데 한국에서는 하루 일당 어느 정도 되나?"

형님은 자신이 고용한 북한노동자에게 일당으로 2,500루블을 지급했다. 일을 마치고 저녁에 돌아갈 때 돈을 주는데, 500루블을 더 챙겨주지 못해 마음이 안쓰럽다고 했다. 500루블이면 한화로 10,000원 정도다. 왜 그들이 20루블 밖에 안되는 버스비도 아껴 두 세 정거장 걸어 다니는지 알 수 있을 것 같았다. 돈 만원은 그들에게 그런 의미였다.

이야기가 길어지면서 술 한 병이 거의 비워졌다. 헤어지기 전에 술이라도 조금 깨서 가면 좋겠다 싶어 음료수를 주문했다. 그와 함께 메뉴판을 보면서 '딸기쉐이크'를 시켜달라고 말했다. 그런데 그는 주문할 때 딸기라는 말을 러시아어로 알지 못했다.

"사과, 바나나는 아는데, 딸기는 자주 사먹지 않으니까 잘 몰라. 주로 토마토 잘 먹는다고."

형님은 딸기라는 러시아 단어는 몰랐지만 일상적인 대화를 하는 데는 전혀 문제가 없어 보였다. 아마도 그가 러시아에서 일감을 많이 수주 받는 건 유창하지는 않지만 의사소통에 문제가 없을 정도의 러시아어 실력 때문이라는 생각도 들었다.

회사에 전담 의사가 있다?

식사를 하는 내내 형님은 자신의 무릎을 자주 만졌다. 분명 편치 않아보였다. 러시아에 나와서 일을 하며 아프거나 다치면 어떻게 치료를 받을까?

> 리선생: 관절이 안 좋아. 하반신 마비가 오는 것 같아. 근데 병원에 가니까 별로 이상은 없다고 하더라구.
> 필 자: 여기서 병원에 갈 수 있어요?
> 리선생: 아니. 우리 회사에 전담의사가 있으니까. 근데 치료는 못하니까 약국에 가서 먹는 약 사먹고 그러지. 며칠 전에 우리 의사가 회사 사람 한명 데리고 여기 루스키 병원에 갔더니 의사가 그러더래. 왜 이제야 왔냐고. 이 사람 곧 죽는다고 그랬대. 일이 바쁘다 나니까 제 때 치료도 안 받고 계속 일하다 너무 아파서 병원에 가니까 이제 죽을 정도로 악화된 거지.

관절이 안 좋은데 다행히 병원에서는 큰 이상이 없다고 했다. 거의 10여년 동안 건설 현장에서 일해 온 그의 몸이니 사실 아프지 않으면 그게 더 이상하지 않을까? 그가 속한 회사의 어떤 사람은 자신의 몸이 죽을 만큼 악화되었을 때에야 겨우 병원을 찾을 수 있었다고 한다. 그는 술을 마시면서도 안주를 잘 먹지 않았다. 40도나 되는 독한 보드카를 연신 한 입에 들이킬 뿐이었다. 돼지고기 한 점을 찍어서 그에게 권했다.

지피에스(위성장치 GPS)가 달린 옷?

지난번 만남 때 그는 필자에게 '익모초 약'을 부탁했었다. 북한에 있는 아내에게 줄 선물이었다. 한국에 가서 인터넷으로 알아본 익모초 약은 아무래도 그 효능이 좀 미심쩍었다. 괜히 선물로 주고 좋지 않은 말을 들을 것 같아서 대신 한국 화장품을 갖고 왔다.

"형님. 이거 형수님 드리세요. 그런데 포장지에 한국어로 표시된 화장품인데 북한으로 보낼 수 있어요?"

한국 화장품 한 세트를 건네며 내용물을 꼼꼼하게 설명해주었다. 로션, 스킨, 에센스, 아이크림... 설명을 해 주면서도 외래어라 민망한 생각이 들었다. 아내에게 보내는 선물이라 그랬을까? 자신도 잘 알아듣지 못하는 말임에도 그는 다시 질문까지 하며 설명을 하나라도 놓치지 않으려 했다. 나중에는 알아듣기 어려 웠던지, 글로 써 달라고 했다. 스킨을 살결물, 로션을 크림이라 써서 종이를 붙여주었다.

필　자: 형수님이 마음에 들어 하실까요?
리선생: 이거 갖다 주면 좋아하지. 거기 뭐 이런 게 있나.
필　자: 형님 그리고 이건 보온병이에요. 일하시면서 차가운거, 뜨거운 거 드세요. 근데 핑크색 써도 돼요.
리선생: 핑크색? 아 분홍색. 일 없어. 근데 내가 이런 거 그냥 받아도 되나.

필　자: 일 없어요. 이 옷도 한국에서 갖고 온 거에요. 오리털 잠바인데 솜이 아니고 오리털이라 따뜻할거에요. 보기에는 이렇게 얇아 보여도 기능성이라 따듯해요. OOO라는 브랜드인데 한국에서는 유명한 브랜드에요.

리선생: 난 잘 모르지. 브랜드가 뭐라고?

필　자: 한국에서 인기 있는 거라 입고 다니시면 한국산 옷인지 단번에 알 거에요.

옷을 건네받은 그는 옷 안쪽부터 꼼꼼하게 살피기 시작했다. 주머니에서부터 바느질이 된 이음새 부분까지 눌러보면서 확인하고 또 확인했다.

"형님 혹시 도청장치라도 있을까봐, 그거 찾는거에요? 라며 농담 섞인 말을 했다."

그런데 정말 돌아온 대답은 "에이, 뭐 들어 있는지 모르잖아"하며 멋쩍게 웃는 그였다.

옷을 이러 저리 살펴보기에 기능성 옷이 어떤 건지, 정말 따스한지 만져보는 거라 생각했다. 그런데 그는 정말 옷 안에 혹시라도 필자가 무엇을 숨겨 놓은 건 아닌지 찾는 듯했다. 옷 안에 도청장치를 숨겨놓은 건 아닌지 꼼꼼하게 살펴보는 모습에서 다시한번 분단의 아픔을 실감했다. 함께 식탁을 마주하고 앉아 정을 나누지만 여전히 서로를 의심하는 남과 북의 사람들이었다.

"형님, 잘 찾아보세요, 도청장치 있는지…(웃음)"

부산에 놀러오세요

언제가 될지 까마득하지만, 아니 어쩌면 전혀 가능성이 없을 수도 있지만, 형님에게 부산에 놀러 오라는 말을 했다. "통일되면 다시 만나자"는 인사말을 건네고 싶지는 않았다. 짧은 만남이지만 형님아우 사이로 금세 정이 들었다. 지금처럼 타국에서 사람들의 눈을 의식하며 몰래 만나고 싶지 않았다. 그에게도 대한민국을 보여 주고 싶었다. 하지만 "형님, 제가 사는 부산에 한번 놀러 오세요"라는 말을 자신 있게 전할 수 없었다.

필 자: 형님. 부산에 놀러오세요 라는 말을 못 하는 게 너무 슬프네요.
리선생: 아. 부산에 사나?
필 자: 네. 형님도 부산에 오면 좋겠어요. 부산에 광안대교라는 곳이 있는데 여기(블라디보스토크)의 금각교랑 비슷해요.
리선생: 내가 한국 사람과 이렇게 가깝게 대상한 건 이번이 처음인데, 훗날에 한국에 가보자 하면 강선생 만나야지.

스마트폰에서 검색을 해 부산 광안대교를 형님에게 직접 보여주었다. 그의 대답은 "좋구나"라는 짧은 한마디였다. 그와 함께 광안대교를 바라볼 날은 과연 올까?

한국 가서 일하지 왜 여기서 일하나?

한반도의 분단 상황을 잘 모르는 러시아 사람들은 러시아에 나와서 힘들게 일하는 북한노동자들이 잘 이해되지 않는 듯 했다. 한국 가서 일하면 한 달에

3,000달러나 벌 수 있는데, 왜 한국으로 안가고 러시아에 일하러 오느냐는 것이다. 북한노동자가 한국에 가서 돈 벌면 된다는 그 단순한 생각이, 분단의 한반도에서는 절대 일어날 수 없는 일이라는 걸 그들은 이해하기 어려울 것이다.

필 자: 형님하고 나하고 다를 게 뭐 있어요? 그냥 사람이고 진짜로 형님인데, 분단된 나라니까 그게 안타까운 거지요.

리선생: 다 대통령들 때문이지 뭐.

필 자: 형님이 여기 와서 루스키에게 천대 받을 이유가 없잖아요. 북한노동자와 우즈베키스탄 사람들은 그냥 천한 노동자라고만 생각하니까요.

리선생: 여기 루스키들 그래도 한국에 대해서는 아주 좋게 생각한다고. 한국이 잘 산다는 거지. 루스키들이 말하는게, 우리가 한국 가서 일하면 한 달에 3,000달러 준다는 거지. 말이 같은데 왜 한국 가서 일 안하고 여기 와서 일하나 그렇게 말하거든.

자유를 경험한 사람들

필 자: 형님은 여권상으로 언제까지 체류할 수 있어요?

리선생: 여권으로 보면 ○○○○년 까지야. 기간은 5년인데 난 한 번 연장했으니까. 세 번 이상 연장된 사람도 있기는 해.

필 자: 형님은 들어가면 다시 나올 가능성이 있어요?

리선생: 대북제재만 아니면 나올 수 있지. 이전에 처(아내)에게 편지 보냈다구. 나 이제 들어갔다가 1년 있다 다시 나오겠다 이렇게 편지 보냈어. 근데 웬걸 우리처럼 오래된 사람들 다 들어오라 그러니까. 북한 사람들 일체 다른 나라에 가서 일 못하게 하니까. 대북제재 때문에...

필　자: 형님 조국에 가면 힘들어서 살 수 있겠어요?

리선생: 뚫고 나가야지. 난 그래도 조국에 가면 못 사는 축은 아니야. 남한테 짝 지지 않고 기케 살아간다고.

필자가 힘들다고 표현한 건 돈이 많고 적음의 문제가 아니었다. '힘들어서 살 수 있겠어요?' 라는 말은 러시아에서 자유를 경험한 그가 다시 북한에 가서 조직생활을 하면서 살기에는 힘들지 않겠냐는 뜻이었다.

필　자: 먹고는 살아도 여기에서 이렇게 자유롭게 살다가 거기 가서 살 수 있어요? 힘들 것 같은데…

리선생: 가고 싶지 않지만 처하고 자식 때문에 가야지. 식구들이랑 떨어진지도 오래되었지.

필　자: 형수님하고 식구들 여기 데리고 나오면 안돼요?

리선생: 어케 데리고 나오나 못 나오지. 루스키들이 그래. "너 말도 잘하고 일 잘하는데 여기에서 벌면 집도 사고 승용차도 사는데 여기에서 살라. 내가 도와줄게"라고 말을 해. 생각을 안 한 것도 아니야. 근데 어케 데리고 나올 수가 있어야지. 힘들다구… 나올 수만 있으면 얼마나 좋게. 아들이 11살 때 나왔어. 그 애가 벌써 군대간다고…

형님도 자신이 평양에 가서 살아갈 자신이 없다는 걸 잘 알고 있는 듯했다. 하지만 가족들이 그곳에 남겨져 있었다. 달리 도리가 없었다. 가족들을 데리고 나오면 어떠냐고 조심스럽게 물었다. 그렇게 할 수만 있다면…

러시아 공민이 된 북조선 여성

그는 조국에 돌아가고 싶지 않다는 마음이 유독 자신만이 갖는 불경한(?) 행동이 아님을 강조했다. 러시아에 생활하는 북한노동자 중에 도망을 간 사람들이 많이 있다고 했다. 특히, 러시아 사람과 공식적으로 결혼을 하면 북한 당국도 어쩔 수 없다고 말을 한다.

"여기 루스키 여자하고 결혼하면 러시아 공민이 되어서 공민증이 나온다고. 조선사람 한테 잡혀도 러시아공민증 보여주면 찍소리도 못한다고. 결혼한 사람은 못 건드려요. ○○지역 조선식당에서 처녀 하나 뛰어서 루스키 남자랑 결혼했어. 단속해서 잡혔는데 '증명서 보라. 이 사람 내 색시야 왜 그래' 하니까 찍소리 못하지 뭐. 증명서가 다 있으니까. 루스키 이름으로 이름도 다 바꾸고. 외국인들이 러시아 공민이 되는 건 다 받아들이라 했단 말이야. 결혼만 하면 러시아 공민이 된다고."

한국으로 도망간 사람들

그의 고뇌와 번뇌는 보이지 않는 미래에 대한 막연함이었다. 러시아에 파견된 북한노동자들 중에 한국으로 탈북한 사람들도 있었다. 가족을 데리고 러시아에 나와서 살기도 어렵지만, 그렇다고 한국으로 갈수도 없었다. 한국에 가서 잘 살 수 있다는 보장이 없었다. 사상 교육을 받으면서 탈북민이 한국에서 겪은 비참한 삶을 전해 듣기도 했다. 자신이 경험해 보지 않은, 한 번도 가보지 않은 여러 갈래의 길 앞에서 어떠한 선택도 내리지 못했다. 그저 지금은 기한이 차면 북한으로 돌아가는 길 외에는…

5년 정도 있던 애들이 한국으로 뛰고 그러니까...한국에 간 사람들 편하지 못하지? 조선사람들 차별한다고 하던데... 한국에 갔다가 다시 돌아온 사람들도 있다고 그러던데. 북한에서 왔다고 차별하고 멸시하고 그래서 사람 살 곳이 아니라면서 기자회견하는 것 봤어. 한국은 아무래도 자본주의니까.

베트남 식당에서 우연히 마주친 형님

며칠 후, 형님을 거기에서 마주 칠거라고는 상상도 못했다. 블라디보스토크에서 북한노동자들이 자주 이용한다는 베트남식당이 있다는 말을 듣고 발품을 팔아 겨우 어디인지 알아냈다. 관광객이 아닌 현지인처럼 보이기 위해 옷도 바꿔 입고 모자 하나 쿡 눌러쓴 채 식당을 찾아갔다. 듣던 대로 북한노동자들이 주로 식사를 하고 있었다.

그런데 그곳에서 낯익은 얼굴을 만났다. 바로 형님이었다. 며칠 전 추석이라고 만나 식사를 하고 헤어진 지 이틀정도가 지난 때였다. 그는 일하다 공사자재 사러 온 김에 식당에 잠시 들렀다고 했다. 하지만 반가움의 표시는 거기까지였다. 주변사람들의 눈을 의식해 같은 테이블에도 앉지 못했다.

특히, 차량 한 대가 멈추고 조선 사람으로 보이는 사람이 내렸을 때 그의 경계는 더욱 날카로워졌다. 차에서 내린 그는 다름 아닌 직장장이라고 했다. 물론 리선생을 관할하는 직장장은 아니지만 블라디보스토크에서 저렇게 개인적으로 운전을 하며 차량을 갖고 다니는 사람은 직장장이거나 보위부 관리인이라는 말을 덧붙였다. 그리고 그는 혼잣말로 연신 그를 향해 욕을 내뱉었다.

... 세번째 만남 ...

　형님과의 세 번째 만남은 한 해가 저물어 가는 12월이었다. 지난 추석 때 만남 이후 3개월 정도 흐른 시간이었다. 그 즈음은 북한에서는 화성 15형이라 불리는 ICBM의 시험발사 성공을 축하하며 연일 축제 분위기를 이어갈 때였다. 조국에서 들려오는 미사일 시험 발사소식에 형님도 함께 기뻐하며 자랑스러워 했을까? 온 세상이 뒤집힐 것처럼 요란을 떠는 북한 당국의 선전과 달리 그는 "김정은 때문에 살기 힘들어"라는 한마디 말로 자신의 상황을 전했다.

　핵미사일을 개발하고 우주를 정복했다는 인공위성을 발사했다며 연일 세상이 시끄러웠지만 그에게는 북한으로 돌아가야 한다는 그 사실이 가장 괴롭고 힘들었다. 돌아가야 할 날이 다가올수록 그의 고민은 점점 커져만 갔다. 지난번 추석 만남 때 조심스럽게 건네듯, 이번에도 역시 형수님을 데리고 나오면 안돼냐고 다시한번 물었다. 그의 의사를 묻는 게 아니라 제발 그렇게 하자는 권유였을지도 모른다. 정히 안되면 형님이라도 먼저 한국으로 가고, 나중에 가족들을 데리고 오면 되지 않겠냐는 말도 건네고 싶었다. 하지만 차마 그 말 까지는 입 밖으로 내지 못했다. 오직 가족만을 위해 지난 7년을 타국에서 고생한 그였다.

　"어케 데리고 나오나. 데리고 나오면 나야 좋지. 근데 사람이 막아서니까 못 나오지."

　"형님. 이제 이렇게 들어가면 다시 볼 수 없다는 게 너무 기막혀요. 사람이 이렇게 만났다 헤어지는 게 어딨어요."

그의 여권에는 아직도 체류기한이 많이 남아 있었다. 하지만 북한 당국은 그들의 귀국을 종용했다. 특히 형님처럼 러시아에 나온 기간이 오래된 사람일수록 하루빨리 북한으로 돌려 보내라는 지시가 내려졌다고 했다. 북한 당국도 알고 있었을까? 해외 생활이 오래일수록 북한에 돌아가기 싫어한다는 사실을...

"조국에서 들어 오라하면 무조건 들어가야 해. 여기 오래 있던 아이들이 많이 뛰니까. 오래 놔두지 않으려고 하지. 난 벌써 나온지 7년이나 되었잖아."

그는 자기 회사에도 벌써 '달아난'(도망) 사람들이 많다고 했다. 모스크바 까지 갔다가 잡혀 온 경우도 있었다고 말한다. 문득 그렇게 도망을 가면 남은 가족들은 어떻게 될까 조심스럽게 물었다. "어린 자식까지 다 영향 받지..." 그는 아무 말이 없었다. 더 이상 가족에 대한 이야기를 물어볼 수 없었다.

특수한 장치가 달린 핫팩(?)

한동안 서로 아무 말도 할 수 없었다. 심각한 분위기를 바꾸어 보려 가방을 주섬주섬 열었다. 한국에서 가져온 물건을 전하고자 했다. 북한으로 돌아가기 전까지라도 따스한 겨울을 보냈으면 하는 마음에서 핫팩을 챙겨왔다.

"형님, 이게 핫팩이라는 건데, 뜯어서 흔들고 주머니에 넣으면 따뜻해요. 꼭 주머니에 넣어놔야 따뜻해져요. 핫팩 혹시 알아요?"

그는 핫팩이 무슨 물건인지 모른다고 했다. 두둑이 챙겨온 핫팩 중 하나를 뜯어 어떻게 사용하는지 보여주었다. 그런데 핫팩 사용법을 알려 주는 것도 분단의 사람들에게는 결코 일상적인 일은 아니었다. "꼭 주머니 속에 넣어 놔야 한다"는 말에 서로 눈길이 마주쳤다. 마치 도청기 같은 특수한 장치를 단 물건은 아닌지 하는 의심이었다. 속옷 위에 붙이는 핫팩 역시 그는 잘 이해되지 않는 듯 했다. 형님 입장에서 생각해 보면, 주머니에 꼭 넣어 두어야 한다거나, 반드시 속옷에 붙이고 다녀야 한다는 건 왠지 의심할 만한 것이었다.

"지난번에 시장에서 한국 사람들에게 이거 받았을 때 핫팩이 들어 있었던 것 같아. 근데 조국에 보냈어. 내가 안 써봐서 잘 몰라."

시장에서 우연히 마주했던 한국 사람들이 북한노동자에게 전한 선물보따리 안에는 핫팩도 들어 있었다. 화장품, 비상약, 휴지, 치약, 칫솔, 핫팩 등을 넣은 보따리를 그는 꼬박꼬박 가족들에게 보냈다. 한번도 그가 러시아에서 사용해 본 적은 없다고 한다.

"형님, 뭐든 집에만 보내지 말고 형님도 좀 쓰세요."

지난번 추석 때 건넸던 OO브랜드 오리털점퍼도 아직 입어보지 않았다고 했다. 한겨울 추운날씨에 입으라고 건넨 옷인데 그는 잘 포장해서 보관하고 있다고만 했다.

"나중에 조국에 가서 아들 줄려고, 안 입었지."

집으로 향하는 그의 뒷모습을 바라본다.

삼성 전화기나 한 대 해 달라요

형님과의 세 번 째 재회는 여러 날을 함께 할 수가 없었다. 필자의 러시아 체류 일정이 그리 길지 않았기 때문에 이틀 정도의 시간만 허락되었다. 단체로 블라디보스토크를 방문한 길에 필자 혼자 이틀정도 귀국 일정을 늦추었다. 잠시라도 형님을 보고 갈 생각이었다.

다음 달에 바로 다시 오겠다고 약속했다. 그리고 북한에 돌아가기 전에 필요한 물건은 무엇이든 가져오겠다고 말했다. 아들에게 줄 오리털점퍼는 새로 하나 갖다 줄테니, 지금 있는 옷은 꼭 형님이 입고 다니라고 했다. 그런데 한국으로 돌아가기 전날 저녁에 형님으로부터 한 통의 전화가 걸려왔다. 다음번에 올 때 부탁할게 있다고...

"솜옷 비싸지요? 솜옷 관두고 전화기나 하나 해 달라요. 강 선생 쓰는 것처럼 비싼 거 말고 눅은 걸로 하나 해 주라요. 삼성 전화기..."

형님이 말한 솜옷은 한국의 OO브랜드 오리털점퍼를 말한다. 한겨울에도 따뜻하게 입을 수 있다는 기능성을 강조하고자, 옷이 가볍고 얇아도 가격이 비싸다 라는 말을 몇 번이고 강조했다. 좋은 옷이니 입으라고 한 말인데 가격이 비싸다고 말한 게 부담이 되었던 것 같다.

그러면서 비싼 솜옷 대신 전화기를 한 대 가져다 달라고 했다. 그것도 삼성 전화기를 원했다. 무엇보다 한국산 브랜드가 선명하게 새겨진 삼성전화기를 북한에 가져갈 수 있을지 걱정이 되었다. 형님은 "다 가져가는 방법이 있다"며 전혀 문제가 안된다고 했다.

사실 솜옷보다 전화기 가격이 더 비싸다. 러시아에서도 유명할 만큼 삼성전화기가 인기라, 그는 한국에서 사면 훨씬 가격이 싸다고 생각했던 것 같다. 지난번 만남 때 얼핏 핸드폰을 파는 상점에서 삼성 핸드폰 중고폰을 구경했다는 형님의 말을 들은 적이 있었다. 선물로 주겠다는 옷도 받고, 삼성전화기도 하나 해 달라고 말할 수 있었는데도, 비싼 옷은 관두고 전화기를 가져다 달라는 형님의 마음이 애잔하게 전해왔다.

　다음 달에 올 때 꼭 갖고 오겠다 약속했다. 그때까지 앓지(아프지 말고)말고 건강하라는 말과 함께… 수화기 너머로 "새해 복 많이 받으라"는 형님의 인사말이 건네왔다.

· · · · 네번째 만남 · · · ·

숙소에 짐을 두고 곧바로 나와 형님에게 전화를 걸었다. 다행히 그는 블라디보스토크 시내와 멀지 않은 곳에서 혼자 일을 하고 있었다. 집주소를 문자로 받자마자 택시를 타고 곧장 그곳으로 향했다. 지난 12월에 이어 한 달 만에 만남이지만 한 해가 바뀌었고, 무엇보다 4월이면 북한으로 돌아가야 한다는 그였기에 허락된 만남의 시간이 점점 줄고 있었다.

밥은 여기서 해 먹지

화장실과 거실을 리모델링하는 아파트 작업장에서 그를 만났다. 방안에 들어서자마자 눈에 띈 건 한쪽 바닥에 깔아놓은 스티로폼이었다. 하루 일을 마친 그가 고단한 몸을 누이는 잠자리였다. 그는 따뜻한 온기가 나오는 스팀을 가리키며, 한국도 이런 난방시스템을 하냐며 궁금해 했다. 한국은 온풍기가 아닌 바닥에 보일러를 놓는다고 말해주었다. 스티로폼 하나 깔고 잠을 청하는 그의 모습이 눈에 선했다. 바닥에 따스한 온기 가득한 그런 집을 보여주고 싶었다.

한국에서 올 때 가져온 겨울 모자를 전해주었다. 러시아 북한노동자들에게 전해 주면 좋겠다며 한국에서 어느 단체가 후원을 해 준 물품이었다. 그들을 위해 제품에 부착하는 한국어로 된 상품라벨을 모두 제거했다. 수 십 장의 겨울모자를 받아들고, 형님은 다른 사람들에게도 좀 전해 주겠다고 했다.

라디오로 듣는 한국 소식

스티로폼 침대(?) 옆에 형님의 가재도구가 널려 있었다. 그 중에 눈에 띈 건 라디오였다. 원래 용도는 MP3플레이어인데 라디오 기능도 있는 제품이었다. 한국 라디오가 수신되는지 궁금했다. 그는 주파수만 잘 맞추면 한국 라디오가 잘 나온다고 했다.

"라디오 무슨 채널이 나와요? 여기까지 한국 라디오 나오는 게 신기하네요."

스마트폰으로 한국 드라마를 시청

한국 라디오가 러시아에서 수신된다니 그저 신기했다. 더욱이 그 라디오를 듣는 사람이 북한노동자라는 사실이 더욱 흥미로웠다. 그는 라디오 주파수를 이리 저리 돌려가며 직접 시연해 주었다. 하지만 한국 라디오를 직접 들을 수는 없었다. 아마 낮 시간대라 그런 것 같다며, 한국 라디오가 잘 잡히는 시간대가 있다고 했다. 대체 어떤 방송을 들을까 싶어 몇 분을 그렇게 채널을 맞추어 보았지만 잘 나오지 않아 그만두었다.

러시아에서 남북한 사람들이 한국 주파수 라디오를 맞추며 머리를 맞대고 있는 장면이 상상이 되는지… 한국 라디오뿐만 아니라 일본은 물론 북한방송도 잡힌다고 했다.

제재해제 될 때까지는 못 나와요

형님은 직접 밥을 해먹을 수 있는 간단한 용품들을 챙겨 다녔다. 그 중에 한국산 고추장과 일회용 커피도 있었다. 한국산 상품에 대해 이야기 하다, 자연스럽게 형님의 귀국 날짜에 대해 초점이 옮겨졌다.

> 4월에 들어갈 것 같아요. 비자는 0월까지 되어 있어서 상관없는데 더 이상 연장을 안 해 준대. 조국에서 자꾸 0000년에 나온 것들 다 들여보내라고 해서. 다른 사람들도 26일에 다 데리고 나가게 되어 있는데 직장장이 안 보내려고 해. 한 50명 정도 되요. 제재 때문에 그래.

형님은 자신이 속한 회사 사장이나 직장장도 노동자들을 본국으로 안 보내기 위해 힘을 쓰지만, 아무래도 상황이 어려울 것 같다며 자포자기 한 모습이었다. 러시아에 나온 지 오래된 노동자들이 한 두 명씩 자꾸 직장을 이탈하면서 무조건 들여보내라는 지시가 떨어졌다고 한다. 그러면서 본국에 들어가더라도 대북제재만 끝나면 얼마든지 다시 나올 수 있다고 말한다.

신년사가 좀 별나터라구

형님이 들어간다고 한 날짜가 4월이니깐 3개월 정도 시간이 더 남았다. 그리고 직장장에게 뇌물을 주고 기한을 연장해 달라는 부탁을 해 놓은 상태라 그저 기다려 보는 수밖에 없다고 했다. 남북관계가 좋아지고 대북제재가 해결되면 자신이 체류할 수 있는 기한도 연장될 수 있다는 희망이었다. 앞으로 어떻게 될지 장담할 수 없지만 이번 신년사를 보면 무언가 변화될 게 틀림없다는 말을 덧붙였다.

> 이번 신년사가 좀 별나터라구. 국제관계는 간단히 하는데 이번에는 남조선 관계에 대해 신년사 절반을 차지하잖아. 이상하다 생각했지. 근데 경계선에서 제까닥 회담 하자고 그러잖아. 다 길 막히고 그러니까, 방법이 없잖아. 남조선에서 대통령 바뀌고 회담 하자해도 우리가 안하겠다고 자빠졌잖아. 핵실험 할 때니까 완성할 때까지는 일체 회담 안한다. 근데 이제 다 완성 되었으니까 남북관계 개선하려고 그러는 거지. 완성하기 전에 회담하면 핵실험 하지 말라 이런 거 들이댈게 뻔하니까.

형님의 말은 단호했다. 한마디로 북한이 '핵을 다 만들었으니, 이제 회담에 나오려고 한다'는 뜻이었다. 북한이 정말 핵을 완성했는지, 또 주민들은 그렇게 믿는지 궁금했다.

그럼 완성했지 뭐 이제. 이제는 당당하게 회담하자는 거지. 미군철수 시
키고… 왜 한국은 미국하고 자꾸 붙어서 그러나. 이번 평창에 선수단, 예
술단 많이 가고 그러지만 당장 통일 안 돼. 절대로. 한국이 미국하고 관
계만 끊으면 통일 제까닥 되요. 그러나 한국은 미국하고 군사협정 체결
하고 미국말 듣고 움직이기 때문에 통일 절대로 될 수가 없다고… 북한
도 군사가 쌔기 때문에 한국하고 우리만 합치면 무서울 게 없다고…

그는 북한이 핵무기를 완성했다고 자부했다. 미국의 눈치 그만보고 한국이 북한과 손잡으면 무서울 게 없다고도 했다. 하지만 필자는 "김정은을 두고 통일할 수 있겠어요? 백성을 그렇게 괴롭히는데…"라며 그에게 반문했다. 한국이 미국과 손잡아서 통일이 안되는 게 아니라, 김정은의 독재정권이 통일을 가로막고 있음을 확인시켜 주고 싶었다. 형님과 처음으로 정치와 관련한 깊은 이야기를 나누는 시간이었다. 그가 어떤 반응을 보일지 다소 조심스러웠지만, 그 역시 러시아에서 생활하며 북한정권의 실상을 어느 정도는 알지 않을까 생각했다.

한 달 생활비 10루블 정도 받고 어떻게 생활을 하나 북한에서. 요새 일
안 해요 북한에서는. 내가 나올 때보다 살기가 더 어려워졌어.

형님은 2010년 초반에 러시아에 나와 지금까지 한번도 북한에 다녀온 적이 없다고 했다. 2년에 한번 정도 40일간 휴가를 주지만, 자신은 오가는 경비가 아까워 휴가조차 안갔다고 했다. 거의 10년이나 되는 시간을 편지와 사진으로 가족들의 얼굴을 봤다. 휴가를 다녀오는 북한노동자들의 이야기를 들어보면 자신이 러시아에 나올 때인 수 년 전보다 오히려 북한 경제 사정이 더 안좋다고 말을 한다. 그동안 러시아에서 힘들게 번 돈을 갖고 들어가서 장사라도 하며 여

유롭게 살고 싶다는 그였다.

그의 이야기를 들으며 한가지 궁금증이 생겼다. 수 년동안 번 돈을 북한에 송금도 하고, 또 자신이 보관해 둔 돈도 있다고 했다. 달러로 바꾸어 잘 간직하고 있다고 한다. 그 돈은 뺏기지 않을까 염려되었지만 그럴 일은 없다고 했다.

한국 영화, 드라마가 담긴 USB를 건네다

형님의 핸드폰을 건네받은 건 한국에서 가져간 유에스비(USB)를 직접 시연해 보기 위해서였다. 형님 외에 또 다른 북한노동자가 필자에게 부탁한 물건은 다름아닌 USB였다. 물론 USB를 러시아에서도 구입할 수 있지만, 그가 요청한 건 스마트폰에도 꽂아 사용할 수 있는 양면 단자 USB였다. 물론 한국산 영화와 드라마 파일을 넣어서 달라는 건 굳이 말 하지 않아도 당연한 요구였다.

대용량 USB에 한국 영화와 드라마 그리고 뮤직비디오 파일까지 잔뜩 담아서 가져갔다. 그냥 전해주면 잘 활용하지 못할 것 같아 그 자리에서 어플을 켜고 파일 하나를 플레이 했다. 한국 걸그룹 '티아라'의 뮤직 비디오가 흘러나왔다. 뮤직비디오 외에 영화와 드라마를 넣은 폴더별로 상세히 알려주었다. 그의 스마트폰에서 재생이 안되는 파일도 있었다. USB에 담긴 여러 개의 파일 중 무작위로 플레이를 해보았다. 걸그룹 '트와이스'의 노래 '라이크잇'을 들으며 형님의 한마디는 "완전 날라리풍이네"였다. 그러면서도 한동안 핸드폰에서 눈을 떼지 못했다. 서로 아무 말도 하지 않고 둘이서 그저 핸드폰만 바라봤다. 한 편의 뮤직비디오가 끝난 후 침묵을 깬 건 형님이었다.

이런 것도 있나? 양면으로 꼽는 게 신기하네. 내가 갖고 있던 게 16기 가짜리인데 어디 있는지 찾지를 못하겠어. 컴퓨터로 잡았지. 전화기 파는 곳에 가면 한국 드라마 잡아준다고. 그거 찾아서 가야 되는데... 괜히 세관통과 하다가 나오면, 기계 검사하니까 곤란하다고...

형님이 이전에 갖고 있던 건 16기가 USB인데 지금 어디에 뒀는지 기억이 나지 않는다고 했다. 그게 입국 심사 때 걸리면 낭패를 볼 수 있다고 말한다.

"그럼 형님 이 USB도 못 갖고 들어가겠네요?"
"OOO에 둘둘 말아서 싸면 기계 검색할 때 안 나타나. 일 없어"

세관 검색대에서 짐 검사를 할 때 USB를 갖고 들어가는 그들만의 방법이 있는 듯했다. 그가 러시아에 있으면서 한국 드라마나 영화를 많이 봤는지 궁금했다.

"형님. 한국 드라마 많이 봤어요?"라는 질문에 그는 그저 고개만 끄덕였다. 마음을 완전히 연 것 같지만 결정적인 순간에는 여전히 굳게 마음의 문을 닫고 경계했다. 행여나 문제가 될 수 있는 질문에는 애써 답하지 않고 피하는 눈치였다.

"루스키 가게 가서 돈 주면 한국영화 잡아줘(USB에 담아 준다는 뜻)"

그가 가장 재미있게 본 한국드라마는 '시티헌터'라고 했다. 드라마를 통해 본 한국은 그에게 어떤 모습이었을까?

오늘은 내가 밥 살게

물건들을 정리하면서 형님은 "오늘은 꼭 밥 한 끼 사겠다"며 식당에 가자고 했다. 사람들 눈에 둘이 함께 있는 모습이 자꾸 띄면 좋지 않을 것 같아 한사코 거절했다. 그러자 자신이 그럼 직접 음식을 해 주겠다며 슈퍼마켓에 다녀오겠다며 주섬주섬 옷을 챙겼다. 작업복을 입고 나가면 금세 표시가 난다며 옷을 갈아입어야 한다며... 작업실 한 켠에 꼭꼭 숨겨 놓았는지, 몇 개의 박스를 걷어내고서야 구두와 옷을 찾을수 있었다.

"옷을 왜 숨겨놓으셨어요?"
"아니. 숨겨 놓은 게 아니라 작업하면서 먼지가 너무 많으니까 한쪽에다 가 치워둔 거지."

반짝반짝 윤이 나는 검은 구두에 깨끗하게 다려진 바지가 인상적이었다. 이왕 옷을 갈아입는 거 그냥 식당에 나가자며 함께 나왔다. 문을 나서기 전에 그는 주머니에서 핸드폰 한 개를 꺼내 선반위에 올려두었다. 스마트폰이었다. 토요일에 단체숙소에 들어갈 때나 이렇게 외출할 때에는 가급적 스마트폰은 작업장에 두고 다닌다고 했다. 일반 핸드폰이 아닌 스마트폰은 사용이 금지되어 있어서 괜히 갖고 있다 걸리기라도 하면 "시끄러운 상황이 된다"고 한다. 언제나처럼 형님과 한 걸음 정도 차이를 두고 뒤따라갔다. 우리는 그곳에서 나란히 걸을 수 없는 분단의 사람들이었다.

한국에서 일하면 얼마 받나

그가 향한 곳은 러시아 식당이었다. 겉으로 보기에는 허름해 보여도, 가수가 직접 나와 생음악을 연주하는 곳이었다. 마음이 울적하거나 힘들 때 혼자 가끔 들러 맥주 한 병 먹고 가는 곳이라 했다. 오늘은 특별히 본인이 사겠다며 메뉴판을 펼쳐 보였다. 러시아 음식을 잘 몰라 술안주에 좋은 고기 종류를 하나 주문했다.

형님은 한국에 대해 궁금한 게 많았다. 그날도 필자에게 질문한 건 "한국에서 일하면 얼마나 벌 수 있느냐"였다. 형님처럼 배관, 도배, 타일 등 전문적인 일을 할 수 있다면 최소한 3백 만원 정도는 벌 수 있을 거라 말했다. 전문 건설 일을 하면 하루에 200달러 정도는 받을 수 있다는 말에 전혀 믿으려 하지 않는 눈치였다. 그도 그럴 것이 그가 한 달에 바쳐야 하는 돈이 1,000달러인데 죽을 만큼 일해야 겨우 채울 수 있는 금액이다. 그런데 하루 일당이 300달러 정도된다니 그게 정말이냐며 재차 확인했다.

그러면서 자연스럽게 근로시간에 대한 이야기도 건넸다. 한국에는 근로기준법이 있어서 법적으로 정해진 근로시간이 있다고... 만약 형님처럼 저녁 늦게까지 일하면 별도의 수당을 지급해야 한다는 말을 전했다. 최소한 인권이 보장되는 인간의 기본적인 권리를 말해 주고 싶었다.

외국에 나와야 생각이 바뀌지...

자유와 인권에 대한 이야기를 나누면서 그가 북한에 있을 때와 해외에 나왔을 때 의식이 바뀌었는지 궁금했다. 더욱이 한국 드라마와 영화를 접한 그였다. 만약 북한에 있는 사람들도 한국 영화나 드라마를 보면 생각이 바뀔지 질문했다.

지금 많이 돌아. 한국 드라마 같은 거. 거기서 한국드라마 봐야 재미로 보지. 그래도 외국에 나와 봐야 생각이 좀 바뀌지. 자유가 있는 거 직접 봐야 알지. 조국에서는 잘 모른다고. 외국에 나가기 전에는 잘 몰라. 생활해 보고 일하면 일할수록 돈을 벌 수 있다는 거, 자유가 있다는 걸 알지.

조국에 가면 어케 살아야 하는지

무슨 가사인지 알아 들을 수 없지만 식당에서 가수가 라이브로 부르는 노래는 참으로 구슬픈 곡조였다. 러시아 노래가 한참이나 흘러나오고 독한 보드카가 몇 잔 돌면서 형님의 표정이 점점 굳어갔다. 노래 소리 때문에 잘 들리지 않아 대화를 못한 게 아니라, 형님의 무겁고 어둔 표정 때문에 쉽게 말을 건네기가 망설여졌다.

"형님, 무슨 생각하세요?"
"그냥 가족하고 살게 만 해 줘도 얼마나 좋아... 조국에 가면 어케 살아야 하는지."

그는 연신 한숨을 쉬며 아무 말이 없었다. 그저 멍하니 천정만 올려다보는 그의 눈에 시름만 가득했다. 이제 북한으로 돌아가면 어떻게 살아야 하는지 막막한 자신의 삶을 들여다보고 있었다.

····· 다섯번째 만남 ·····

다섯번째 만남: 형님과의 마지막 만남

그날은 형님과 마지막 이별을 고하는 시간이었다. 이제 더 이상 만날 수 없다는 말에 무조건 형님이 일하는 곳에 가서 만나기로 했다. 알려준 주소로 찾아가는 길은 낯설고 두려웠다. 그날따라 알려준 주소는 시내에서 한참이나 벗어난 외곽지역이었다. 한 번도 외곽지역에서 만난 적이 없기에 과연 이 주소가 맞는지, 정말 그가 거기에서 일하는 것인지 의심이 들 정도였다.

시내를 한참이나 벗어나 구불구불 비포장 산길을 지나서 공사 중인 아파트 현장에 이르렀다. 필자가 택시에서 먼저 본 사람은 또 다른 북한노동자들이었다. 아마도 일을 마치고 돌아가는 듯 보였다. 한 번도 본 적이 없는 그들이었지만, 단지 거기에 그들이 있다는 것으로 오히려 안심이 되었다.

핸드폰 문자에서 비롯된 오해

항상 혼자 일을 하던 형님은 그날따라 다른 사람이 함께 일을 하고 있다며 밖에 나가서 이야기를 나누자고 했다. 다른 사람이 같이 일하는 현장에 까지 오라고 한 건, 그만큼 이제 만날 수 있는 날이 많지 않다는 걸 의미했다. 아파트 복도에 나와 마지막 만남을 이어갔다.

보자마자 형님이 내민 건 자신의 핸드폰이었다. 분명히 필자에게 문자를 보냈는데, 아무런 답이 없다가 며칠이 지나서야 이상한 내용의 문자를 받았다는 것이다. 그러면서 왜 그런 문자를 보냈느냐며 핀잔을 주었다. 하지만 필자는 문자를 받은 적도 보낸 적도 없었다.

사연은 이랬다. 형님은 갑자기 출국 날짜가 잡혀 필자가 사용하는 러시아 핸드폰으로 문자를 보냈다고 한다. 그런데 3일이 지나서야 누군가로부터 답신이 왔는데, 상황에 맞지 않는 이상한 내용이었다.

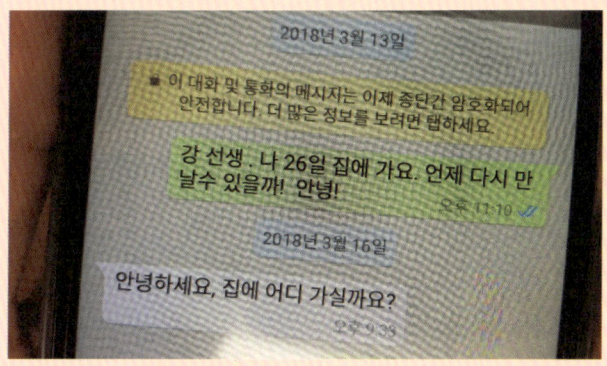

리선생: 강선생. 나 26일 집에 가요. 언제 다시 만날 수 있을까! 안녕!
*** : 안녕하세요. 집에 어디 가실까요?
...

필자가 보낸 게 아니라고 생각했지만 그래도 혹시나 필자가 이렇게 보낸 줄 알고 오해를 했던 것 같다. 당연히 필자가 보낸 문자가 아니라고 설명을 하고나서야 오해 아닌 오해는 풀렸다.

번호에 등록된 사진을 보니까 남자 여자가 해수욕장에서 둘이 끼고 있는 사진이더라구. 그래서 강선생 곱게 생겨서 러시아 여자랑 같이 있구나 이렇게 생각했지. 근데 문자 내용을 보니까 기분 나쁘더라고. 막 반말로 별나게 말 하니까…

사장 목 달아난다고 뇌물도 안 통해

직장장에게 뇌물을 주고 체류기한 연장을 부탁 했는데 일이 잘 안 풀린 모양이었다. 본국에서 워낙 강하게 지시가 떨어져, 직장장이나 사장 선에서 도저히 해결할 수 없다 했다. 러시아 파견 북한노동자들의 본국 송환을 앞두고 회사를 이탈하는 사람들이 점점 늘고 있음을 말해준다. 형님 역시 예외는 아니어서 갑작스럽게 출국날짜가 확정되어 버렸다고 한다. 북한으로 돌아갈 날이 며칠 남지 않았기 때문에 자신이 진행하는 작업을 모두 마무리 하고 잔금을 받기 위해, 회사에서 특별히 한 사람을 보조인원으로 붙여주었다고 한다.

별 수 있나. 조국에서 빨리 들여보내라 하는데. 아니면 사장 목 딴다고 그러는데. 아이들이 계속 뛰니까(도망가니까). 한국으로 많이 뛰니까. 얼마 전에도 또 달아났다고. 오래 있으면 변절한다는 거지. 이제 조국 들어가야 한다고 그니까 다 뛴다고. 아는 사람 통해서 다 가지 뭐. 한국으로 안가면 다른 러시아 지역에 있던지.

러시아에 나온 지 오래된 사람들 중에 이탈자가 많이 생기다 보니, 무조건 북한으로 돌아가야만 하는 상황이었다. 어떤 방법도 통하지 않았다. 그는 지금까지 보던 모습과 달리 마음에 품은 불만과 적개심을 그대로 드러냈다.

비자 만기 날까지 만이라도 있게 해주면 되는데, 개 같은 새끼들 그거 남겨 놓고 왜 그렇게 빨리 들여보내라고 수작질인지 몰라. 직장장에게 돈 좀 줬다고. 돈 줘도 안 돼. 직장장이 처리 못하니까 다시 돈 돌려주더라고. 15,000루블 정도 줬어. 3일 정도 연장 해 주더라고. 그리고 돌려주더라구. 자기도 못해 주니까. 사장이 지금 돈 받아도 안 돼. 그런 작은 돈 받고 목 달아날 상황이라고. 그리고 나 혼자가 아니니까. 봐줄 수도 없지. 오전 11시에 비행기 뜰거야. 조국에서 아침 8시인가 출발한다고.

그걸 눈에는 왜 바르나?

이번이 마지막 만남이 될 지는 생각도 못했다. 한국에서 올 때 선물로 화장품을 갖고 왔다. 형수님께 전해 줄 여성용 화장품이었다. 만약 이번이 마지막 만남인 줄 알았다면 형님께 드릴 선물도 무엇이든 챙겨 왔으리라.

"형님 이거 형수님 드릴 화장품이에요. 한국말 쓰여 있어도 괜찮아요?"
"일없어. 이거 뭐라고 쓰여 있는 거나?"

"여기 사용설명서가 다 들어 있어요."
"몰래 갖고 들어가야지. 근데 향수는 없지요?"

"네. 향수는 없고 미백, 주름 펴지는 기능성 화장품이에요. 이건 마스크팩, 이건 입술에 바르는 거, 이건 눈에 바르는 거."
"눈에는 왜 바르나?"

사용 설명서와 상품표기가 한국말로 쓰여 있지만 별 문제는 없다고 했다. 몰래 가져가거나 한글을 다 지우고 가면 된다고 한다. 화장품세트라 지난번처럼 어디에 바르는 건지 일일이 설명해 주었다. 아이크림을 설명하는 게 제일 어려웠다. 눈 옆에 왜 화장품을 바르는지 이해할 수 없다는 그였다.

명품 티셔츠와 공사대금

문득 형님이 지금 입은 옷 상표에 눈길이 갔다. 그 상표는 다름 아닌 '버버0' 브랜드였다. 지난번에 작업복이 필요하다고 해서, 후원 받은 옷을 보따리 채 건넸는데 그 안에 들어 있었던 모양이다.

"형님 혹시 이 상표 알아요? 지금 입고 있는 옷이요. 이거 굉장히 비싼 건데…"
"난 모르지 그런거."
"이 티셔츠 한 벌에 300달러 정도 해요."
"지금 미장 공사 하는데 이거 작업 하면 300달러 받으려나…"

마지막 만남 그리고 이별

바로 그날이 형님과의 마지막 만남이 되리라고는 생각지 못했다. 분명히 지난번 만남 때 오는 5월까지는 어떻게든 남아 있을 거라 했다. 하지만 무조건 북한으로 들어가야 한다는 것이다.

비록 몇 개월간의 짧은 만남이었지만 영화 속 한 장면처럼 우리는 아직 헤

어질 준비가 되어 있지 않았다. 몇 번의 만남이 무어 그리 애절하냐 할 수도 있겠지만, 낯선 땅에서 함께 나눈 남북한 출신의 사람들은 그렇게 헤어져서는 안 되는 일이었다.

그동안 "통일되면 다시 만나자요"라며 헤어진 분단의 사람들이 너무도 많았다. 그 수많은 사람들 중에 또 한 사람으로 형님을 남겨놓고 싶지 않았다.

아주 조심스럽게 운을 뗐다.

"형님. 이제 들어가면 어떻게 살 거예요?"

그는 아무 말이 없었다. 그토록 힘든 해외파견 노동자 생활이었지만 그래도 북한에서 조직 생활을 하며 사는 것보다는 좋았다. 자신도 너무나 가고 싶지 않다고 했다. 하지만 결국 평양에 남아 있는 가족이 문제였다. 가족들만 아니라면…

"형님, 이렇게 헤어지고 싶지 않은데, 형님 먼저 한국에 가서 나중에 가족들 데리고 오면 안되요?"

몇 번을 망설이다 용기를 내어 조심스럽게 건넨 말이었다. 화를 낼 줄 알았던 그의 반응은 의외였다.

"나도 그럴 수만 있다면 그렇게 하고 싶지…"

한국에 입국 한다 해도 평양에 있는 가족들을 데리고 올 수 있는 건 확실치 않다. 10년이나 떨어져 지낸 가족보다 형님 자신을 먼저 챙겨야 하지 않겠느냐며 진정으로 건넨 말이었다. 하지만 어떤 선택도 그에게 행복하지 않음은 당연해 보였다. 홀로 남한에 간들, 또 가족을 위해 북한으로 간들, 그 어떤 선택도 그에게는 굴레가 되는 듯 했다.

그렇게 한 시간 정도 복도에 서서 이야기를 나누는 동안 연거푸 줄담배를 피우며 허공을 바라보는 그였다. 그날따라 유난히도 깊은 시름이 그의 얼굴을 감쌌다. 그냥 그렇게 보낼 수는 없을 것 같았다. 형님은 북한에 들어갔다가 다시 나올 수 있다면 제일 먼저 신청해서 나오겠다고 했다. 다시 나온다 해도 어떻게 서로 연락을 할 수 있을까?

그 때 문득 러시아에 거주하는 한국 선교사님이 떠올랐다. 그 자리에서 전화를 걸어, 사정을 설명하고 전화번호를 알려주었다. 러시아에서 본국으로 들어갈 때 대부분 자신이 사용하던 러시아 핸드폰은 다른 동료에게 팔고 간다고 했다. 그 번호에 연결된 거래처가 많기 때문에, 먼저 입국하는 사람들은 그 전화번호를 남은 동료들에게 돈을 주고 파는 것이다. 보통 2-3만 루블은 받을 수 있는데 급하게 팔고 가는 사람들은 15,000루블 정도에 거래된다고 했다. 그 역시 이 번호를 다른 사람에게 팔고 가기 때문에 다음달 부터는 절대 그 번호로 전화해서는 안된다고 신신당부 했다. 만약 그가 대북제재가 풀려서 다시 러시아에 나온다면 어떤 방법으로든 서로 연락할 수 있도록 연결고리가 필요했다. 그 자리에서 현지 선교사님께 전화를 걸어 사정을 설명했다. 그리고 선교사님의 전화번호를 그에게 알려주었다. 다음번에 나오면 꼭 이 번호로 전화하라고 말이다. 그렇게 형님과 마지막 작별을 고했다.

그는 엘리베이터를 타고 1층까지 내려와서 배웅해 주었다. 마지막 헤어지는 순간까지도 혹시 다른 사람들이 보면 어쩌나 하는 염려가 앞섰다. "일없다" 며 보이지 않을 때까지 손을 흔들어 주던 형님의 모습을 잊을 수 가 없다.

"나오자마자 꼭 전화할게."

그렇게 눈물로 헤어짐을 고했다. 언제쯤 그는 다시 러시아에 올 수 있을까? 아니 그 전에라도 남이든 북이든 어디서나 만날 수 있는 기회는 또 없을까?

아직까지도 그로부터 걸려온 전화는 없다.

염선생

2. 홀로 집 한 채를 짓던 50대의 가장

OO시내에서 한참이나 떨어진 곳에 그가 일하는 작업현장이 있었다. 별장으로 사용하기 위한 이층집 공사였다. 아들이 자신의 별장 옆에 아버지가 사용할 별장 겸 집 한 채를 마련해 준다며 맡긴 일이었다.

집을 짓는 곳에 북한노동자가 일한다는 말을 듣고 공사현장을 찾았을 때, 그곳에는 단 한 사람만이 일을 하고 있었다. 염선생 홀로 그 집을 지어가던 중이었다.

허름한 창고 바닥에 온기가 돌다

　목수일을 하는 그에게 나무에 못질을 하고, 콘크리트를 채워 집을 지어가는 과정은 그리 어려운 일은 아니었다. 하지만 누가 보더라도 집 한 채를 단 한 사람이 짓고 있다는 게 잘 이해되지 않았다. 두꺼운 목재 두 개를 엮어 임시로 다리를 만들고 이층까지 오르내렸다. 한손에 자재를 들고 오르는 걸음은 한 눈에 봐도 위험해 보였다.
　다른 사람을 고용할 수도 있지만 그러면 자신의 이익을 나누기 때문에 힘들어도 혼자 일을 한다고 했다. 어차피 기한과 공사금액을 정하고 집주인과 계약한 거라 몇 명이 일하던 그건 순전히 염선생의 선택이었다. 밤낮없이 공사일을 하며 집을 짓는 그의 생활은 어떤지 궁금해졌다.

　잠은 어디서 자냐는 질문에 그는 대답이 없었다. 그가 일하는 작업장 옆에 허름한 창고가 하나 눈에 들어왔다. 창문으로 안을 들여다보고 화들짝 놀랐다. 분명 창고인데 널린 빨래며 스티로폼이 깔린 바닥 등 사람이 생활하는 흔적이 보였기 때문이다. 그곳이 바로 그가 생활하는 숙소였다. 근처를 잠시 둘러본다며 몰래 그 창고 안으로 들어가 보았다.

　그곳은 다름 아닌 그의 숙소이자 식당이었다. 잠자리를 위해 깔아놓은 스티로폼 자리 옆으로 가재도구가 눈에 띄었다. 조그만 전기밥솥에 혼자 먹을 양의 쌀을 안치며 그는 어떤 생각을 했을까?

언 손 녹여가며 두드리는 망치질

염선생을 두 번째로 만난 건 시베리아 벌판의 매서운 칼바람이 뼛속을 에인다는 한겨울을 지날 때였다. 지난 가을에 왔을 때, 과연 그의 숙소가 겨울바람을 어떻게 막아낼지 내내 걱정스러웠다. 눈 쌓인 길을 조심조심 달려 겨우 공사현장에 이르렀다. 눈길에 미끄러지는 걸 반복하며 힘들게 온 길이다. 그만큼 그는 외딴곳에서 홀로 일하고 있었다.

두어 달 밖에 지나지 않았지만 멀리서 봐도 공사가 많이 진척되었음을 알 수 있었다. 2층 목조건물에 지붕이 만들어지고 제법 집의 모양을 갖추었다. 바깥에 잠시 서 있기도 힘들 만큼 매서운 추위에 그는 아침부터 해 질 때까지 집 짓는 일을 이어갔다. 그것도 누군가와 같이 일하지 않고 오직 혼자 그 일을 해내고 있었다.

혼자 할 수 없는 일, 예를 들면 무거운 나무판자를 들고 한쪽에서는 못을 박아야 하는 일은 다른 북한노동자를 고용했다. 하지만 이마저도 여의치 않은 건 일이 너무 힘들어 대부분 오래 일을 못하고 그만둔다고 했다.

"하루에 1,500루블 줬는데 일하다말고는 그냥 갔어. 겨울이라 일할 곳도 없는데 너무 위험하니까 못하겠다고 그래. 꼭대기도 못 올라가는 사람이야. 안전장비도 없고 하니까..."

그가 작은 드럼통에 지펴놓은 장작불 앞에 서서 지난 가을 이후 어떤 일들이 있었는지 이야기를 나누었다. 하지만 10여분 정도 지났을 때 더 이상 그곳에 서있을 수 없었다. 윙-윙 소리를 내며 불어오는 한겨울 바람은 말 그대로 너무나 혹독했다. 이 추위를 온몸으로 막아내며 집을 짓는 그의 모습을 떠올렸다. 아무런 말도 할 수 없었다.

손이 얼어서 망치질을 하지 못하면 지펴놓은 장작불에 언 손을 녹여가며 일을 이어간다 했다. 장작 타는 소리가 났지만 열기는 돌지 않았다. 추위에 언 손가락 하나 겨우 녹여내는 정도랄까. 잠시 서 있었지만 손가락이 떨어져 나갈 것처럼 아렸다.

하루 종일 죽으로 끼니를 때우는 사람

처음 만났을 때 그가 틀니로 고생한다는 말을 들었다. 왜 병원에 가지 않느냐는 말에 그는 고개를 떨구었다. 다름 아닌 치료비 때문이었다. 러시아에 나올 때 틀니를 하고 왔는데 치과에 가고 싶어도 1,000달러 이상이나 하는 치료비가 너무 부담된다고 했다.

> "인차 조국에 돌아가면 20달러면 할 수 있는데 여기는 너무 비싸. 이빨 하나 하는데 1,000달러나 하니까, 100달러도 아니고 1,000달러를 달라고 하니 어떻게 해."

그동안 그가 틀니 없이 먹을 수 있는 거라곤 밥을 죽처럼 쑤어 부드럽게 해서 먹는 방법 밖에는 없었다. 힘든 노동의 하루를 견뎌낼 만큼 그는 충분한 영양섭취를 하지 못했다. 그저 허기진 배를 달랠 정도로 죽을 먹는 게 고작이었다. 근근이 견뎌가는 수준이랄까...

공사현장 한쪽에서 숙식을 해결한다

그를 위해 한국에서 틀니를 맞추어 갈까도 생각했다. 그런데 틀니는 본인이 직접 치과에 가야 한다고 했다. 현지에 계신 분이 치료비로 몇 번이나 도움을 드렸는데도 그 돈마저 아까워 꼬깃꼬깃 챙겨만 놓았다고 했다.

나도 이제는 집에 가고 싶어...

지난번 첫 만남 때, 그는 겨울이 오기 전에 지금의 공사를 끝내야 한다고 했었다. 하지만 일의 진척이 늦어져 여전히 집을 완성하지 못했다. 겨울이 지나고 새봄이 오면 그도 북한으로 돌아가야 한다. 지시가 내려와 무조건 철수해야 하는 상황인데, 그도 이제는 그만 "집에 가고 싶다"고 했다.

"나도 이제는 집에 가고 싶어..."

"집에 가고 싶다"는 그 한마디가 그렇게도 절절히 가슴을 울릴 줄은 몰랐다. 오십 대 가장의 슬픈 어깨를 그저 묵묵히 바라만 봤다. 얼마나 고되고 힘든 노동이었으면 "이제는"이라 했을까? 얼마나 가족이 그리웠으면 "집에 가고 싶다"는 말을 할까? 그의 애잔한 고통이 여기서 그만 끝났으면 좋겠다는 생각이 들었다.

"4월에 들어가야 돼. 그때까지 이거 끝내야 하는데... 나도 이제는 집에
가고 싶어. 힘들어."

듣고 싶은 말이 많았지만 더 이상 그렇게 서서 한겨울 연해주의 바람을 막아설 자신이 없었다. 차에 가서 잠시 몸 좀 녹이자며 그의 팔을 이끌었다. 하지

만 그는 시간이 아까워서 안 된다며 끝내 거절했다. 더 추워지기 전에 공사를 마무리해야 한다는 그의 절박함에도 시간은 결코 더디 가지 않았다. 불어오는 바람에 얼굴이 따가웠다.

홀로 집 한 채를 짓던 50대 가장

2. 홀로 집 한 채를 짓던 50대의 가장

361

아버지

당의 유일적 령도체계확립의 10대원칙

1. 온사회를 김일성-김정일주의화하기 위하여 몸바쳐 투쟁하여야 한다.
2. 위대한 김일성동지와 김정일동지를 우리당과 인민의 영원한 수령으로 높이 받들어 모셔야 한다.
3. 위대한 김일성동지와 김정일동지의 권위, 당의 권위를 절대화하며 결사옹위하여야 한다.
4. 위대한 김일성동지와 김정일동지의 혁명사상과 그구현인 당의 로선과 정책으로 무장하여야 한다.
5. 위대한 김일성동지와 김정일동지의 유훈, 당의 로선과 방침관철에서 무조건성의 원칙을 철저히 지켜야 한다.
6. 령도자를 중심으로 하는 전당의 사상의지적통일과 혁명적단결을 백방으로 강화하여야 한다.
7. 위대한 김일성동지와 김정일동지를 따라배워 인민적 사업작풍을 지니며 혁명적사업방법, 인민적 사업작풍을 철저히 견지하여야 한다.
8. 당과 수령이 안겨준 정치적생명을 귀중히 간직하며 당의 신임과 배려에 높은 정치적 자각과 사업실적으로 보답하여야 한다.
9. 당의 유일적 령도밑에 전당, 전국, 전군이 한결같이 움직이는 강한 조직규률을 세워야 한다.
10. 위대한 김일성동지께서 개척하시고 김일성동지와 김정일동지께서 이끌어 오신 주체혁명위업을 대를이어 끝까지 계승완성하여야 한다.

3. 딸아이를 위해 디지털 카메라가 필요하다던 아버지

　강선생에 대한 기억은 한마디로 애잔함이다. 딸아이를 생각하는 아비의 마음이 지금도 고스란히 전해온다. 첫 만남 때, 그는 오후 3시가 넘도록 점심도 거른 채 먼지 자욱한 작업현장에서 혼자 일하고 있었다.
　일이 끝난 저녁이면 그는 현지 선교사 집에 들러 성경공부도 하고, 인터넷을 통해 남한의 모습을 봤다고 한다. 그래서였을까? 여러 번에 걸쳐 그와 오래도록 깊은 이야기를 나눌 수 있었다. 남한 사람들의 삶에 대해 너무도 궁금하다며 질문을 이어가던 그의 눈빛이 지금도 또렷하다.

인터넷 검색을 통해 필자를 알게 되다

강선생을 처음 만난 날, 작업장에서 대화를 이어가는 건 어려웠다. 서둘러 일을 마무리해야 한다며 연신 시간을 재촉하는 그였다. 무엇보다 우리를 둘러싼 주위의 시선이 걱정되었다. 언제 러시아에 나왔는지, 일이 힘든 건 아닌지 몇 가지만 물었다. 일 끝나고 다시 만날 약속을 하며 그의 전화번호를 받았다.

그와 다시 만난 건 그들이 자주 간다는 외곽의 한 음식점이었다. 평소에는 잘 타지도 않는 택시를 타고 급히 왔다는 그는 며칠전 작업장에서 봤던 모습과는 사뭇 달랐다. 먼지 범벅이던 작업복 대신 말끔히 옷을 입고 향수를 뿌렸던지 그의 몸에서 좋은 향이 풍기기도 했다.

> "며칠 전에 작업장에서 만났을 때 고수님이 기자인 줄 알았어요. 선교사님 집에 가서 인터넷으로 교수님이 나오는 걸 봤어요."

그는 필자와 첫 만남 이후, 현지 선교사 집에 들러 인터넷 검색을 통해 필자에 대한 정보를 찾아봤다고 한다. "교수선생께 물어볼 게 많다"며 그는 연신 질문을 쏟아냈다. 남한 사람들은 어떻게 사는지, 주로 무슨 일을 하는지, 사람들은 행복한지... 그가 건넨 질문 가운데 가장 답변하기 어려웠던 건 앞으로 북한이 어떻게 될 것 같으냐는 말이었다. 자신의 처지가 너무 한심하다며 북한체제가 좀 바뀌었으면 하는 마음을 돌려서 표현했다.

그가 러시아에 온지는 2년이 조금 넘었다. 이전에 그는 여러 나라에 다녀온 경험이 있다. 그가 알려준 특정 국가명을 썼다 지우기를 반복했다. 그의 신변안전을 고려해 상세한 국가명은 밝히지 않기로 한다. 특정국가에 간 사람들이 많지 않기 때문에 그들을 모두 조사해서 신변에 위협을 가할 수도 있을거라 판단했기 때문이다. 필자의 이러한 생각은 북한에 대한 고정관념일까 또는 지나친 기우일까?

돈이 있어야 직장을 구한다?

그가 해외노동자 파견을 자원 한 건 순전히 딸아이를 위해서다. 권력이 없는 노동자의 자식으로 살면서, 대학도 제대로 갈 수 없는 딸을 보며 돈이라도 많이 벌어야겠다는 생각이 들었다고 한다. 대학 졸업 후에도 돈이 없어 직장도 배치 못 받는 딸이 너무 안쓰러웠다. 해외에 나가면 모든 게 해결될 거라 믿었다.

> 신분이 낮은 제 딸이 대학을 졸업하고 무직이 되었거든요. 대학을 졸업해도 돈이 있어야 사회에 나가 배치를 받아요. 돈이 있어야 돼요. 북한 노동자는 외국 가서 돈 벌어온거 10년 넘게 벌어야 겨우 조그만 집 한 채 살 수 있는 돈 밖에 안돼요. 왜냐하면 수탈이 너무 심하다니까, 꼭 대기 있는 놈들이 노동자 주머니에 돈 채워주지 않아요.

해외에 나가 10년을 꼬박 일해야 겨우 작은 집 한 채 마련할 수 있다는 그의 말이었다. 해외노동자로 일하며 돈을 많이 벌면 딸아이의 미래는 걱정이 없을 것 같았다. 그의 이야기를 들으면서 문득 "직장을 구하는데 돈이 있어야 한다"는 말이 쉬이 이해되지 않았다.

> "뇌물을 줘야만 들어갈 수 있어요. 내 딸이 공부를 잘 하다니까 인민학교 졸업하고 중학교 수재학교에 갔어요. 대학을 가야하는데 아버지가

노동자니까 김일성종합대학, 김책공업대학에 아예 갈 수 없고, ○○대학 밖에 못 갔어요. 아무리 공부를 잘해도 못가요. 그 대학을 졸업하고 연구사가 되었어요. 근데 직업이 없어요. 아버지가 노동자니까. 다른 대학 누르고 대회에서 1등도 했는데 아버지가 노동자고 힘이 없으니까 취직이 안되는거에요. 한국은 모르지만 북한은 권력이 없으면 할 수 있는 게 없어요. 안타깝고 속상해도 어디 가서 말할 데도 없고 혼자 그냥 끙끙 앓고 있지요."

3년 동안 100달러를 송금하다

그의 귀국일도 점점 앞당겨지고 있었다. 그가 속한 회사에는 모두 180명이 일하는데 한꺼번에 귀국을 하는 게 아니라, 10명 정도씩 돌려보낸다고 한다. 러시아 정부가 대북 유엔제재로 노동자를 북한으로 돌려보내라고 계속 압박을 해서 도리가 없다.

빨리 들어가야 해요. 우리 처가 수술해야 하고, 딸아이 직장 문제도 아버지가 빨리 가서 처리해 주어야지요. 3년 동안에 집에 100달러 보냈어요. 사람들은 이해하기 힘들 거예요. 북한 사람 누구나 만나서 물어보세요. 3년 동안 얼마 보냈냐고 물어보면 아마 70-80%가 보내지 못했을 거예요.

돈 나올 구멍이 없어요

북한당국이 해외 파견 노동자를 '당과 조국을 위한 충성자금', '충성의 외화벌이'라는 그럴싸한 이름으로 부르는 데에는 다 이유가 있었다. 그는 북한이 외화를 벌 데라고는 무기와 아편 밀매밖에 없다고 말한다. 이를 제외하면 그나마 공식적으로 돈을 벌 수 있는 게 바로 대외 건설뿐이라는 것이다. 하지만 대북제재로 이마저도 녹록치 않은 상황이 되었다.

> 왜 그런가 하면 우리 조선이 2006년 8월에 위성을 발사하기 시작했어요. 김정은 때 와서 너무 경제가 어려우니까 외화가 없어졌어요. 오직 나올 구멍은 무기, 아편밀매고 공식적인 건 대외건설 하나에요. 유엔제재 압박이 높아지니까 중국, 아프리카는 모두 다 철수했어요. 마지막으로 남은 게 러시아인데 여기도 장담 못해요.

조선사람은 김정은이 뭐 하는지 아예 몰라요

스마트폰과 인터넷은 그가 남한을 알아가는 창구가 되었다. 요금만 아니라면 무엇이든 보고 싶었다. 그는 박근혜 전 대통령이 재판을 받는 모습, 이명박 전 대통령을 감옥에 보내라고 시위 하는 모습 등을 인터넷을 통해 지켜봤다. 한 나라의 대통령을 감옥에 보낸다는 게 잘 이해되지 않았다고 한다. 최고지도자의 존엄을 훼손하면 생명을 담보하기 어렵다는 북한체제에서 자란 그에게는 분명 낯선 장면이었다. 자신들은 김정은이 무얼 하는지 알 수가 없다고…

> 많이 보고 싶은데 요금 때문에 힘들어요. 인터넷으로 남한 드라마 많이 봤어요. 박 대통령 재판받는 거도 봤어요. 이명박을 재판에 보내라고 시위하는 거도 보구요. 100% 다 믿지는 못하지만 사실이니까 인터넷에 올려놨겠지요. 우리 조선사람은 김정은이 뭐 하는지 아예 몰라요.

이만갑(이제 만나러 갑니다), 태영호 공사 이야기도 봤어요

남한에 대해 궁금한 게 많다던 그는 종편채널의 이만갑(이제 만나러 갑니다)도 봤다고 했다. 태영호 공사가 나와서 말하는 것을 보며 여러 가지 생각이 들었다고 한다.

> 조선에 있으면 아무것도 몰라요. 우리처럼 해외에 나와서 알게 되는 거지요. 이만갑(이제 만나러 갑니다)도 봤어요. 태영호 공사 나와서 말하는 것도 봤지요.

그가 시청한 남한 드라마 중에 <기황후>, <하늘이시여>는 첫 회부터 시청한 게 아니라 중간부터 봐서 그 내용이 너무 궁금하다고 했다. 숙소에서 같이 본 동료들도 정말 재미있는 영화인데 아쉽다며 다음부터는 꼭 전편을 구해야 한다는 말도 덧붙였다.

문득 그의 이야기를 들으며 해외 파견 노동자들에게 그동안 왜 스마트폰을 전해 주지 못했을까 하는 후회가 들었다. 한국의 기독교 단체에서 연해주 지역을 방문해 러시아 파견 북한노동자들에게 전해주는 지원물품은 주로 화장품, 의약품, 핫팩, 의류 등이다. 러시아에서 철수하기 전에 그들에게 좀 더 많은 지원을 했더라면 하는 아쉬움이 컸다.

한국에서는 스마트폰 교체 주기가 거의 1년 정도 밖에 안된다. 사용하지 않는 구형 스마트폰이 집에 하나씩은 굴러다닐 정도다. 그 스마트폰을 해외 파견 노동자들이 사용하도록 지원한다면 그들의 변화된 생각이 조선을 바꿀 수도 있겠다는 확신이 들었다.

50부작 영화를 조선으로 보내다

그는 단순히 러시아에서 한국영상물을 보는 것에 그치지 않았다. 북한에 있는 가족들에게 보내는 짐에 128기가 용량의 USB에 50부작 영화를 담아 보냈다고 한다. 물론 가족들에게는 "아버지가 돌아올 때까지 짐을 풀지 말고 보관하라"는 말도 편지로 동봉했다. 강선생은 북한으로 돌아가 그 USB를 어떤 용도로 사용하게 될까?

128기가 USB를 집에 보낸 적이 있어요. 한 개 영화 50부작 짜리 넣어서 보냈어요. 딸도 처도 아직 몰라요. "가방이 봉인된 채 왔는가" 하고 편지로 물어보니까, "아버지 요구대로 개봉하지 않고 두겠습니다" 하고 답신이 왔어요. 세관에서 검열하는데 통과되었기 때문에 개봉되지 않고 봉인된 채 집에 와 있는 거에요. 러시아 세관, 조선 세관 다 통과 한 거지요. 그 안에 50부작 들어 있어요. 출처가 나오기 때문에 괜히 친하지 않은 사람하고 돌려보면 안돼요. 볼 때는 좋아하지만 괜히 말 나가고 신고를 하면 나한테 불리해져요. 대외건설 갔다온 친구들 있거든요. 그 친구들은 서로 다 알고 믿을 만 하니까요. 같은 해외출신이기 때문에 그런 거 다 이해합니다. 재미있는 거 보자 하면 서로 돌려보고 하지요. 우리 조선은 사람들이... 먹이사슬관계에 대한 동물이에요. 강자가 약자를 잡아먹고, 사람들이 자기가 살아야 되겠으니까 어쩔 수 없어요. 힘든 사람은 돕고 살아야 하는데 그러지를 못해요.

이제 누구를 믿어야 하나요?

　해외에 나와서 외부정보를 접하면서 의식이 바뀌었다고 말하는 강선생이었다. 그렇다면 지금 북한에 있는 사람들도 외부정보를 접하면 생각이 바뀔 수 있을까?

　필 자: 강선생이 여기에서 보는 인터넷 정보들을 지금 조선에 있는 사람이 보면 생각이 바뀔까요?

　강선생: 교수님은 어떻게 생각하는지 모르지만, 북한사람들이 한국에 들어간 게 3만 명 넘었어요. 생활이 한심하고 먹고살기 힘드니까 많이 넘어갔어요. 제가 해외 ○○지역에 갔을 때 한국 부부가 운영하는 호텔이 있었어요. 그 사람들이 "조선 사람들 왜 험한 일을 하냐, 우리한테 오라"고 했어요. 한국 사람과 마주서서 말을 하면 그 다음날 조국으로 돌아가야 돼요. 사람이 살면서 마음에 차지가 않아요. 김일성, 김정일이 죽고 없어요. 주체사상을 놓고 사람들이 공감했는데 그게 거짓말이라는 걸 알아요. 한국 사람들 만나서 이야기를 좀 들어보자 해서 만나보기도 했어요. 목사니까 하나님에 대해서만 이야기하잖아요. 인터넷으로 성경을 보기 시작했어요. 창세기부터 보면서 하나님은 오직 사랑으로 세상 만물을 창조하고... 북한에 있는 사람들에게 그걸 말하면, 다음날 끼니를 걱정해야 하는 사람이니까 믿지를 않지요. 북한사람들이 이해하기 어려워요. 김일성, 김정일에 속아서 거짓말이라는 걸 알기 때문에 이제는 또 누구를 믿어야 하냐며 안 믿어요.

인화병 던져서 죽이고 싶다는 생각이 들었어요

스마트폰은 그가 북한을 벗어나 바깥세상을 보는 유일한 창이 되었다. 하지만 그 스마트폰으로 인해 삶이 송두리째 바뀔 뻔 했던 사건도 있었다. 청부 일을 하는 노동자들은 핸드폰을 사용할 수는 있지만, 스마트폰(타치폰)은 엄격히 금지하고 있다. 1주일에 한 번씩 단체숙소에 갈 때도 자신이 청부 일을 하는 곳에 가급적이면 두고 간다고 했다. 그런데 자신이 아무리 조심해도 누군가의 신고로 인해 발각되는 경우가 있다. 강선생도 바로 그런 사례였다.

스마트폰 쓰다가 보위원한테 틔었어요(들켰어요). 내일 모레 당장 비행기 타고 집에 가라 그러더라구요. 저 새끼가 차타고 나갈 때 인화병 던져서 죽이고 싶다는 생각을 했어요. 실천에 옮기려고 하는 찰나에, 반장이 말려요. 만 루블 정도 찔러주라. 너 돈 한 푼 없이 집에 가면 어떡하나 하면서...

살인을 막은 현지 선교사

"인권침해 때문에 숙소에서는 검사 잘 안해요."

그의 입에서 인권침해라는 말을 들었다. 해외 파견 북한노동자들의 인권 침해에 대해 국제사회가 문제를 제기하면서 북한당국도 이를 의식한다고 한다. 인권침해로 걸리니까 숙소에서는 개인 소지품 검사를 하지는 않는다는 것이다.

그런데 오히려 청부 일을 하는 현장에 와서 일 하는 사이에 짐을 다 뒤진다고 한다. 결국 강선생은 스마트폰을 소지하다가 적발되어 고발이 되었다. 돈 한 푼 없이 집으로 돌아가야 하는 상황에서, 강선생은 보위원을 죽이고 싶은 충동까지 느꼈다. 분노에 가득 차 실제로 행동에 옮기려 할 때 그를 말린 건 반장이었다. 만 루블 정도 뇌물을 건네고 무마해 보라는 조언이었다. 하지만 그에게 당장 만 루블을 구하는 건 어려운 일이었다. 그 때 도움을 구하려 생각난 사람이 바로 자신과 친분이 있던 현지 선교사였다.

우리가 내는 돈을 다 뜯어 먹고 살지요

평소에 그와 친분이 있던 현지 선교사는 밤늦게 강선생으로 부터 걸려온 전화를 받고 심각한 상황임을 단번에 알았다고 한다. 현지 선교사는 그가 필요하다는 돈을 아무런 조건 없이 건넸다.

> OO선교사님에게 "제가 가진 게 5천 루블 밖에 없는데 5천 루블만 좀 도와주세요"하고 부탁했어요. 선교사님이 그 시간에 와서 두말없이 돈 주더라구요. 그러면서 사람이 절대 흥분하거나 격하다고 해서 그런 행동 하면 안된다고 말해요. 그래서 한번 참자, 좀 더 알자하고 생각했어요. 그 날 새벽 2시까지 잠 못 자고 있다가 다음날 보위원한테 만 루블 주고 사정했어요. 전문 보위원이 따로 있어요. 그 밑에 또 정보원으로 심은 놈들이 있어요. 나 터치폰 쓴다고 고발한 놈이 따로 있어요. 그 놈이 동향자료를 이틀에 한 번씩 보고하는데, 사람들이 말하고 쓰는 행동에 대해 보고 해요. 보위원은 건설 일도 안해요. 우리들이 내는 돈을 다 뜯어 먹고 살지요. 사장, 보위원, 당위원장에게 들어가는 돈이 계획분에 다 들어가 있어요. 돈 건네면서 "회사친구한테 전화 한통 한 거 밖에 없다"하고 말했어요. 그걸로 한국영화 보고 했으면 2만 루블 물어도 안돼요. 스마트폰 하나 갖고 있다고 벌금 물고...

기독교가 우리 체계와 똑같구나

그를 도와준 건 다름 아닌 현지선교사였다. 평소에 현지 선교사 집에서 같이 식사도 하며 친분을 쌓았던 터라 급히 도움을 받게 되었다. 성경 공부도 잠시 했는데, 기독교가 북한의 통치체제와 너무도 비슷하다는 생각이 들었다고 한다.

> 김일성 아버지 김형직이 기독교니까 거기서 많이 공부해서 자기를 신적인 존재로 만들어 놓은 거에요. 김일성 사상을 대입해 보면서 알게 되었어요. 기독교 10계명이나 유일사상 10대원칙이 같잖아요. 인민군 10대 규율 역시 같아요. 체계나 형태가 같아요.

대통령 되었으면 배짱이 있어야 하는데

그를 만날 때쯤은 한반도에 변화의 기운이 일어날 때였다. 인터넷을 통해 한국의 상황을 잘 알게 되었다는 그는 남한 대통령에 대한 서운함도 드러냈다.

> 힘든 건 사실인데 우리는 자존심 밖에 없어요. 문재인 대통령이 올림픽에 사람 보내는 거 보면서 문재인이 저 정도 밖에 안되나 하고 생각해요. 비서실장 하면서 변호사 출신인데 대통령 되었으면 배짱이 있어야 하는데, 그게 없어요. 북남관계가 개선되겠는지, 올해나 내년에 사변이 일어날 것으로 봐요. 북남회담 한 내용을 조선중앙텔레비전으로 봤어요. 회사에서 보여줘요. 위성안테나를 놓고 매일 밤마다 그거 보게 해요. 그것만 보게 해요. 남한 드라마는 터치폰으로 보구요.

내가 잠수함 탔어요

"내가 군사 복무 12년 했어요. 해군으로 바다에 나가서 배를 탔어요.
잠수함 탔어요."

군복무에 대한 이야기, 특히나 잠수함 이야기를 그가 먼저 꺼냈을 때 말을 가로 막은 건 필자였다. 군사 정보에 관한 이야기는 듣고 싶지 않았다. 어떤 내용이던 군사와 관련한 내용을 남한 사람과 나누었다는 이유로 행여나 위험해질 수도 있다고 여겼기 때문이다. 그리고 그와의 관계를 북한 관련 정보를 캐내는 남한 사람 정도로 만들고 싶지는 않았다. 그가 경험하고 느끼는 마음을 나누고 싶었지, 그를 통해 북한 내부 정보를 알고 싶지는 않았다.

만나서 같이 밥 한 끼 먹고 허심탄회하게 이야기하며 서로의 기쁨과 아픔을 나눌 수 있는 것, 그게 사람 사는 세상이라고 생각했다. 하지만 타국에서 만난 남북한의 사람들은 밥 한 끼 나누는 그 작은 시간조차 쉽사리 허락되지 않았다. 마음이 너무 무거웠다.

장성택이 그렇게 되지 않았으면...

그도 바깥세상에 나와 직접 눈으로 보고 들으며 느끼고 있을것이다. 자신들이 사는 북한이 얼마나 세상으로부터 고립되어 있는지를 말이다. 그런 아쉬움 때문이었을까? 한결 같이 북한도 변해야 한다며 목소리를 높이는 그였다.

장성택의 처형에 대해 특히 아쉬움을 토로하는 그는 장성택이 살아 있었더라면 이라는 숙제를 남겨주었다. 그는 장성택에게 어떤 걸 기대했을까? 장성택이 살아 있었더라면 상황은 어떻게 달라졌을까?

> 장성택이 그렇게 되지 않았으면 우리가 이렇게 살지 않지요. 더 이상 이렇게 살지는 못하겠다는 마음 갖고 살아요.

지금 북한으로 돌아가서 제재가 끝나면 다시 나올 수 있느냐는 필자의 질문에 그는 단연코 꼭 나올 거라고 답했다. 그리도 어렵고 힘든 해외 파견 노동자 생활이지만 그래도 북한에 있는 것보다는 낫다고 한다. 다음번에 다시 나올 때는 지역을 잘 선택해서 나오겠다는 말도 잊지 않았다. 그렇게 다음 번 만남을 기약했다.

> 이번에 빨리 들어가야 내년에 나올 수 있거든요. 그것도 북남관계 개선 되고 제재가 풀려야 나올 수 있어요. 아니면 못 나와요. 김정은이 미사일 계속 쏜다하면 어려워요. 내가 이제 다시 나올 때는 생각을 많이 해서, 회사 사장들 하고 계약을 잘 해야 돼요. 내가 아는 사장은 ○○○에 있는 사장인데 조국에서 나랑 같이 일하던 사람이에요. 여기 있지 말고 ○○○지역으로 오라고 그래요. 근데 처음에 나올 때 여권에 찍힌 대로 가야지, 중간에 바꾸지를 못해요.

디카 하나만 구해 줄 수 있겠는지...

강선생과 다음번 만남을 기약하고 헤어진 지 얼마 지나지 않아 그에게서 전화가 걸려왔다. 내일이면 필자가 한국으로 출국하기 때문에 통화를 하려면 오늘밤에 시간이 없었다. 머뭇거리며 한동안 말을 쉽게 꺼내지 못하는 그였다.

강선생: 선생님 미안한테 사진기 있지 않습니까 사진기. 한국 꺼 말고 무슨 소니(SONY)라든가 이런 거 얻을 수 있어요?

필　자: 사진기면 디카 말하는 거지요? 디지털카메라는 좀 좋은 걸 써야 할텐데요.

강선생: 아니요 일없습니다. 좋은 거 아니고 일반적인 거면 됩니다. 딸이 연구사가 되었는데 자기가 다니면서 필요한 걸 동영상으로 찍어야 하는데... 조선에서 아리랑 타치 전화기가 나오는데 화질이 좋지 않거든요.

필　자: 스마트폰은 안 되나요?

강선생: 전화기는 조선에서 파는 것만 사용하게 되어 있어요. 아이폰이나 삼성 이런 것 쓰면 그 다음날 쓱 없어집니다.

필　자: 그런데 디카를 사용하려면 컴퓨터가 있어야 하잖아요.

강선생: 그건 다 있습니다. 조선에 사진관이 있으니까 일없단 말입니다. 거기 가면 컴퓨터로 다 해줘요. 아니 선생님. 근데 부담되시면 그만 두시구요.

필　자: 아니요. 괜찮아요. 다음번에 올 때 꼭 가져다 드릴게요.

그 사람들도 벌어먹고 살아야 하니까

강선생을 다시 만난 건 약 두 달 정도 지난 후였다. 그는 다음번 만남에 USB와 디카를 가져다 줄 수 있는지 부탁을 했었다. 핸드폰에도 연결이 되는 대용량 USB면 좋겠다고 했다. 그에게 건넬 USB를 챙기는 건 어려운 일이 아니었다. 딸아이에게 준다며 어렵게 부탁한 디카도 국내에서는 그리 비싸지 않은 가격으로 구할 수 있는 물건이었다. 단지, 그가 북한으로 갑작스럽게 돌아가지만 않으면 될 일이었다.

돈 많은 사람들은 휴가로 조선에 잠시 갔다 오면 되는데, 난 그러질 못해요. 이빨도 아프고 딸아이도 걱정돼서 먼저 보내달라고 하니까 반장이 사장한테 말해서 "저 놈은 기술자라서 꼭 있어야 한다"고 해서 남아 있어요.

러시아 정부로부터 북한 노동자들을 본국으로 돌려보내라는 압박이 점점 거세지는 시기였다. 자신이 속한 회사 사람들도 귀국을 서둘렀고, 일부는 벌써 귀국길에 올랐다. 마침 강선생은 용접기술자라 회사에서 최대한 일정을 늦추어 놓았다고 했다. 어쨌든 올해는 들어가야 하기 때문에 북한으로 가져갈 물건을 정리하며 챙기고 있었다.

그가 부탁한 USB도 러시아 체류 시 사용할 게 아니라 북한으로 갖고 들어가기 위한 목적이었다. 그래서 한 두 개가 아닌 여러 개를 주면 좋겠다고 부탁을 한 것이다. USB에 아무런 내용이 들어 있지 않으면 전혀 문제없지만, 한국 영화와 드라마가 담긴 USB를 갖고 가다 발각되면 문제의 소지가 크다. 그는 어떻게 세관 검사를 통과할 계획일까?

사람마다 들키는 사람도 있는데 심리를 잘 이용하면 통과할 수 있어요. 세관검열 할 적에 세관원한테 스무 달러 돈 주고 검열 한 걸로 하자 하면 그 사람들도 벌어먹고 살아야 하니까... 꼼꼼이 뒤지면 들짱 나는데 주머니에 쏙 넣어주면 통과하라 그런단 말이에요. 그렇게 해서 무사히 갖고 갈 수 있습니다.

계획분 때문에 매일 볶여요

출국 날짜가 잡히면서 마지막까지 북한노동자들에게 계획분 완수 과업이 떨어졌다고 했다. "계획분 때문에 매일 볶여요"라며 한숨을 내뱉는 강선생의 표정이 몹시도 일그러졌다. 자신이 속한 회사 사람 중 "내일 50명이나 들어간다"며 본인의 귀국도 얼마 남지 않았다고 했다.

> 이번에 리영호 외무상이 나와서 러시아측과 이야기했는데 사업이 잘 안 된 것 같아요. 지금 러시아 서쪽 모스크바부터 해서 거의 매일 들어가요. 김정은이가 문재인 만나서 협상하고, 김정은이 외화가 마르니까 리영호 외무상 러시아에 보냈는데 성과를 못 내니까 문재인이한테 부탁했다는 말이 있어요. 중국도 김정은이가 갔다 온 후에 요즘 계속 다시 중국으로 나가고 있어요.

그는 당시 남북정상회담 소식을 잘 알고 있었다. 러시아 파견 북한노동자들의 체류 연장과 관련하여 북한이 러시아와의 협상이 잘 안 풀리자, 이 사안을 "문재인에게 부탁했다"는 말이 돈다고 했다.

평양공연 후 단속

그를 만날 당시는 남한 예술공연단이 평양에서 공연을 하고 돌아온 후였다. 평양공연 이후 '자본주의 날라리풍을 경계하라'는 사상학습이 시작되었다는 게 사실인지 그에게 물었다.

지금 현지에서 그런 바람이 불었어요. 비사회주의현상 없애라 해서 비사그루빠가 다녀요. 한 개 지역에 500명이 나왔다는 말도 있어요. 검찰, 경찰, 보위원, 당이 합쳐서 그루빠가 다녀요. 100명씩 그루빠 만들어서 비사회주의 현상 뿌리 뽑는다고 단속 쎄게해요. 공연하고 간 다음에 사람들의 생각이 바뀌니까 그루빠가 나와서 단속하는 거지요.

북한정권이 사상강화를 목적으로 단속해도 북한주민들에게 잘 통하지 않는다는 말도 덧붙였다.

김정은이 자기정권 유지 하려고 사전에 막으려고 하니까. 비사회주의행위 강화해서 단속하는데 사람들은 콧방귀도 안껴요. 사람들이 생사가 걸리고, 내일 아침에 당장 먹을 쌀이 없는데 말 잘 안들어요. 포고문이 나왔는데 달러를 취급하지 말라고 했어요. 현화장사꾼을 안전부에서 잡으니까 평양시뿐만 아니라 나라에서 현화가 유통이 안돼요. 그러다나니까 기업소 자체가 살지를 못해요. 현화를 사서 물건을 사고 재생산해서 팔아야 이득을 챙기고 현화를 사는 순환구조인데 그걸 못하니까. 현화 검열 다 잡아넣으니까 운영을 못하겠다 그러면 도로 해라 이렇게 넘어갔어요. 나라 정치한다는 놈들이 잘 몰라요.

삼성 스마트폰의 지문 잠금을 풀다

그와 이야기를 나누던 중에 그가 들고 있는 핸드폰에 눈길이 갔다. 삼성 브랜드가 선명하게 찍힌 최신형 스마트폰이었다. 지난번 도움을 줬던 현지 선교사로부터 귀국 선물로 받은 거라 했다. 지문 잠금장치가 못내 신기했던지 연신 자랑삼아 이야기하는 그였다.

> 내 지문이 딱 들어가야 열립니다. 메모리에 영화 잡아서 줬어요. 계획분을 빨리 물어야 해서, 요즘은 잘 못 봐요. 한국 노래 경쾌한 음악이 나와서 좋아요. 장윤정, 태진아 좋아해요. 우리 노동자들 전화기 메모리에 이 노래들 다 갖고 있어요. 80프로는 돼요. 일하면서 틀어놓으면 좋아요.

그의 스마트폰에는 한국노래가 많이 저장되어 있었다. 노래를 함께 들으며 흥얼거리기도 했다. 그 힘든 노동현장에서 한국 노래를 크게 틀어놓고 일하는 북한노동자들의 모습이 상상은 잘 되지 않는다.

그는 전화기를 필자에게 건네며 어떻게 하면 지문 잠금 장치를 해제할 수 있는지 물었다. 처음에 자랑을 하던 모습과는 달랐다.

> 삼성전화기 좀 아세요? 지문으로 되어 있는 거 지울 수 있어요? 지문으로 하려니까 불편할 때가 많아요. 용접을 하니까 지문으로 하면 불편해요. 일하다가 젖은 손으로 하니까 잘 안 되더라구요.

마지막으로 들어본 그의 생각

그와 만나서 이야기를 나눌 수 있는 시간도 얼마 남지 않았다. 그의 생각이 더욱 궁금해졌다.

북한의 변화?

필 자: 어떻게 하면 진짜 북한을 바꿀 수 있을까요?
강선생: 이번에 북미회담 결과가 어떻게 나올지 모르겠지만 트럼프가 전쟁이라도 해서 빨리 끝내기를 바래요. 전쟁이라도 해서 죽을 놈은 죽고 살 놈은 살자는 게 주민들 생각이에요.

북한의 핵 포기 가능성?

필 자: 북미나 남북정상회담 해서 핵 포기 가능성 있어요?
강선생: 그건 지연전술이에요. 그걸 포기하면 자기가 죽는데. 뭘 갖고 하겠어요. 핵 밖에 없는데.
필 자: 그럼 정상회담에 나오는 이유가 뭐에요?
강선생: 일반사람들은 생각하기를, 회담결과가 좋아서 나라가 잘 살거라는 기대가 있는데 나는 그렇게 안 봐요. 정권이 바뀌기 전까지는 안돼요. 해외에 일 나간 사람들은 다 알아요. 전화기 보면 다 오늘 뉴스 보여주거든요. 젊은애들은 연애뉴스 봐요. 밤새껏 본단 말이에요. 몰랐던 걸 아니까 사람들이 머리가 트기 시작하는 거에요. 김씨 일가에 대한 내용이나 현재 진짜 통일을 바라지 않는 놈들이 누구인지 알게 되는 거에요.

북한 사람들의 생각은 어때요?

필 자: 주변 사람들도 남한이 잘 산다는 걸 알고 있어요?
강선생: 선생님도 머리가 텄잖아요. 근데 그걸 조국에서 다른 사람한테 이야기

할 수 없잖아요? 친구들이 모여서 이야기를 하지요. 해외에 나갔다 오면 모여서 술 먹는 자리를 마련해요. 물어본단 말이에요. 실제 누가 통일을 바라는지, 바라지 않는지 그 사람들도 그 정도는 알아요. 내각성, 인민무력성, 경제위원회 등에 있는 아이들이니까. 다 그런 자리에 있는 친구들이에요. 당위원장 자리 포기하고 내가 해외에 돈 벌러 나온 거에요. 내 힘으로는 재외에 나올 수 없어요. 우선 군사복무를 일반 보병부대가 아니라 잠수함을 탄 경력이 있기 때문에요. 형제가 국가안전보위부, 인민보안성 이런데 있다나니까 해외에 나가기 어려웠어요. 사법검찰에 복무한 사람이나 가족들 해외에 못 나와요. 조국에 대한 비밀이 누설될까봐 그렇지요.

남한 정보를 접하면 주변에서 신고는 안해요?

필 자: 동료들도 그렇고 남한 영상물 보여주면 신고 안해요?
강선생: 해외 나온 사람들은 한 가지 원칙이 있어요. 내 일이 아니기 때문에 누구도 상관 안한다. 내가 보여주기 전에 사전에 계약을 하거든요. 보고 나서 발언하거나 누설할 경우 내 전화를 본 게 아니고 그에 대한 책임은 너가 지라 말해요.
필 자: 내가 강선생 꺼 보고 나서 보위부에 가서 신고할 수도 있잖아요.
강선생: 그런 놈은 벌써 척 보면 알아요. 서로 통하는 사람들끼리는 어느놈이 보위원 스파이인줄 알아요. 그 외에 사람들은 다 마음이 통하는 사람들이니까요.

한참을 이야기 하는 동안 이제 헤어져야 할 시간이 되었다. 그가 주머니에서 꺼낸 건 다름 아닌 북한에서 생산한 껌이었다. "이거 북한 거에요"라며 <은 방울 박하향 껌>이라고 쓰인 껌 한 개를 필자에게 건넸다. 북한산 물건은 무엇이든 필요하다며 혹시 줄 수 있냐는 필자의 말을 잊지 않고 껌을 챙겨온 것이다. 그 마음이 고마웠다. 필자 역시 한국에서 챙겨간 삼성 카메라와 옷 몇 점을 건네주었다. 옷에 한국산 상표가 붙어 있어 떼려고 했더니 그는 급하게 필자의 손을 막았다.

그 상표 떼지 마세요. 그냥 갖고 들어갈 수 있어요. 상표 있으면 오히려 더 좋아해요. 젊은 친구들은 한국 바람이 불었으니까, 한국 불다나니까 한국 드라마부터 시작해서 음악까지. 말투 옷가지. 한국 옷은 딱 보면 알거든요. 자녀들도 그렇고 우리 또래도 그렇고 다 좋아해요. 한국화장품, 샴푸 구해서 쓸라고 하거든요. 그런거 조국에 들어갈 때 갖고 들어가면 좋아요.

비상 상황에서 강선생과의 마지막 만남

어제 만났던 강선생을 그 다음날 저녁에 다시 만났다. 전해줄게 있다며 급하게 전화가 걸려왔다. 필자가 묵는 숙소에 잠시 들르겠다는 그가 내심 걱정되었다. 어젯밤부터 호텔 로비에는 평소에 안 보이던 북한 사람이 한명 계속 앉아 있었기 때문이다. 그가 누구였는지는 강선생에게 들은 이야기로 대략 짐작할 수 있었다.

한 사람이 내일 집에(북한을 의미) 가기로 되어 있는데 어제밤에 뛰어 버렸어요(도망갔어요). 중간급 책임자인데 조국에 가기 싫으니까 뜀 거지. 그래서 지금 비상상황이에요. 올라오면서 보니까 처음 보는 조선 사람이 접수실에 앉아 있던데... 책임자(반장급)인데 돈 못 주니까 뛰어버렸다고. 어제부터 보위원이 인원 검열하는데 안 들어왔단 말이에요. 그래서 지금 발칵 뒤집혔어요. 다 찾으러 나가고...

필자가 강선생에게 마지막으로 건넨 건 여성용 구두였다. 강선생이 호텔로 찾아온다는 전화를 받고 강선생에게 아내의 발사이즈를 물어보았다. 조국으로 돌아가는 그의 손에 형수님이 신을 신발 하나 들려주고 싶었다.

그 신발을 신은 형수님과 필자가 만날 수 있는 날은 과연 올까?

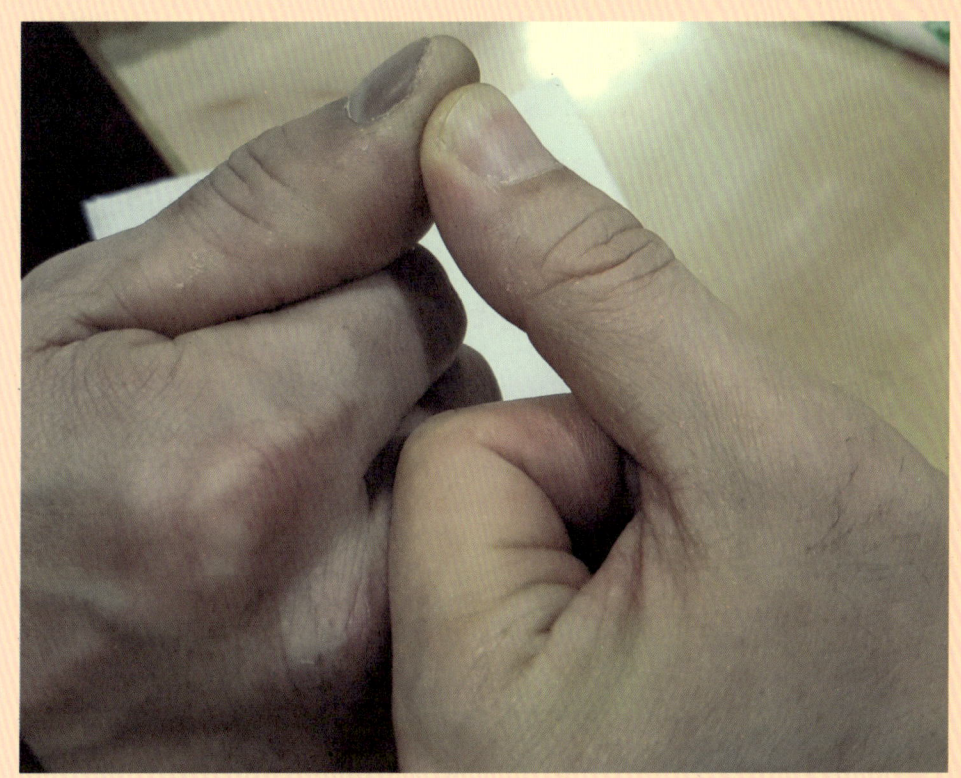

총 한 자루

4. 총 한 자루만 구해 달라요

    이 책을 통해 그의 이야기를 자세하게 전할 수 없다. 그는 북한에서 유명한 체육인 출신이다. 경기에 출전하기 위해 OO에 다녀간 적도 있었다. OO의 유명 체육인에게 자신의 이름을 말하면 알 수도 있다며 자신 있게 말할 정도였다. 사실 OO에 왔었다는 하나의 단서로 혹시나 북한 당국이 그를 찾아내면 어쩌나 하는 노파심이 들기도 했다. 그와 나눈 상세한 이야기를 전하지 못함은 당연히 그의 신변 때문이다.

    하지만 OO에 다녀간 모든 체육선수들을 조사하지는 않을 거라는 안도감으로 그의 이야기를 아주 조금만 세상에 내어 놓으려 한다. 그의 아픔과 분노를 세상도 알아야하기 때문이다. 체육인에서 해외 파견 노동자가 되어 낯선 나라를 떠도는 그의 운명은 몹시도 가냘파 보였다. 직장장을 쏴 죽이게 총 한 자루만 구해 달라던 그의 치 떨리는 분노가 여전히 마음을 울린다. 그의 걸음은 지금 어디를 향하고 있을까?

정치적 성격 띠니까 그런 이야기는 하지 말자요

우연히 길을 걷다가 그를 만났다. 아니 엄밀히 말하면 만난 게 아니라 조선말을 사용하는 그에게 필자가 다가간 것이다. 길거리에서 큰 소리로 통화하고 있는 모습에 눈길이 갔다. 그는 필자의 눈길을 피하지 않았다. 어쩌면 다가와 말을 걸어 달라는 신호같이 느껴지기도 했다. 그는 존댓말을 했고, 전화기에서 전해지는 상대편은 반말을 했다. 그는 자신의 상사인 직장장과 통화를 하는 중이었다.

30대 후반의 나이로 다른 노동자들에 비해 비교적 젊을 때 해외파견 노동자가 된 그는 북한에서 전도유망한 체육선수였다. 경기출전을 위해 ㅇㅇ을 비롯해 해외 여러 군데를 다녀온 경험이 있었다. 그런 그가 해외 파견 노동자가 된 건 더 이상 몸이 따라 주지 않아 불명예 퇴진을 했고, 자신이 할 수 있는 일은 몸으로 뛰는 것 밖에 없었기 때문이다. 갓 태어난 아이를 두고 러시아에 왔다는 그는 이제 4년 차가 되었다. 유명한 체육선수가 왜 노동자가 되어 여기에 있냐는 필자의 질문에 그는 답변을 피했다.

"정치적 성격 띠니까 그런 이야기는 하지 말자요. 재미없다고."

그는 자신이 맡은 청부 일을 끝나고 회사로 복귀하는 길이었다. 술 한잔 했다며 약간은 취한 듯 보였지만, 정치적인 이야기가 나오자 단호히 거절했다.

담배라도 안 피우면 못 견뎌

그러면서 필자에게 담배 한 가치를 권했다. 몸에도 좋지 않은 걸 왜 피우냐며 웃으며 사양했다. 그가 건넨 담배 한 갑의 가격이 얼마인지 물었다.

> 125루블 짜리 담배야. 싼 담배도 있어. 75루블 짜리. 근데 괜히 지는 것 같잖아. 남한테 지고 싶지 않으니까. 젊어서 난 체육 했다고. 체육인이라 남에게 지고 싶지 않아요. 우리 같은 사람은 한 달에 담뱃값 3,500루블 정도 되는데 하루 일 하면 그 정도 벌어요. 안 피우면 못 견뎌. 남한테 꾸기는 싫고. 담배 하나 피자 하고 손 벌리기 싫단 말이야.

담뱃값을 물어 본 건 '담배 살돈을 아끼면 한 푼이라도 더 벌 수 있지 않는가'라는 생각 때문이었다. 그의 대답은 더 이상 할 말을 잃게 했다. 담배라도 피우지 않으면 도저히 견딜 수가 없다고…

젊었을 때 체육선수였던 그는 감독이 되기를 원했다. 30대 이후가 되면 선수생활을 못하기 때문이다. 하지만 화려했던 선수생활과는 달리 감독이 되는 길은 어려웠다. 결국 그가 선택한 건 해외 파견 노동자였다. 4년차가 되면 다시 조국으로 돌아가야 한다며 연신 한숨을 내뱉었다. 지금 상황으로 봐선 러시아 정부가 연장을 안 해줄 것 같다며 포기한 상태였다.

> 이제 인차 가야 돼요. 4년인데 정부에서 승인 안 해줘서… 거주를 연장해야 하는데 승인을 해 주지 않으니까 조국에 나갔다가 다시 와야해요. 우리 까레이 나가면 러시아 건설이 서요. 연해주에만 3만 명이에요.

연해주에만 3만 명의 북한 노동자들이 일한다며 그는 북한노동자들이 없으면 러시아 건설이 멈추어 버릴 정도라고 했다. 하지만 기한이 완료되는 현재로서는 러시아에 체류할 방법이 없었다.

알고 보면 조선사람 다 괜찮은 사람이라고

무슨 일이든 닥치는 대로 다 한다는 그는 남한 사람을 '남쪽 까레이'로 표현했다. 이곳에서 일하며 남한 사람과 만나 이야기를 나눈 적은 없다고 했다.

> 여기서는 만나 보지 못했지. 나한테 청하는 사람이 없었어요. 조선사람인지는 딱 보면 알지. 아시아족에서 딱 보면 안단 말이에요. 난 경기 많이 다녔으니까 대충 보면 조선사람 안단 말이에요. 여기서 만난 적은 없어요. 지금처럼 이렇게 장마당에 나온 적은 처음이에요. 한가하게 시간 보낸 적은 처음이니까.

그런데 여러 사람들이 오가는 길거리에서 계속 이야기를 나눌 수는 없었다. 밥이라도 같이 먹자며 제안했지만 그는 주변을 살폈다.

> "여기 우리 사람들 많아요. 금방도 사람들 많이 지나갔다고. 나 싸움박질 하고 그러니까 내 얼굴 다 안다고."

일감을 소개 받으려 만났다고 둘러대면 되지 않느냐는 필자의 말에 그런 정도의 변명은 통하지 않는다고 했다.

"그래도 조선말 하는 사람 만나면 좋지 않게 보지. 식사까지 하는 정도면 이상하게 본단 말이야."

그렇다고 계속 길거리에 서서 이야기를 나눌 수는 없었다. 바로 옆에 있는 상점 안으로 그를 데리고 들어갔다.

직장장 새끼 죽일라고

그는 처음 만날 때부터 약간 술에 취해 있었다. 스스로 정신을 차려야 한다고 하면서도 간간히 마음속 울분은 그대로 드러냈다. 특히, 직장장 이야기를 할 때는 살기까지 느껴졌다.

> 새벽에 신경이 좀 나서. 돈 때문에. 러시아쪽에서는 돈을 줬는데 우리 관리하는 놈이 돈을 안 줬어. 일한 만큼 돈을 줘야 하는데 돈을 안주니까 신경 냈지 뭐. 우리 직장장 새끼 죽일라고 했다고. 돈 없는데 자꾸 돈 내라하니까. 마피아 찾았어. 죽일라고. 그 정도로 놀아야 겁내지. 주머니에 돈이 없는데 자꾸 돈 내라하니까.

그는 필자가 한국 사람이냐며 계속 물었다. 처음부터 동포라고 둘러댔기에 굳이 한국 사람이라고 밝혀서 부담을 주고 싶지는 않았다.

"느낌이 별난데. 동포인데 말하는 투를 보니까 한국사람 같이 생각되는데."

3년 동안 집에 보낸 돈은 200달러

그가 직장장을 욕하면서도 필자가 한국 사람인지 자꾸 물어보는 건 자신을 보호하기 위함이라고 생각했다. '직장장 새끼'라며 분노했던 이유를 알게 된 건, 그가 지난 3년 동안 고향집에 200달러 밖에 보내지 못했다는 말을 듣고 나서다. 더 이상 체류를 연장할 수도 없었다. 조금만 더 벌면 상황이 나아지겠지 하며 버틴 시간들이지만, 이제 그마저도 연장할 수 없는 상황이 되었다. 결국 3년 동안 일해서 보낸 200달러와 지금 손에 쥔 고작 45달러가 그가 청춘을 바친 대가였다.

> 내가 지금 3년 동안 있으면서 집에 보낸 게 200달러에요. 지금 갖고 있는 게 마흔 다섯 달러 밖에 없어. 푸틴이 승인해 주어야 나오지, 아니면 다시 못 나와. 이제 OO일이면 들어가야 돼. 새벽에 열차타고 가. 조국까지 바로 가는 기차인데 한 달에 한 번씩 있어요. 여기서 가는 사람은 드물어. 러시아 핫산까지 차 타고 가서 주로 거기서 들어가지. 차비도 자기가 내고 가야해.

총 한 자루만 구해 달라요

필자가 러시아 체류 북한노동자들로부터 들은 말 중에 가장 아프고 시린 말은 바로 "총 한 자루만 구해 달라요"였다. 시장에 가서 총 한자루만 사달라는 그의 부탁을 어떻게 받아들여야 할까?

13층 건물을 작업하고 그가 받은 돈은 고작 5,000루블이었다. 나머지는 모두 간부들의 몫이었다. 그들을 죽이고 싶다는 그의 분노와 상처는 누구도 헤아려 줄 수 없을 것 같았다.

작은 까삐딴부터 큰 까삐딴 까지 다 가져가니까. 13층짜리 작업하고 개인한테 5,000루블 주고 끝났으니까. 까삐딴이 사장이지 뭐. 별난 거 다 말하네. 장마당 가니까 자동보총 팔더라고 만 루블에(필자는 자동보총이라는 말을 처음에 알아듣지 못했다). 그거 사서 사장 죽일라고. 죽이면 누가 죽인지 아나?

일당 3,000루블이라도 벌어라

계획분을 다 바치지 못한 그는 다른 방법이 없었다. 주변에서 그에게 일당 3,000루블이라도 받고 며칠 일하라고 제안했지만 그는 거절했다. 오늘밤에도 숙소에서 계획분을 바치지 못한 사상총화에 시달릴 거라며 근심에 잠겼다.

4만 5천 루블 바쳐야 하는데. 3만 루블밖에 못 바치고. 집에 갈돈 밖에 없어. 오늘하고 내일 이틀 동안 좀 벌라 그러는데 그렇게 하고 싶지 않다고. 하루에 3,000루블씩 준다고 하는데 가기 싫다고. 내가 가고 난 뒤에도 이 새끼 일 제대로 안하고 갔어 이런 말 지저분하게 듣기 싫단 말이에요. 오늘도 숙소 들어가면 또 돈 내라고 낄낄 댈 거라고. 6월에 내가 다시 들어오면 일감 좀 소개해줘. 일감이 많은데 지금 들어가야 하니까. 사람들이 자꾸 달아나려고 그래. 들어가지 말고. 달아났다가 3개월 동안 일하고 가라. 근데 그렇게 가면 죽어. 3개월 동안 행처를 밝혀야 하는데 복잡하지.

한국에 간다는 생각은 해봤어요?

사람을 총으로 쏴 죽이고 싶을 만큼 힘든 생활을 이어가는 그였다. 한국으로 가는 걸 생각해 본 적이 있냐고 물었다. 어찌 보면 한국으로 가자는 권유를 에둘러 전한 건지도 모르겠다. 젊은 나이에 그렇게 살아가야만 하는 그의 모습이 너무 애닳아 보였기 때문이다.

> 그런 생각은 안했어요. 그건 나 혼자 끝날 문제가 아니라고. 아주 아주 복잡한 문제고, 그 자체가 힘들어. 암만 여기서 힘들어도… 강선생은 자기 목적이 있고, 나도 목적이 있어서 시작했지만 그 분야는 논하지 않는 게 좋아. 그쯤 합시다. 이런 이야기는. 그건 정말 힘들어. 깔끔하게 도와줘야지, 지저분하게 놀면 안 돼. 내가 다시 나오면 그냥 나 돈 좀 벌게 일감 소개만 해 줘요. 정치적 관계 이런 거는 논하지 말고 난 건설쟁이니까 일감주고, 돈 정확히 받게끔 해 주고 그런거만 해 주면 돼.

돌아올 때 새 집 사오라

그의 손은 갈라지고 터지고 굳은살이 박혔다. 손이 이 지경까지 되도록 일했는데 겨우 "마흔 다섯 달러 밖에 없다"는 게 너무도 화가 났다. 사람 손이 그토록 거칠어 질 수 있다는 건 그의 손을 잡아보고 알았다.

> 집에서 편지가 왔는데 "돌아올 때 새 집 사오라"고 썼더라고. 돈 많이 벌어 오라는 이야기지. 근데 지금 형편으로는 새 집은커녕 마흔 다섯 달라 가지고 간다고.

그의 손을 맞잡았다

얼마간의 시간이 지났을까? 한국으로 도망가면 되지 않느냐는 심각한 이야기까지 건넸을 때 우리 앞으로 갑자기 북한사람처럼 보이는 한 사람이 걸어오는 게 보였다. 이야기를 나누면서도 불안했던지, 누가 볼까봐 계속 주위를 두리번 하던 그였다. 더 이상 그와 이야기를 나누면서 부담을 주고 싶지는 않았다. 그에게 그냥 돈을 주기에는 부끄러웠다. 자존심 밖에 없다는 그의 마음을 상하게 하고 싶지는 않았다. 그래도 계획분을 바치지 못해 오늘밤을 걱정하는 그에게 조금의 돈이라도 건네고 싶었다.

"오늘 하루 일당은 제가 드릴게요. 저하고 이렇게 시간 보내주었으니까 일당은 제가 드릴게요. 자본주의에서는 일한 만큼 돈을 줘야 하거든요. 6월에 나오면 꼭 연락해요."

운동쟁이라 거짓말은 안해

못내 헤어짐이 아쉬웠던지, 아니면 돈을 건넨 마음이 고마워서 인지 그는 필자에게 자신의 전화번호를 남겼다. 필자는 그에게 전할 현지 전화번호가 없었다. 그곳에 계속 머무는 게 아니기 때문에 전화를 해도 서로 받지 못할 게 뻔했다. 하지만 그와의 인연이 거기서 끝나면 안될 것 같았다. 그에게 양해를 구하고 그 자리에서 현지 선교사님께 전화를 걸어 사정을 설명하고 그의 전화번호를 알려주었다. 나중에 다시 나오게 되면 이 전화번호로 연락하라며 약속했다. 그는 이번에 들어갔다가 다시 나올 때 필자에게 골동품을 하나 주겠다며 큰소리쳤다.

> 일이 잘 되면 내가 나올 때 청자 골동 하나 갖다 줄게요. 진짜 있어요. 진짜에요. 난 운동쟁이라 거짓말은 안해. 청자기 하나 줄게요. 큰 거는 아니고 수단과 방법을 다해서 나올 때 갖고 나올게요.

헤아려주는 마음이 고마워서 마음만 받겠다고 했다. 그러자 자신을 믿지 못하냐며 운동쟁이는 절대 거짓말 하지 않는다고 말한다. 수단과 방법을 다해 약속을 꼭 지키겠다고 말하는 그였다. 더 이상 거절하는 것도 그의 호의를 무시하는 듯 보였다. 어차피 일어나지 않을 일이라 생각하고 그냥 고맙게 받는다고 말했다.

"그래요. 그럼 그거 잘 팔아서 우리 반으로 딱 나눕시다."

헤어지기 전에 꼭 그에게 물어보고 싶은 게 있었다. 필자가 처음에 그에게 눈길을 보냈을 때 왜 피하지 않고 계속 봤을까 라는 의문이었다.

"말 좀 하고 싶은 생각이 들더라고. 조선사람은 느낌이 별나단 말이에요. 말하고 싶어서 계속 봤지. 사람 인연이지 뭐. 자기 운명은 자기가 개척한다. 뭐 그런거..."

그 순간이 서로에게 마지막이었다. 너무도 갑작스럽게 북한 사람처럼 보이는 사람이 우리가 있는 곳으로 다가왔다. 서로가 그대로 반대방향으로 돌아섰다. 인사 한마디 나누지 못한 헤어짐이었다. 그렇게 또 한명의 분단의 사람이 스쳐갔다.

평양편지

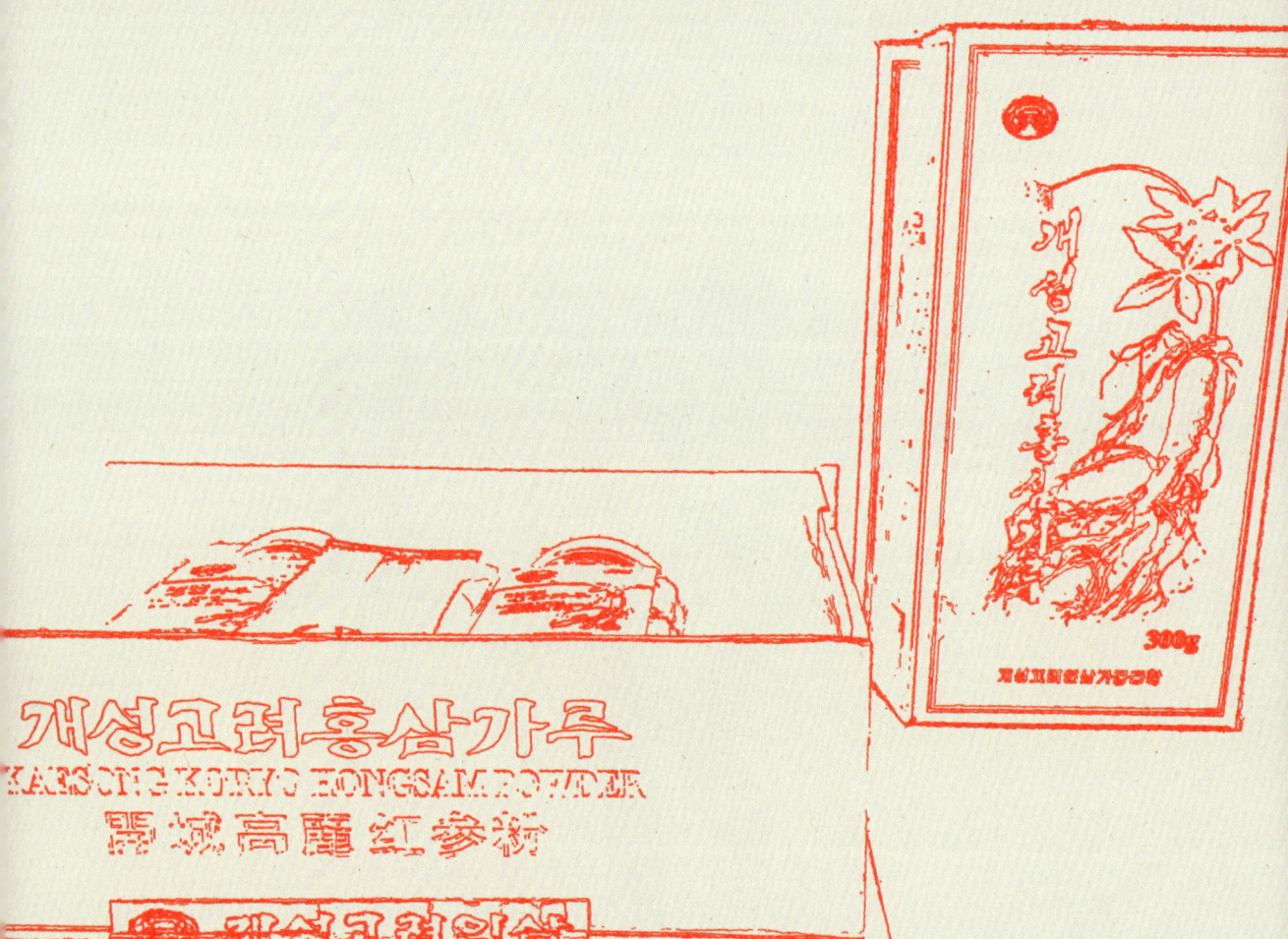

5. 아내에게서 온 편지

그를 정 친구라고 부르는 건 필자와 나이가 동갑이기 때문이다. 몇 살인지 묻는 필자의 질문에 그는 00띠 11월생이라고 했다. 필자가 00띠 2월생이니 내가 형이라며 으스대자 그는 그냥 친구하자며 멋쩍게 웃었다. 그렇게 첫 만남에 친구가 되었다.

친구가 된 그와의 만남 하나만으로도, 밤새 10시간을 꼬박 달려간 의미는 충분했다. 러시아에 온 지 6년이 되었다는 그를 만난 건 하바롭스크의 어느 시장이었다. 시장에서 그를 만난 건 우연이었을까, 아니면 운명적인 만남의 시작이었을까?

어디론가 급히 뛰어가는 그를 붙잡고 "조선사람이냐"고 물었다. "나도 조선사람인데 만나서 너무 반갑다"며 잠시 이야기를 나눌 수 있냐고 물었다. 너무도 흔쾌히 허락해 준 그는 오히려 필자를 이끌고 자신이 자주 간다는 곳으로 안내했다. 시장 한 켠의 허름한 맥주집이었다.

남조선하고 북조선하고 말이 같나?

공사용 자재를 사러 시장에 자주 온다는 그는 물건을 사면 꼭 들르는 맥주집이 있었다. 점원도 그를 잘 아는지 주문할 때 서로 인사를 나누기도 했다. 맥주값은 자기가 내겠다며 필자가 계산하려는 걸 막아섰다.

"맥주값은 내가 낼게요. 기지 말고 거기 있으라요."

러시아어를 모르는 필자를 제쳐두고 그와 점원이 대화를 나누며 서로 웃었다. 무슨 일이냐고 물었더니 종업원이 그에게 질문을 하더란다.

"남조선하고 북조선하고 말이 같나하고 물어요. 그래서 내가 같다고 했더니, 남조선 말은 미국말하고 비슷하다고 그래요."

평소에 그가 북한 사람인줄 점원은 알고 있었다고 한다. 그런데 한 번도 같이 오지 않던 낯선 사람과 동행한 걸 보고 점원이 남북한 사람이 서로 말이 같은지 질문한 것이다. 남북한 사람들... 우리는 분명 같은 사람인데 낯선 외국인의 눈에는 전혀 다르게 보일 수도 있겠다는 생각이 들었다.

"조국에서는 술 한 잔도 마시지 않았어. 여기에서 혼자 일하고 하니까 저녁에 아무래도 술 조금 한다고."

정 친구는 북한에 있을 때 술을 전혀 마시지 않았다. 러시아에 일하러 나와 혼자 있는 밤이 길어질수록 술은 그에게 유일한 위안이 되었다고 한다.

머리만 잘 굴리면 큰 돈도 벌 수 있다

"색시하고 같이 왔나?"
"아니 나 혼자 왔어요."
"돈 벌러 온 것은 사실인데 뭘 하면서 돈 벌라고?"
"뭘 하면 좋겠어요?"
"자기 머리 굴리기 탓이지. 먹고 살기 위한 장사를 하던지."

러시아에서 사업을 하려고 시장 조사를 왔다고 했다. 그랬더니 그는 어떤 장사를 하면 좋을지 여러 가지로 조언을 해주기 시작했다. 쉬운 일은 아니지만 "자기 머리만 잘 굴리면 큰 돈도 벌 수 있다"며 힘주어 말했다. '우리식 사회주의'를 외치며 '하나는 전체를 위하여, 전체는 하나를 위하여'로 살아간다는 북한 사람 입에서 "자기가 어떻게 하느냐에 따라 돈을 벌 수 있다"는 말을 들었다. 어쩌면 아주 기본적인 자본주의의 전형적인 방식을 지금 그는 말하고 있는지도 모르겠다.

"레몬트는 집을 수리한다는 뜻이야. 나중에 내가 일하는 집에 한번 가보자요. 문짝도 달고, 가구도 조립하고 바닥도 깔고 다 해."

그도 혼자 청부 일을 하는데 집수리를 주로 했다. 닥치는 대로 무슨 일이든 다 한다는 그는 자신이 지금 일하고 있는 곳에 같이 가보자고 했다. 나중에 알고 보니 그는 다른 청부 북한노동자들을 일당으로 주고 고용할 만큼 여러 개의 공사를 맡고 있었다.

지갑 속 가족사진

"평양에 애들은 있어요?"
"애들 사진 갖고 다니지."

자녀가 있냐는 질문에 그는 자신의 지갑을 꺼내더니 사진 한 장을 보여주었다. 6년 전 아이의 모습이었다. 5살 때 두고 온 아이는 지금 11살이 되었다고 한다. 6년 동안 자식의 얼굴을 사진으로 대신하며 그리움을 달래고 있었다.

"애비 닮아 잘 났는데 아직 6년 동안 한 번도 못 봤어. 유치원 때 찍은 사진인데 6년이나 지났어. 클 때마다 사진을 보내줘."

평양에서 오는 편지에는 아들이 커갈 때마다 찍은 사진이 항상 들어 있었다. 어린 아들은 아버지의 얼굴을 기억 못할지언정, 아버지는 아들의 얼굴은 물론 숨소리조차 잊지 않은 듯 했다.

"처 사진도 있어. (예쁘다) 00년생이니까 나보다 3살 어리지."

지갑 속에 소중히 넣어둔 아내와 아들의 사진, 그것이 지금의 고통을 견디는 희망이자 삶의 질긴 끈이었다.

정 친구는 완전 사장님이네

"6년이면 조국에 들어갈 때 다 되었네요?"

"한 2년 더 있어도 돼. 여권을 연기해서."

그는 여권을 한 번 더 연장해서 2년의 시간이 더 남았다고 했다. 4년이 만료인데 한번을 더 연장했으니 앞으로 2년은 더 일할 수 있다. 하지만 그의 의사와 상관없이 대북제재로 인해 해외 북한노동자들이 철수해야 하는 시기가 다가오고 있었다.

"달러를 바꾸었어요. 여기 시장에 바꾸는 데가 있어요. 잔달러가 필요해서 바꾸었어요. 조국에서는 잔달러가 더 필요해요."
"달러를 바꿔 주는 곳이 있어요?"

그 곳 시장에는 그들이 달러를 바꾸는 전문 환전소가 있었다. 항상 돈은 달러로 바꿔서 보관한다고 했다.

> 10시부터 3시 사이에 한다고. 도로 옆에 차 세워놨지. OOO이라고 쓴 번호가 있는 차가 있어. 방크(은행을 뜻한 영어 단어 뱅크를 의미함)보다는 눅으니까(저렴하니까) 거기서 바꾸지. 조선 사람들은 다 거기서 바꿔. 방크는 한 사람당 제한이 있어. 달러는 조국에 갈 때 쓰려고 바꾸어 놓는거지. 내놓고는 못 쓰는데 모든 것이 다 달러로 해. 조국에 다 달러로 보내지. 보내면 에미나이가 달러를 우리돈으로 바꿔서 쓰지.

좀 전에 가족사진을 꺼낼 때 그의 지갑 안에 두둑이 돈뭉치가 있는 걸 봤다. 무슨 돈을 그렇게 많이 갖고 다니는지 물었다.

"난 일하는 사람이니까, 돈을 갖고 다녀야 돼. 내가 사람 시켜서 2명 일한단 말이야. 6층 짜리 오피스에 8명 일하고, 개인집에 2명 일하니까. 나도 직접 일하고 또 다른 곳에 사람 보내."

"정 친구는 완전 사장님이네."

"그 친구들한테 내가 돈을 주지. 이거 가격 얼마다 하면 내가 봐주고, 마지막 작업은 내가 마무리 하지. 잘못되면 변상해야 하니까 마지막 작업은 내가 해야지."

그는 직접 일을 맡아 하면서, 동시에 다른 북한노동자를 고용해 여러 작업장을 관리하고 있었다. 어떻게 그리도 사업 수완이 좋은지 비결을 알려달라고 했다.

"난 러시아에 처음이야. 서 너번 나온 사람도 나처럼 이렇게 일하는 사람 드물다고 그래요. 사람을 잘 만났다고 봐야지."

우리는 세금이 비싸요

"그 정도면 돈도 많이 벌었겠네. 지금까지 얼마나 벌었어요?"

"우리는 세금이 비싸요. 한 달에 50,000루블 정도 내야 돼. 늙은집 하나 소개해 줄까요? 한 달에 3,500루블 정도 내는데 쏘련 아는 사람들 소개 많이 해 주었다고. 우리는 합숙생활을 하는데 50,000루블을 낸다고. 벌면 그것부터 내고 먹고 쓰고 나머지 돈은 조국에 보내지. 세금이 비싸니까 많이는 못 보내."

그는 계획분을 세금이라고 표현했다. 한 달에 50,000루블을 바치면서도 그게 당연히 지불해야 할 돈으로 생각하는 걸까? 그러면서 필자에게 한 달에 3,500루블 짜리 셋방을 소개해 주겠다고 한다. 3,500루블이면 한 달 동안 집을 얻을 수 있는데, 무려 15배가 넘는 돈을 자신은 세금으로 내고 있다.

미국놈이 우리 밥 먹여주간

"6년 동안 돈 좀 많이 보냈어요?"
"첫 해 1,500달러 정도 보내고, 두 번째도 1,000달러 보냈지. 먹고 살려 보내지. 조국 힘들다는 건 국제적으로 다 알지. 봉쇄하니까 살기 힘들지. 미국놈이 우리 밥 먹여주간."

그가 6년 동안 일하며 가족에게 보낸 돈은 거의 2,500달러 정도였다. 앞서 다른 노동자들과 비교해 보면 상당히 많은 액수다. 3년 동안 대략 200달러 정도 밖에 보내지 못해 총으로 사장을 쏴 죽이고 싶다는 노동자도 있었지 않은가? 청부 일을 하는 북한노동자들 중에 80%는 한 푼도 못 보냈을 거라며 힘들어 하던 다른 노동자의 증언과 비교하면 정 친구는 꽤나 많은 돈을 가족에게 송금했다.

"미국이 조선을 봉쇄하기 때문에 경제적으로 힘들다"는 논리는 전형적으로 북한 당국의 선전선동이다. 그는 러시아에 나와서 자본주의를 배워가면서도 여전히 미국 때문에 북한경제가 힘들다는 주장은 받아들이고 있었다. 아니면 필자가 남한 사람이라 자신이 교육 받은 대로 그렇게 말만 하는 것인지는 알 수 없었다.

대외건설 나온 조선 여자들

그와 대화를 나누는 중에 문득 좀 전에 시장에서 본 김치가 떠올랐다. 낯선 타국에서 혼자 지내며 밥은 어떻게 해 먹는지, 고향의 맛은 생각나지 않는지 궁금했다. 그는 시장에 가면 김치며 조선음식을 파는 곳이 있기는 한데, 자신은 주로 직접 요리해서 먹는다고 했다.

"난 거기서 안 사먹어. 나보다 못 만드니까."

시장에서 파는 음식보다 자기가 직접 요리한 게 더 맛있다며 자랑했다. 그러면서도 정말 조국의 음식이 그리울 때는 러시아에서 일하는 조선 여자들에게 부탁을 한다고 했다. 그가 말한 '조선 여자들'은 과연 누구일까?

> 대외건설 나온 조선 여자들, 공장에 나온 여자들 있어. 거기에 부탁해서 반찬 사 먹지. 식료품 공장에 나온 아이들이야. 김치좀 해 주라 하면 해 줘. 대신 돈을 줘야지 남의 인력을 어케 공짜로 쓰나. 전화로 해서 부탁하면 해줘. 서로 돕고 하지. 많지는 않아. 여자들 수는 적어. 주로 식료공장, 통조림 만드는 곳에서 일하니까.

대외건설 나온 조선 여자들은 다름 아닌 식료품공장이나 통조림 공장에서 일하는 북한 여성들을 의미했다. 돈을 주면 그녀들이 김치며 반찬을 해 주는 정도인데 매번 그렇게 부탁할 수 있는 건 아니었다. 서로 돕고 산다는 말이 귓가에 맴돌았다.

물 바꿔보면 아이 생겨

한참을 이야기 하다 화제를 돌리고 싶었던지 정 친구는 갑자기 필자에게 아이가 왜 없냐고 물었다. 처음에 자신의 아이 이야기를 하며 필자에게도 아이가 있느냐고 물었을 때 아직 자녀가 없다고 말한 게 기억났나 보다.

만나면 왠지 모르게 유쾌해지는 사람이 있는데, 정 친구는 딱 그런 스타일이었다. 활달하고 웃음도 많고 무언가 에너지가 넘치는 성격처럼 보였다. 그는 필자에게 아이 낳는 법에 대해 조언까지 해 주었다. 잠시간 나누었던 심각한 이야기들을 바꾸는 듯 서로가 그냥 호탕하게 한번 웃었다.

"00살인데 왜 아직 아이가 없어요? 늦게 장가갔나? 다 정상인데 아이가 없어? 해외 데리고 나오면 아이 생겨. 회사에 의사 하는 아이 있는데 돈 잘 버는데 쏘련 와서 아이 낳어. 물 바꿔보면 아이 생겨."

공화국하고 남반부는 완전 달라

"여기서 스마트폰은 안 써요?"
"스마트폰이 뭐이나?"
"조선말로 타치폰. 인터넷 되는 전화기요."
"조선사람은 절대 그거 갖고 다니면 안 돼. 직장장, 사장이 검열하니까. 걸리면 다 깨버린다고 단속반이. 보지 말라고 해요."

스마트폰을 절대 보지 않는다며 강하게 부정하는 그였다. 조금 과할 정도로 그는 마치 자신의 결벽을 주장하는 것처럼 보였다. 그의 관심은 오직 나라에서 시키는 일만 열심히 해서 계획분 잘 바치고, 가족들에게 보낼 돈만 마련하는 것이었다. 자신을 옭아매는 어떤 유혹에도 빠지지 않고 오직 한 길만을 간다는 전사의 심정이라고나 할까? 그런 비장함 마저 풍겼다.

하지만 그의 강한 부정은 오히려 그러한 유혹이 얼마나 무섭다는 걸 잘 알고 있기에 스스로를 지키고자 하는 최소한의 몸부림처럼 보였다. 그의 이야기를 직접 들어보자.

> 히틀러가 뭐라고 그랬어요. 거짓말도 백번 하면 진짜로 된다. 거짓말도 계속하면 진짜로 믿는다고. 그것처럼 인터넷은 진짜도 많지만 미국놈, 미국아이들이나 남조선 아이들이 우리 공화국과 이데올로기가 다르니까.
>
> 우리 공화국하고 남반부는 서로 다르잖아. 우리는 수령님 원수님 정치 하나로 살지만 여기는 미국이라는 지배에서 경제고 머고 종속되니까. 우리와 사상이 다르단 말이야. 우리는 인터넷에 뭘 담을 수 없지만, 야네는(미국을 의미) 인터넷에 우리를 시비중상 하는 게 많지.
>
> 인터넷이 100이라면 50은 꾸며댄 게 더 많단 말이야. 일단 계속 보면 거짓말도 오 정말이냐 하면서 믿게 되니까. 재미난 영화는 봐. 솔직히 말하면 인터넷에 재미난 영화 많이 나와. 나도 보고프다고. 근데 일하는 놈이 그런데 정신 팔리면 일을 못해요. 일해서 돈 벌어야지. 아니 언제 영화나 보고 섹스나 보고 할 시간이 어디 있어?
>
> 우리 조국에는 섹스 영화 그런 거 없으니까. 처음 왔을 때 쏘련 사람들, 우크라이나, 우즈벡키 같이 일하니까 호기심에 이런 것도 있나 하고 봤는데 이제는 취미 없지. 일해야 하니까.

눈떠서 자기전까지는 일해요

그가 속한 회사에는 300명의 북한노동자들이 일을 한다. 그 많은 수의 사람들이 한 곳에 "바글바글 생활한다"며 그는 "하모니카처럼 보인다"고 표현했다. 그 사람들이 모두 돈을 벌기 위해 이 고생을 하고 있다며… 조선 사람들처럼 그렇게 열심히 일하는 사람도 없다고…

300명이 같이 있어. 바글바글 하지 뭐. 하모니카처럼 쫙 있지. 3층짜리가 세동 정도 돼. 그 사람들 다 돈 벌러 나갔지. 벌기 위해 살아. 우리 조선사람들처럼 열심히 하는 사람도 없어. 눈떠서 자기 전까지는 일해야 하니까.

러시아시장에서 판매되는 북한 상품

● 아내가 평양에서 보낸편지 ●

의지의 화신, 불굴의 화신 OOO동지. 힘내십시오.

안녕하세요. 그동안 빨리 소식을 보내지 못해 몹시 기다렸겠지요. 은행에서 돈 보내왔다고 전화 왔는데 엊그제 편지가 또 도착했다고 하더군요.
편지도 찾고 돈도 받았어요. 얼마나 기뻐하던지 그날로 컴퓨터도 사고 매일과 같이 해요. 난 보면서 때려 죽여도 못할 것 같은데 동무네 집에 가서 좀 하더니 이제는 조작할 줄 알더군요.

앓지 말고 건강하신지요. 여기서 매일 들려오는 소리가 러시아에서 철수해 온다는 소리뿐이에요. 거기는 어떤지. 작년 8월부터 돌아오신다고 하니 한동안은 마음이 막 설레었어요. 빨리 와서 상봉의 그 날을 기다리면서 편지도 써 놓을 걸 일하느라 바삐 쓰느라 말도 잘 되지 않네요.

의지의 화신, 불굴의 화신 OOO동지. 힘내십시오.

편지 받으러 OO동에 갔다 오는데 감회가 새롭더군요. 벌이버스도 타지 않고 당신과 둘이 함께 걷던 그 길을 생각하며 걸어서 갔다 왔어요. 언제면 상봉의 그날이 오겠는지. 한편으로는 빨리 왔으면 좋겠고, 또 어떻게 하면 그래도 거기서 좀 더 있으면서 성공의 날을 기다리며 있겠는지... 성공의 날이 있기는 하겠는지... 당신도 얼마나 걱정이 많겠어요.

당신일이 잘되면 좋겠지만 그 이상 안되어도 어쩌겠어요.
어쨌든 살기 너무 힘든데 송금 받고 한숨을 좀 돌렸어요.
힘들어요? 당신이 곁에서 보고 잘 돌봐주었으면 하는 생각을 해요.

또 어떤 사람들은 남편이 구실 못하면 혼자 사는 게 낫다고 말해요. 하지만 난 그 반대에요. 내가 막 힘들 때 당신이 곁에서 도와주니까...

당신이 이제 와서 보면 깜짝 놀랄거에요. 학교에서 시험이 많이 나아졌다고 말하고 그래요. 아직 엄마한텐 아이지만요.
정말 저를 잘 도와줘요. 마음 착한 아이에요. 어찌보면 당신을 닮은 것 같고, 또 어찌보면 나를 닮은 것 같은데... 공부하는 걸 보면 할아버지 할머니도 고와라해요. 그래서 토요일마다 오라고 그래요.

거기서 이 신경 저 신경 많이 쓰이겠지요. 그래도 어쩌겠어요.
노력하다 안 되면 할 수 없지요.
나도 여기서 당신 앞에 부끄럽지 않게 살겠어요.
아직 남에게 빚은 없어요. 어떤 사람처럼 남에게 빚지고 먹고 살지는 않아요. 힘들어도 내손으로 바득바득 살아가요. 그래도 정말 힘들 땐 당신이 보내주세요.

당신이 보내 준 돈을 정말 아껴가면서 맞춰나가요. 한쪽으로 내가 버는 게 겨우 밥숟이나 뜰 정도에요.

당신이 건강히 돌아오기를 기다립니다. 언제면 오겠는지...
볼 수 있으면 있는 것도 좋고, ㅇㅇㅇㅇ년에 되지 않겠는지.
근데 다들 들어온다고 하니 마음이 막 설레일 때도 많아요.
상봉의 그날을 기다리며 이만 펜을 놓겠습니다.
시간이 바빠 말도 되지 않게 막 썼어요. 이해하고 보세요. 욕도 하면서.

ㅇㅇㅇ올림.

편지로 전하는 아이 얼굴

그는 6년 동안 해외생활을 하면서 아이의 얼굴을 한 번도 보지 못했다. 아이가 자라면서 변하는 모습은 그나마 상상 할 뿐이다. 어쩌다 사진이라도 한 장 들어 있으면 몇 날 며칠을 들여다보고 또 보며 그리움을 달랬다.

> 6년 동안 나와 있으니까. 편지의 100마디면 90마디가 아이 이야기에요. 몇 센티라는 것, 학교에서 공부 잘 한다는 거, 새 컴퓨터 사줬다는 거, 아버지 닮아 머리가 좋다는 거...

그는 편지 한 통을 옷 깊숙이 넣고 다녔다. 얼마전 아내에게서 온 편지였다. 가족생각이 날 때면 언제든 꺼내 읽고 또 읽는다고 했다.

한 통의 편지를 쓰는 잠시간의 여유조차 허락되지 않았던 것일까? 편지 뒷장으로 갈수록 알아보기 힘들만큼 글씨를 날려서 썼다. 그래도 타국에 있는 남편에게 연필심 꼭꼭 눌러가며 한 글자씩 써내려간 편지에서 아련한 그리움이 고스란히 묻어났다.

편지를 보는 내내 가슴이 울컥했다. 남편을 생각하는 마음, 아이를 혼자 키우며 살아갈 아내의 마음, 앞으로 어떻게 살아갈지에 대한 마음들이 오롯이 전해지는 것 같았다.

그런데 문득 그의 편지를 보며 북한 당국이 편지 검열을 하는 건 아닌지 걱정이 되었다.

"편지 검열은 안 해요?"

"검열을 왜 하나. 그런 건 안 해. 편지 검열하는 건 없어. 누가 그걸 하나. 스마트폰은 검열하지만 편지는 왜 검열하나."

그는 "누가 편지를 검열하느냐"며 어이없는 웃음을 지었다. 그러면서 아내가 너무 너무 보고 싶지만 그저 참는 거 외에는 다른 방법이 없다고 말한다. 그러면서 자연스럽게 편지 내용에 대해 서로 이야기를 나누었다. 무엇보다 대북제재로 인해 러시아에서 철수해야 하는 현재 상황에 대한 이야기였다.

수령님 서거 했을 때도 막 뒤집어 진다 했는데

"대북제재 때문에 힘든가 봐요?"

"우리 뭐 옛날부터 제재 받아서 제재하면 또 하는구나 이렇게 생각하지. 근데 계속 보도에 나오니까 신경은 쓰이지. 제 땅 안에서 제 거 먹고 사는데 제재한다고 달라지나. 힘든거야 있는데 내 나라가 뒤집어 진다고 생각하면 망상인거지. 아예 망상인거지. 수령님 서거 했을 때도 막 뒤집어 진다 했는데 그케 되나 안되지."

전쟁해야 돼 전쟁, 그래야 정신차리지.

그는 대북제재로 조금은 힘들지만, 나라가 뒤집어 질 만큼은 아니라며 큰소리쳤다. 그러면서 그가 꺼낸 말은 다소 충격적이었다.

전쟁해야 돼 전쟁. 그래야 정신차리지. 미국이라는 땅이 없어져야 돼. 아니면 조선 계속 못 사는데. 조선이 더 잘 살 수 있는데 미국 때문에 그렇다고. 둘 중에 하나는 없어져야지. 미국놈들 무서워서 전쟁도 못하면서, 무슨 배짱도 없이. 입질만 하는 거잖아. 말로만 제재 하는데 그딴 게 뭐 필요하냐. 나도 대학은 졸업했어. 가정이나 나라나 먹고사는 게 같은데. 내가 온 다음에 건설 많이 하고 거리 많이 세웠으니까 평양이 바뀌었지. 우리나라 건설속도는 비교가 안된다고. 속도가 아예 빠르다고.

전쟁을 해서라도 미국을 없애야 한다며 주먹을 불끈 쥐는 그의 모습이, 조금전 정겨운 이야기를 나누던 친구라기에는 무척이나 낯설게 느껴졌다. 정치와 관련한 이야기만 나오면 금세 분노 섞인 모습을 드러내는 그가 한편으로 무섭기도 하고 가엾기도 했다. 괜시리 심각한 이야기로 그의 마음을 불편하게 했다 싶어 가족에 관한 이야기로 다시 화제를 돌렸다.

"아드님이 앞으로 뭘 하면 좋겠어요?"

"내가 간부라면 바라는 대로 되지. 뭘 하면 좋겠다 하면 그 길로 뻗는다고. 근데 내가 힘없는 사람이니까 공부시키고 하지. 뜻대로 안되는 게 인간 생활이라고."

"조국에 예쁜 아내가 있지만 6년 동안 혼자 있으면서 다른 생각 안나요?"

"나지요. 안 난다고 하면 거짓말이라고. 우리 처가 날 끔찍이 여기고, 나도 그런데, 그렇다고 여자 생각 안 난다고 하면 거짓말이라고. 여긴 러시아잖아. 감정이 통하지 않아. 일하면서 별일 다 겪어. 러시아 여자들과 겪은 재미난 소리 해줄까? 한번은 일감이 들어와서 척 갔지. 중년의 여자가 사는 집이었어…"

이 책에서 공개할 수는 없지만 그가 일하는 곳에서 여성과 겪은 사건들은 그의 표현처럼 '재미난 소리'는 아니었다. 그런 일을 세 번이나 겪었다고 했다. 매번 유혹(?)으로부터 자신을 지킬 수 있었던 건 오직 가족과 돈 때문이라고 말하는 그였다.

이렇게 안 살았으면 좋겠어

문득 그의 소원은 무엇일지 궁금했다. 그는 어떤 꿈을 꾸며 살아갈까?

어머니, 아버지 다 건강하고. 재미나게 복잡한 심경 없이 살기 위해 바득바득 안했으면 좋겠어 이렇게 안 살았으면 좋겠어. 부부가 일생에, 같이 결혼해서 힘들어도 같이 살고 같이 아이품고 살아야지. 6년 동안 휴가도 못가고… 그게 인생인가. 미국놈이 싫다고. 미국놈이 원수야. 전쟁해서 미국놈 없어져야지. 모든 사람은 포부는 다 같아. 잘살고 싶은 목표는 같다고. 땅덩어리에 있는 모든 사람은 같다고.

'하나님 믿으면 잘 살아' 이런 말 들으면 철딱서니 없이 들려

그에게 여기에 있으면서 남한 사람을 만나본 적이 있는지 물어보았다. 직접 만난 적은 없지만 러시아동무의 아내가 바로 남한 사람이었다면서 그와 관련한 이야기를 들려주었다.

내 러시아 동무가 남조선 여자하고 산다고. 남조선에 갔다가 눈이 맞아서 결혼했대. 내가 그 집에 초청받아서 몇 번 놀러 갔어. 그런데 그들은 특기가 있어. 조선사람을 만나면 성경을 주입 할려고 하는 특기말이야. 일하고 돈 주라고 하면 통해도, 하나님 믿으라 하면 안 통해. 하나님한테 약 달라고 하면 약 주니? 고립무원 사막에 떨어놓으면 하나님 한테 밥달라고 하는 사람들이야. 성경에 밥이 나오나? 남조선 사람하고 친한 쏘련 사람은 100%가 성경을 이야기해. 간첩임무를 받은 것도 아니고. 조선 사람은 거기에 절대 안 넘어가. 맞지 않아. 우리가 살기 힘들잖아. 하나님 믿으면 잘 살아 이런 말 들으면 철딱서니 없이 들려.

우리 수령님이 최고인데 그 다음에 정주영이 최고야

그는 하나님은 절대 믿지 않는다고 말한다. 하나님을 믿으면 밥이 나오냐며 목소리를 높였다. 그러던 그가 하나님 대신 믿는다며 자랑스럽게 말한 인물은 바로 고 정주영 회장이었다.

정주영처럼 머리가 휙 돌아서 남이 생각하지 않는 걸 해야지. 당연히 우리 수령님이 최고인데 그 다음에 정주영이 최고인 것 같아. 세계적인 갑부니까 우리 자랑이라면 자랑이지. 미국 록펠러가 백만장자니 억만장자니 하지만 3대에 걸쳐 억만 장자 된거잖아. 근데 정주영이는 자기 대에 억만장자가 되었으니 머리가 좋은 거지. 그것까지 사상을 이야기 하면 안 돼.

그와 헤어질 시간이 또 다가왔다. 다른 사람들 일하는 곳에 자재를 빨리 갖다줘야하기 때문에 서둘러 가야 한다고 했다. 이대로 헤어지면 그를 다시 보지는 못할 것 같았다. 블라디보스토크에서 10시간이나 꼬박 걸리는 이곳을 다시 올 엄두가 나지 않았다. 설령 필자가 다시 그곳을 간다 해도, 그가 북한으로 떠날 기한이 얼마 남지 않았기에 만남을 장담할 수 없었다. 그에게 연락처를 하나 달라며 메모지를 건넸다.

"혹시 사람이라는 게 인연이 어떻게 될지 모르잖아. 일할 거 있으면 꼭 연락 줘요."

그는 마치 필자를 금방이라도 다시 만날 수 있을 것처럼 말했다. 그러면서 일감을 소개해 달라는 말을 끝까지 잊지 않았다. 그렇게 친구와의 잠시간의 만남은 또 한번의 영원한 헤어짐이 되고 말았다.

"잘 지내요. 전화할게요. 앓지 말고..."
"일없어. 친구도 잘 가라요."

찬송가

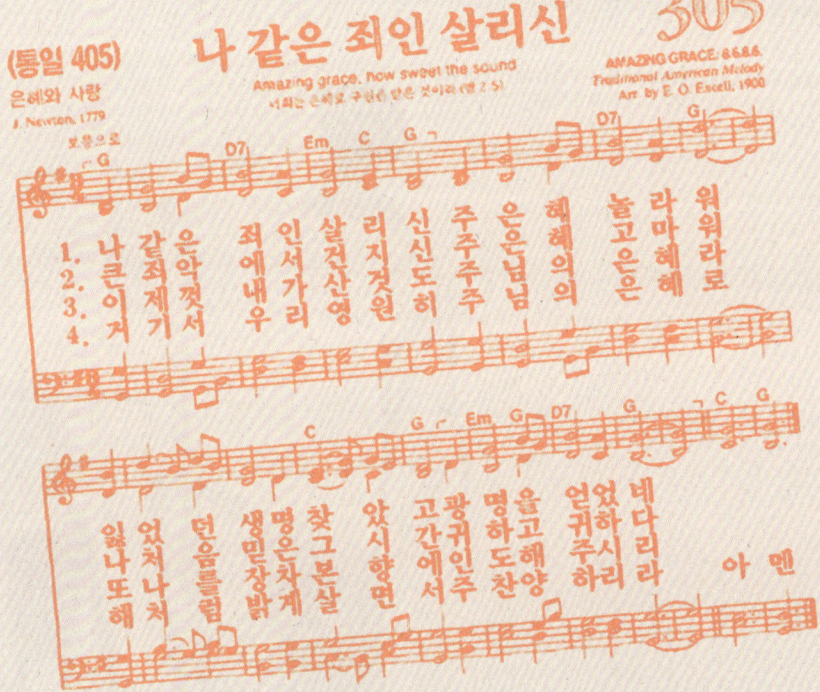

6. 찬송가를 외워서 부르기까지

그에 대한 기억은 북한사람 같지 않았다는 점이다. '북한사람'이 어떤 의미인지 표현할 수는 없다. '북한사람', '남한사람'이 어떻게 구분되는지도 잘 모르겠다. 하지만 분명 그는 북한사람 같지 않았다.

그를 만난 건, 그가 북한에 들어갔다가 6개월 비자를 받고 다시 나올 때쯤이다. 현지 선교사님의 도움으로 알게 된 그와의 특별한 '하나님 공부' 이야기를 나눠보려 한다.

7차 당대회를 앞두고 계획분 두 배 바치기

올해 나이가 사십대 초반인 그는 평양에 아내와 아들이 있다. 가족을 생각하며 하루하루 버텨가던 그였다. 하지만 러시아에서 '충성의 외화벌이'로 살며 작년만큼 힘들었던 때도 없었다고 한다. 바로 제7차 당대회를 앞둔 시점이었다. 북한에서 당대회를 앞두고 계획분을 앞당겨서 바치라는 지시가 떨어졌다. 바쳐야 할 돈은 없고 너무도 막막한 상황에서 현지 선교사를 접하게 되었다.

> 러시아 노동자들이 돈이 얼마 없어요. 일감도 없는데 돈은 빨리 내야지요. 두 달 치를 먼저 바치라는데 바칠 수가 없지요. 그래서 뛰어야겠다고 생각했어요. 북한에서 김일성-김정일주의라고 하거든요. 10대원칙이 있어요. 교회의 10계명과 똑같아요. 10계명의 넷째까지는 하나님에 대한 것이고, 5번째는 우리가 행할 것을 말하잖아요. 근데 10대원칙은 신처럼 받들어야 한다, 모셔야 한다, 자세는 이래야 한다는 신격화 내용밖에 없어요. 그게 딱 대입이 되더라구요. 이게 바로 신격화구나라는 것을 알았어요.

하나님 공부하면서 얻게 된 체험

계획분도 바치치 못하고 이대로 도망을 가야 하나 할 정도로 힘든 시기였다. 그 때 선교사로부터 기독교에 대해 듣게 되었다고 한다. 그는 자신의 경험이 교회에서 말하는 간증처럼 신비한 체험이었다고 목소리를 높였다. 하나님을 믿게 되면서 그 힘든 시기를 넘길 수 있었다는 내용이었다.

그 때 하나님 공부하면서 체험이 있었어요. 지금도 느껴요. 어디에 가도, 일터에 가거나, 자거나 앉아 있어도 기도를 해요. 일이 다 잘되고 마음이 편하고 그래요. 그걸 느끼면서 내 일이 다 잘 되는거에요. 일감도 많이 찾아지고. 그러면서 열성분자가 된 거에요. 계획분도 다 바치게 되고... 김일성-김정일 기둥이 쓱 스러지고 하나님 기둥이 세워지더라구요

아파도 나가서 무조건 일을 해야 되니까...

그는 러시아에 해외 파견노동자로 오기 전까지 북한에서 회사일을 했다. 돌을 가공해서 수출하는 회사에서 돌을 연마하고 절단하는 일을 맡았다. 그런데 러시아에 나와 보니 북한에서의 일쯤은 식은 죽 먹기였다. 가족과 떨어져 생활하는 그 자체가 너무도 힘든 시간이었다.

회사에서 일을 했어요. 돌을 가공하는 회사인데 수출하는 공장이에요. 연마하고 절단해야 하는데 다 사람이 해요. 조국에서 일할 때보다 여기가 더 힘들지요. 조국에서는 시끄럽게 놀아도 가족이 있고 한데, 여기는 아파도 나가서 무조건 일을 해야 되니까요.

가족과 떨어져 몇 년을 타국에서 고생한 그였다. 돈이라도 많이 벌어서 들어가면 좋겠지만 실상은 그렇지 않았다.

평양에 아직 집이 없어요. 집값을 마련하려고 왔는데 5년 동안 돈을 벌지도 못했어요.

한국에서 날아온 삐라

어쩌면 그를 처음 만났을 때 그가 북한사람처럼 여겨지지 않았던 이유는 한국에 대해 너무 잘 알고 있었기 때문일지도 모른다. 북한의 10대원칙과 기독교의 10계명을 비교하며 신격화 된 북한체제에 염증을 느낀다는 말은 자연스럽게 그의 행동을 이끌었다. 북한체제 안에 살지만 마음은 이미 그 곳을 떠나 있었다.

더욱이 그는 군 생활을 하며 경계선을 넘어온 삐라를 통해 남한을 미리 본 경험이 있었다. 이미 오래전부터 남한을 동경하고 있었을까?

> 여기서는 한국 분들 만날 기회가 별로 없었어요. 군 복무하면서 한국에 대해 들었어요. 한국과 가까운 해안쪽에 근무했어요. 포장용지나 삐라 같은 거 들어오면 보면서 많이 알았어요. 김영삼 대통령이 수해 때 지원해 준 거도 알았어요. 땅에 떨어지면 다 봐요. 삐라 줍는다고 고생도 많이 했어요.

알판으로 영화 많이 봐요

그는 러시아에서 일하는 게 너무 힘들어 도망 가고 싶을 정도라고 했다. 하지만 그는 그렇게 하지 못했고 지금 그 자리에 그대로 있다. 그럼 정말 도망을 간 사람들은 어떻게 되었을까?

> 한국 간 건 모르고 러시아 내 어디 있다고 생각하기 때문에 불이익은 없어요. 평양에서는 뛰는 사람이 없어요. 평양에서 간 사람들은 가족을 지

방으로 내 보내고 감사를 해요. 모르면 그냥 평양에 놔두고요.

평양 이야기가 나오면서, 최근 북한에서도 한국 영상물을 많이 본다던데 그도 영상물을 봤는지 물어보았다.

한국 영화를 통해 알게 된 영화배우 송일국

"김 선생도 한국 영상물 많이 봤나요?"
"영화를 많이 봐요. 알판 같은 걸로 보는데 자녀들이 부모 몰래 보는 것도 있어요. 영화배우 송일국이 아들 이름을 대한민국만세로 지은 것도 알아요. 지방에서도 많이 봐요. 평양보다는 많이 못 보지만. 중국에서 주로 알판이 들어와요."

북한주민들이 한국 영화를 보며 부러워한 건 비행기를 타고 해외에 나가는 장면이었다. 그들에게 해외를 나간다는 건 외교관들이나 할 수 있는 일이었다. 그는 이번에 북한에 들어갈 때 비행기를 이용했다고 한다.

여기서 고향까지 가는 시간이 기차로 3박 4일 걸려요. 비행기로 가면 3시간 정도. 이번에 비행기 타고 갔는데 싹 떴는데 싹 내리니까 정말 신기하더라구요. 고려항공 220달러 정도 되요. 가는 것만.

4절까지 외워서 부른 찬양

　오랜 시간 함께 대화를 나누었지만 더 이상 상세하게 그의 이야기를 전할 수는 없을 것 같다. 성경공부를 '하나님 공부'라고 말하는 그는 기독교의 간증집회 수준으로 자신의 신앙이야기를 이어갔다. 4절까지나 되는 찬양 한 곡을 가사도 안보고 끝까지 부르는 그였다. 그의 표현대로 그는 정말 '김일성-김정일주의 기둥대신 하나님기둥'을 세웠을까? 하나님의 축복이 그에게 가득하기를 기도한다.

　　찬송가를 보다가 305장이 딱 내 마음에 들어오더라구요.
　　'나 같은 죄인 살리신…'

7. 우리는 핵 대국, 남조선은 경제 대국

실은 그렇게 하면 안 될 일이었다. 두 동무를 같은 자리에서 만난 일 말이다. 두 동무가 서로서로 친하다고 해서 함께 자리를 마련했지만, 서로에 대한 눈치 보기로 제대로 마음을 나누지 못한 것 같다. 혹여나 두 사람에게 불편한 자리를 갖게 한 건 아닌지 미안한 마음도 든다.

맛있는 식사라도 한 끼 대접하겠다고 마음 써서 초대한 건데, 식탁에 놓인 많은 음식에 거의 손도 대지 않았다. 이야기를 나누는 내내 서로의 눈치를 봤지만, 그러면서도 마음 한켠에 조금 밀어두었던 솔직한 이야기들을 슬쩍 옮겨 놓기도 했다.

"우리는 핵 대국, 남조선은 경제 대국" 그러니 못해낼 일이 없다며 남북한이 함께 손잡아야 한다는 그들의 말이 진한 여운으로 남는다. 남한이 잘 산다는 걸 충분히 알면서도 자신의 체제를 부정할 수 없는 현실 앞에서 고뇌하던 두 동무의 모습이 눈에 선하다.

일감이 없을 때 조국에 휴가 가요

처음부터 대화의 주제는 집 이야기였다. 러시아에 나와 있으면서 가족이 보고 싶지는 않은지 질문했다. 40대의 남자들이, 그것도 처음 만난 남북한 출신 사람들이 한 식탁에 앉아 있으니 분위기가 무척이나 어색했다. 서로의 관심사는 가족이라는 생각이 들어 던진 질문이었다.

> 일 년에 한 번씩 갔다 와요. 러시아가 겨울에 너무 추우니까 일감이 없단 말입니다. 여름에는 일감이 넘쳐나는데. 일감이 없을 때는 휴가로 조국에 가서 한달 정도 있다가 와요.

일감이 없는 겨울에는 가족들이 있는 북한으로 휴가를 간다는 말이 조금은 낯설었다. 지금까지 러시아에서 만난 북한노동자들에게 휴가란 세상에서 맛볼 수 없는 달콤함이었다. 일이 없는 겨울에도 어떻게 하든지 한 푼이라도 더 벌기 위해 일감을 찾아 나서는 그들이었다. 그런데 일감이 없는 겨울에 한 달 정도 북한에 다녀온다는 그들의 말이 조금은 낭만적이고 비현실적으로 느껴졌다.

> "밥은 직접 해 드세요? 아니면 해 주는 사람이 있어요?"
> "숙소에 밥 해 주는 사람이 따로 있어요. 요리대학 나와서 자격증 받은 사람들이라 밥을 잘 해요."

북한노동자들이 생활하는 숙소에는 밥을 해 주는 요리사가 따로 있다고 한다. 지난번 다른 북한노동자들을 만났을 때 반찬이며 밥이 형편없어 불만을 제기하는 경우가 많다고 했다. 그런데 지금 마주하는 두 동무는 합숙소 식사에 전혀 불만이 없어 보였다.

대학생 자녀를 둔 가장

　대화를 나누는 두 명 중 한 명은 대학생 자녀를 둔 가장이었다. 아내와 한 살 차이라는 그는 남한에서는 여자나이가 남자보다 많은 경우도 있냐며 당연히 자신이 아내보다 나이가 많다고 했다. 그런데 처음 그를 봤을 때 30대 후반이라 생각할 만큼 젊어 보였다. 그의 실제 나이는 40대 후반이고 장성한 대학생 자녀를 두었다. 믿겨지지 않을 만큼 젊어 보였지만, 그렇다고 그의 나이를 확인할 수는 없었다.
　대학생 자녀 이야기를 하면서 자연스럽게 남한의 대학 등록금이 대화의 주제가 되었다.

　필　자: 아버지가 러시아 나와서 돈 많이 벌었잖아요.
　노동자: 에이 돈 번거 없어요. 대학 보낼 때 한국에서는 돈이 얼마나 들어요?
　필　자: 나라에서 하는 국립대는 좀 싸고. 그래도 4천 달러 정도 돼요. 일 년에 두 번 내요. 사립대는 그것보다 더 비싸요.
　노동자: 우리는 사립이란 게 없으니까.
　필　자: 조국에서도 대학 갈 때 돈을 내요?
　노동자: 딱 그렇게 질문하면 곤란하고. 뒤로 내는 거니까. 솔직히 나라가 어렵게 살지 않나요 우리. 숱한 대학생들을 다 돌볼 수 없잖아요. 친어머니들이 보태 준다 말이에요.

75살의 노모가 고향에서 기다리고 있다

북한에는 사립대학이 없고 나라에서 대학생들을 다 돌봐 준다는 말을 했다. 하지만 모든 대학생들을 나라가 키울 수는 없기에 진어머니가 돈을 보태준다는 말도 덧붙였다. 북한이 무상교육을 한다고 주장하지만 실상은 결국 부모의 재력이 있어야 공부도 할 수 있다는 말이었다. 조선로동당을 어머니로 표현하는 그들은 육신의 어머니를 '친어머니'라고 표현했다. 그들과 좀 더 친밀감을 나누기 위해 북한 노래 한 소절을 부르며 먼저 운을 뗐다.

"눈비에 젖을까 바람에 질까, 고여온 그 사랑으로…"

북한에서 잘 알려진 <어머니의 행복>이라는 노래였다. 한 두 소절이 지났을까? 두 동무 역시 같이 노래를 따라 불렀다. 그리고는 이내 눈물을 글썽였다. 40대의 중년 남자들이 눈물을 훔치며 노래를 부르는 모습이 상상이 되는지… 어머니라는 말 한 마디에 서러움을 털어내고 싶었던 걸까? 어머니는 모두에게 그런 존재였나 보다. 남이나 북이나 어머니에 대한 마음은 같았다. 노래가 끝나자 그가 나지막이 입에 되뇌었다.

"75세 노모가 고향에서 기다리고 계시는데…"

미국이 조선을 견제하니까

동무 사이라도 두 명이 같이 앉아 있으니까 왠지 서먹하다며 말을 아끼는 그들이었다. 하지만 미국이라는 공통의 적 앞에서는 의기투합하는 모습을 보였다. 그들도 그 자리가 참 답답했던 것 같다. 마음을 털어놓고 싶은데 서로 눈치를 보는 자신들이 싫었던 모양이다. 동포끼리 만나 식사 한 끼 하면서 말도 제대로 나누지 못하는 현실이 참으로 한심하다면서도, 그 모든 책임은 미국을 향했다.

> 미국이 나쁜 거지. 미국이 조선을 견제하니까. 조선... 이 쪼그만 나라 땅덩어리를 왜 이렇게 괴롭히는지 모르겠어요. 남조선 사람들 만나면 같은 동포로 만나서 밥 먹고 하니까 얼마나 좋아요. 서로 먹으라 권하면서. 동무 두 명이 앉아 있는데 우리끼리도 서먹서먹해서 말도 제대로 못하고 이게 뭐냐 말이에요. 너무 안타까워.

옆에 같이 앉은 동무가 들으라는 듯, 미국에 대한 적대감을 여과 없이 드러냈다. 분명 자신의 울분이기도 하지만 미국이 원수라는 말을 동무가 들으라는 듯 흥분하며 자신의 당성이라도 증명하려는 듯 보였다. 어색한 시간은 여전히 계속되었다.

남북한 문화 차이: 사우나 같이 가요?

남자들끼리 대화의 어색함을 메꾸어 보려고 사우나 이야기를 꺼냈다. 한국에서는 남자 친구들이 사우나에 가서 우정을 다진다는 말도 있다며 농담조로 건넸다. 다음에 기회 되면 사우나에 함께 가자고도 청했다. 그런데 남북한의 문화적 차이로 인해 사우나라는 말이 그리도 서로 다를 줄은 전혀 예상 못했다.

> 우리가 알기에는 사우나는 좋지 않은 것으로 알고 있어요. 취지를 몰라

서가 아니라 우리로서는 상당히 불명예스러운 것으로 생각해요. 사우나가 목욕하는 게 아니라 뒷거래가 이뤄지는 것으로 생각해요. 우리는 다 그런 표현으로 받아들여요. 우리 조선에서는 사우나 자체가 없어요. 원래 사우나는 목욕탕인데 여기 러시아에서는 그런 문화가 아니란 말이에요. 조국에서는 결혼등록증을 보여줘야 부부가 같이 가서 목욕하고 나온단 말이에요. 조국에서는 사우나 가자 이런 말을 서로 얼굴 뜨거워서 말 하지 못해요. 창광원, 문수원으로 부르지, 목욕탕이라고 부르지를 않아요.

사우나를 가면 아내에게 미안한 마음이 든다며, 옆에 있던 다른 동무도 한마디 거들었다.

여기 러시아에서는 사우나라는 게 목욕만 하는 곳이 아니라 나쁜 곳으로 생각되니까네. 아내가 어떻게 생각할까 먼저 생각한단 말이에요. 아내를 많이 생각하니까. 고향을 떠나, 조국을 떠나 왔으니까 더 조심해야지요. 조국의 품에 안기면 친구들끼리 다 같이 가서 생활적으로 놀면 되는데 여기 타지방에 나와서 그렇게 할 수 없잖아요.

몇 번이고 한국의 사우나 문화에 대해 변명 아닌 변명을 해 주었다. 찜질방이라는 곳에서는 어른 아이 할 것 없이 가족들이 도란도란 모여 찜질도 하고 미역국에 식혜도 마시며 즐거운 시간을 보내는 곳이라고 말이다. 아무리 설명을 해도 그들의 대답처럼 직접 보지 않고서는 서로의 문화를 이해하기 어려워 보였다.

우리는 안 가봤으니까 잘 모르잖아요. 서로 가까우면서도 아직 먼 거에요. 나중에 통일되면 꼭 가볼게요. 통일이 돼갔는지는 잘 모르지만요.

어색한 분위기를 바꿔보고자 시작한 사우나 이야기는 결국 남북한의 문화 차이를 느끼게 하는 분단의 단어가 되었다. 통일되면 사우나에 가서 서로 등도 밀어주고, 찜질방에서 미역국도 함께 먹자는 말은 결국 '언제 통일이 되갔는지...' 라는 절망으로 이어졌다.

사진 항상 건사하고 다녀요

사우나에 가는 게 아내에게 미안한 행동으로 생각할 만큼 끔찍이도 아내를 사랑한다는 그였다. "세상에 나 같은 사람 딱 한명 있다고 말해요"라며 자신을 향한 아내의 사랑이 얼마나 큰지 자랑했다. 하지만 그 사랑은 너무 아팠다. 10년 동안 아내와 딸의 얼굴을 딱 한번 봤다고 말한다.

앞서 일감이 없는 겨울에는 한 달 동안 휴가를 받아서 갔다 온다더니 정작 본인은 아직 한 번도 가보지 않은 것이다. 10년이면 강산도 변한다는데 얼굴이 기억은 날까?

"사진 항상 건사하고 다녀요. 내 딸, 내 아내..."

"편지가 와요. 오래 떨어져 있다가 만나면 더 깊어진다는 말도 있잖아요. 딱 붙어 있으면 좋다는 거 잘 몰라요."

제일 만만한 게 조선사람이니까

대화를 하면서도 연신 담배를 피우는 그였다. 하루에 한 갑 정도 피우는데 러시아에 나와서 담배를 피우기 시작했다고 한다.

"하루에 한 갑 정도 피워요. 여기 나와서 피우기 시작했어요. 조국에 있을 때에는 안 피웠어요. 그만큼 힘들다는 말이에요."

러시아에 나와서 담배를 배운 그는 들기 때문에 담배라도 피워야 한다고 말한다. 그런데 그 힘겨움을 달래주는 담배에 더 슬픈 이야기가 얽혀 있었다. 옆에 있던 동무가 담배 이야기를 다른 방향으로 이어갔다.

> 새벽에 길에 다녀보면 담배 달라고 하는 사람이 천지에요. 여기 러시아 사람들, 담배 달라고, 술 사달라는 사람 정말 많아요. 딱 붙어서 안가요. 조선민족이 서로 챙겨 주는 게 있으니까 한 두 개 주면 다 몰려와서 달라고 그래요. 계속 달라고 하면 안 줄 수도 없고…

여기까지는 별 문제 아닌 이야기였다. 러시아 사람들이 와서 담배와 술을 달라고 요구하는데 조선사람들이 정이 있어서 주다 보니 주변 사람들이 다 몰려온다는 그런 내용이었다. 담배에 얽힌 슬픈 사연은 지금부터다.

> 그런데 러시아 쪼그만 아이들이 와서 담배 달라고 그래요. 마약 사고 그럴까봐 부모들이 자식들한테 돈을 안 준대요. 애들이 담배는 피워야 하는데, 길 가다가 제일 만만한 게 조선 사람이니까 와서 달라고 그래요.

조선 같으면 상상도 못하지요. 아랫사람이 윗사람한테 담배 달라고 할 수 있어요? 못하지. 도덕관계는 나라에서 교양하기 전에 부모들이 다 배워주잖아요. 어머니가 자식을 만들어 주잖아요. 가족교육과 사회교육이 제대로 안 되는 것 같아요. 너 몇 살이야? 아버지가 그렇게 가르쳤나 하고 막 혼내줘요. 그러면 그냥 가요. 푹 눌러야지, 아니면 어린 애들도 막 무시해요. 우리 자존심 상하잖아요. 8살 9살 정도 밖에 안돼요. 야네 10살 정도면 우리로 보면 중학생 정도 되니까. 우리나라 같으면 상상도 못하지요. 그렇게 했다가는 교양소 가지. 사회적 모습을 더럽혔다고 교양소 가야돼요. 그런 건 철저히 단속해요. 여기 러시아에도 단속은 해요. 술 마시고 담배 피는 거 단속하니까 골목 같은데서 하고 그래요. 쪼그만 아이들이... 우리 조선에서는 상상도 못해요. 자식교양은 조선이 잘해요. 자식들 교육 못 시키면 민족의 흥망이라고 말해요.

"길 가다가 제일 만만한 게 조선사람이니까 와서 달라고 그래요."라는 말을 하는 동안 그의 눈에는 억울함이 가득 묻어나는 것 같았다. 8살 정도 되는 아이들이 와서 담배를 달라고 하는 것도 기가 찰 노릇인데, 그게 조선사람을 만만하게 봐서 그렇게 한다는 말은 더욱 마음이 아팠다. 러시아에서 생활하는 북한노동자의 삶을 어찌 보면 단적으로 보여주는 사례라는 생각도 들었다.

러시아에서 건설 일을 하며 흔히 말하는 임시직처럼 허드렛일만 하는 건 아닐 것 같았다. 건물 한 채를 뚝딱 지어내는 그들의 실력이라면 러시아에서 무시당할 이유가 없었다. 하지만 그들은 무슨 일이든 할 수 있었지만 전문영역의 일을 담당하기에는 한계가 있는 것도 사실이었다.

"여기 나온 북한노동자 중에 설계를 하시는 분도 있어요?"

"건설 설계 하는 사람은 좀 드물거에요. 설계도면을 볼 줄 아는 사람은 있어도 직접 할 수 있는 사람은 드물어요. 내가 직접 구상을 해서 그리기는 어려워요. 도면만 있으면 자재 타산도 하고 측정도 할 수 있지요. 도면을 주면 우리는 그거 보고 일이나 하지 직접 그리지는 못해요."

우리는 핵 대국, 남조선은 경제 대국

그들의 소원은 무엇일까 궁금했다. 두 사람 모두 한결같이 통일을 이야기했다. 그리고 자신들도 잘 살고 싶다는 말도 잊지 않았다.

"공적으로는 통일이고, 사적으로는 부자 되고 싶지요."
"조국통일 되고 나도 잘 살고 싶어요."

통일이 그들의 소원이라는 말에 "정말 우리가 통일되면 잘 살 수 있을 것 같아요?"라는 질문을 다시 던졌다. 그들의 대답은 단호했다.

"확신합니다. 우리는 핵 대국이고, 남조선은 경제대국이고. 우리는 한 나라니까. 우리가 합치면 세계적인 대국이 된단 말이에요. 히틀러, 무솔리니 보다 더 위대한 대국이 될 수 있단 말이에요. 핵강국 경제강국이 합치면 당연히 대국이 되지요. 난 확신해요. 빨리 통일되어서 군비경쟁 없애야 해요. 통일 안 되면 잘 살 수 없다고 생각해요. 빨리 전쟁이라는 이 두 글자를 없애버리고 하나가 되어서 세계로 나가야지요."

두 동무의 각자 생각을 좀 더 들어보고 싶었다. 이왕 통일에 대한 이야기며 정치이야기까지 서로 허심탄회하게 마음을 나누었는데 개별 질문 마다 어떻게 생각하는지 궁금했다. 그들의 마음을 조금 더 들여다보자.

질문 1: 그럼 통일은 왜 안 되는 것 같아요?

노동자 1: 첫째는 미국이고, 둘째는 북남간에 불신이 없어야지요. 서로 같은 동족으로 믿고 신임하고. 반목질시하지 말고 믿어줘야지. 같은 민족끼리 자꾸 너 나쁘다 하면 그게 바로 싸움이라고. 서로 화해하고 싸움을 피해야지요. 우리민족끼리 통일해서 군사문제 없애야지요.

노동자 2: 미국을 비롯해 3자 필요 없고, 북과 남의 문제지. 우리 문제인데 왜 남한테 강요하나. 북과 남은 하나의 집이라고, 다른 집은 필요 없어. 그게 바로 우리 원수님의 사상이라고. 세계정세는 우리보다 더 잘 아실 거니까 말할 필요도 없구요. 한 가지 분명한건 우린 한민족이니까 서로 악수하고 포용하고 힘 맞추어서 세계를 디디고 올라서, 고려, 한반도 조선을 세계 강대국으로 만들어야 한다고. 그게 바로 우리 뜻이라고. 우리가 전쟁하려고 하는 게 아니라고.

노동자 1: 남조선을 지켜준다고 세금을 내잖아요. 한미협정 같은 거. 남조선을 봐주는 거에 돈을 바치잖아요. 왜 기케 하나. 남조선 위정자들은 마치 빨간물 든다고 염려하는데 그렇지 않아요. 그건 거짓말이에요. 우리 수령님께서도 그거 바라지 않고 하나의 국가 돼서 잘 살자는 게 우리 뜻이란 말이에요.

질문 2: 한국에 입국한 탈북민이 3만 명이에요. 어떻게 생각하세요?

노동자 1: 갈 사람은 가라. 우리는 한 길을 간다. 속담에 개는 짖어도 우리는 간다라고 생각하지요. 간 사람에 대해 우리는 반역자, 변절자로 취급해요. 힘든거야 다 같지 뭐. 사막에서 오아시스를 찾아 가다가, 한 사람이 이탈해요. 저기 오아시스가 있어 하고 가면 우리는 상관 안 해요. 하나의 배 타고 조국 통일로 가는 노상에 변절자가 나오면 그만이지요. 그건 배신이에요. 한 개 국가를 배신하는 거에요.

노동자 2: 가는 길 험난해도 웃으며 갈 수 있어요. 그게 몸에 배겨서 그렇게 갈 수 있어요. 가라는 대로 가야지요. 끝까지 꼭 살아있어야 통일 보지요. 세상에 쉬운 일은 없어요.

질문 3: 뇌물까지 주면서 왜 여기에 오려고 해요?

노동자 1: 너무 잘 알고 있네요. 다시 물어보자요. 남조선에는 뇌물이라는 게 없나요? 아무 사회에나 다 있는 거에요. 마찬가지로 사람이 모인 게 사회인데, 가정에서 자식이 많으면 한 명은 나쁜 자식이야, 한 명은 공부 잘 해요. 한 가정에도 그런데, 한 국가에 그런 건 당연한거지.

노동자 2: 두 종류의 사람이 있어요. 공을 내 세우는 사람은 애국자야. 힘들지만 조국을 위해 나와 있는 거지. 가정에서 아버지, 어머니 있는데 국가는 자식이 100명인데. 작은 울타리 안에서 어머니가 낳은 자식이 나쁜 길로 가면 때리고 안타까워하잖아요. 국가도 가정과 같단 말이에요. 하나의 대가정이지. 자본주의는 개인이 있어야 국가가 있다고 하니까요. 사적 소유를 말하니까. 그건 할 수 없는 거고.

질문 4: 어떻게 하면 통일할 수 있을까요?

노동자 1: 그래서 연방제 통일해야 되는 거에요. 7.4남북공동성명 발표 보면 연방제 말하고 있잖아요. 통일에 무슨 사상이 필요하냐, 한 민족이다 연방정부 창설해서 북과 남 정상이 논의해서 유엔에 가입하자고 주장하잖아요. 종당에는 각각 유엔에 가입하고 말았지만... 연방제 방식 밖에 없어. 종교도 신앙도 필요 없고 연방으로 가면 되는거지.

노동자 2: 앞으로 세계는 조선사람이 다 잡을 것입니다. 전 확신합니다. 우수리 땅도 조선땅, 중국 장백산을 포함해서 다 우리땅이었잖아요. 남조선 사람들이 솔직히 경제로서는 발전됐으니까 땅을 찾기 위해 일해야 돼요. 우리 고려땅 이니까 조선에서 정치 잘못해서 잃어버렸는데 가슴이 아파요. 다 조선땅인데. 역사 기록책에는 다 조선땅이라고 기록되어 있으니까. 남조선 사람들이 우수리 땅을 사면 그게 조선땅이 되니까. 땅을 많이 사면 좋겠어요. 우리 민족의 보금자리, 요람인데 반드시 영토를 찾아야 돼. 우수리에서 한 시간 정도 가면 돼지목장이 있는데 거기에도 일하는 사람도 많아요. 콩, 보리, 강냉이 등을 넣어서 사료 만드는 곳이 있어요. 이 주변에 돼지목장이 많아요. 중국 조선족이나 고려인, 한국 사람이 운영하는 곳이 많아요.

우리라도 여기서 통일합시다

만나서 같이 식사를 하고, 형님아우 하며 친해져도 정치 이야기만 나오면 잡히지 않는 평행선처럼 서로 다른 길을 걷는 게 바로 남과 북이었다. 짧은 시간이었지만 서로의 다른 마음들을 확인하고 채워 가는 아픈 시간들이었다.

하지만 서로를 향한 진정성이 통해서였을까? 그날 우리의 마지막 인사말은 "우리라도 여기서 통일합시다"였다. "통일되면 다시 만납시다"라는 약속도 잊지 않았다. 새끼손가락 걸고 약속한 마음을 카메라에 담았다. 물론 얼굴은 담지 못했다.

해외생활

8. 해외생활 한 사람은 간부사업을 안 시킨다

그는 수완 좋은 사업가처럼 보였다. 핸드폰을 4개나 사용했고, 심지어 명함도 갖고 다녔다. 지금 체류하는 OO지역 건물 중 자신의 손길이 안 닿은 곳이 없을 만큼 건설일을 많이 했다고 자랑했다. 호탕한 성격 탓이었을까? 아니면 해외생활을 오래 하며 그의 말처럼 자본주의 물을 먹어서였을까? 그의 생각과 행동은 여느 북한노동자와는 많이 달랐다.

3대 세습이 결코 한 세기를 넘기지 못할 거라며 목소리를 높이던 그였다. 하지만 동시에 트럼프가 두려워 할 만큼 북한이 군사강국임을 자랑스러워했다. 필자에게 남조선 화장품을 북한에 팔아보자고 제안했던 그의 이야기를 직접 들어보자.

5년 동안 얼마나 벌었을까?

그를 알게 된 건 길거리에서 그가 나눠 준 명함 한 장 때문이었다. 온갖 일을 나 할 줄 안다며 전화번호가 쓰인 명함을 건네주었다. 한눈에 봐도 지금까지 보던 북한노동자와는 좀 달라 보였다. 일감을 소개해 달라며 건넨 그의 명함으로 전화를 걸었다. 필자가 러시아에 와서 생활하려면 집이 필요한데 어떤 집이 좋을지 잘 모르겠다며 도움을 청했다.

앞으로 북한의 문이 열리면 북중러 접경지역에 와서 살면 좋겠다는 생각도 안한 건 아니다. 그래서 이곳에 공간을 하나 마련해 통일여정의 거점으로 삼으면 어떨까라는 구상이었다. 물론 지금 당장 할 수 있는 일은 아니었다. 그렇기에 그에게 괜한 기대를 주는 것 같아 미안한 마음도 들었다. 왜냐하면 집을 한 채 짓고 싶어 물어볼게 있다는 말에 그는 열일을 제쳐두고라도 만날 수 있다며 반겼기 때문이다.

필자는 집짓기 공사를 문의하는 고객이 되었고, 그는 의뢰를 받은 건설사업자의 신분이 되었다. 그에게 단순한 집수리가 아닌 집을 한 채 짓는 것까지 이야기할 수 있었던 건, 그의 사업수완이나 규모가 남달랐기 때문이다. 그는 건설 일만 10년 째 하며 돈도 꽤 벌었다고 말한다. 하지만 그 돈이 모두 자기에게 돌아오는 게 아니어서 실제로 가진 돈은 없다며 아쉬워했다.

> 건설 일만 10년 했어요. 5년에 3만 달러 정도 벌었지. 지금은 화폐교환 한 다음에 돈 안돼요. 옛날에 3,000루블이었는데, 지금은 6,000루블 이니까 돈 안돼요. 회사에 바치고 하니까 남는 게 없어. 돈 바치지 않으면 혼자 뽑아 안 주니까. 제 벌어서 제 주머니 넣는 게 낫지. 5년 동안 회사에 바친 돈 까지 계산하면 내 혼자서 8만 달러 정도야. 1년에 만 달

러씨 바치고, 깡짜로 벌은 게 그렇게 된다고.

그 놈의 대통령이 자꾸 쏴 대니까...

그나마 러시아에서 일하며 돈을 벌 수 있었는데 제재 때문에 이제 그마저도 어렵다고 말한다. 제재를 가하는 미국을 욕하는 게 아니라, 그는 미사일을 쏴대는 대통령이 문제라며 울분을 토했다.

> 러시아가 조국에 자꾸 내보내라고 쪼으니까 지금은 사람들이 별로 없어요. 조국에서 미사일 쏘니까 제재하는 거지 뭐. 그 놈의 대통령이 자꾸 쏴 대니까. 대통령이 정권을 안 내놓으니까 통일이 안 되는 거라고. 근데 통일이 되도 사상이 다르기 때문에 힘들어. 해외생활 한 사람은 간부 사업을 안 시킨다고. 해외 나와 보면 다 아니까. 자본주의 물을 먹었으니까. 나는 이게 옳은데 강압적으로 이렇게 하면 안된다고 하지. 통일이 안되는 원인도 거기에 있다고.

처음에 '그 놈의 대통령'이라는 말을 들었을 때 당연히 미국이나 한국 대통령을 말하는 줄 알았다. 하지만 그가 표현한 건 바로 미사일을 쏘아대는 북한 정권을 의미했다. '북한노동자가 저렇게 표현해도 되나' 싶을 정도로 마음을 졸인 건 오히려 필자였다. 그가 그렇게 말할 수 있었던 건 그 다음 대화에서 어느 정도 짐작이 되었다. 그는 "해외에 나와 자본주의 물을 먹었다"는 말을 했다.

북한 당국도 해외생활을 한 사람들의 사상이 변한다는 걸 알기 때문에 간부사업도 안 시켜준다고 말한다. 결국 자신이 직접 보고 들은 사실이 그동안의 사상과 충성도를 약화시키는 계기가 된 것이다.

새세대들이니까 머리가 깼다고

그에게는 평양에 10대의 딸이 있다. 자신이 해외에 나와 고생하는 이유도 딸자식 잘 키워보겠다는 마음이라고 말한다. 아이가 OO살 때 해외에 나온 그는 5년 만에 귀국해 딸아이의 얼굴을 봤다. 그 때 그의 나이가 삼십대 초반이었다. 이십대 후반에 결혼해 딸아이를 남겨 둔 채 5년 동안 해외생활을 했다. 딸아이와 함께 한 시간은 고작 2-3년 정도였다. 어리광을 피우며 아빠의 품을 찾던 아이는 벌써 10대 소녀가 되었다.

> OO살 된 딸이 한명 있어요. 먹고 살기 바쁜데 하나만 곱게 키우면 되지. 이제는 새세대들이니까 머리가 깼다고 봐야 돼. 애가 OO살 때 나왔다가 5년 있다가 들어갔지. 그리고 다시 지금 나왔으니까... 유치원 때에는 내가 데리고 다니면서 피아노 배워주고, 내가 나온 다음에는 무용, 손풍금 배워줬지. 내가 들어가면 태권도 시키려고. 다 해 줄려고.

내가 러시아에서 산다면야

그가 술병을 들고 술 한 잔을 따라주려기에, 필자가 술잔을 들었더니 이내 술잔을 탁자에 다시 놓으라고 한다.

"조선 사람들은 잔을 들어 술을 받지만, 쏘련 사람들은 잔을 테이블에 놓고 받는다고. 돈이 붙지 않는다고 해."

그는 러시아에 살면서 건설 일감을 받기 위해 아주 작은 부분까지도 신경을 썼다고 한다. 러시아 사람을 만나 술을 따르고 받는 방법도 사업을 위해 사람들을 만나는 과정에서 터득했다. 독한 보드카 한잔을 입에 털어 넣고는 "조선사람은 역시 장국을 먹어야 된다"며 음식을 권한다.

그의 호탕한 성격 때문일까? 집을 지어달라는 필자의 제안에 자신이 이 지역 자재상까지 모두 장악하고 있다며 큰소리를 친다. 그 정도 사업수완이면 회사를 하나 세워 보는 건 어떤지 물었다.

> 내가 러시아에서 산다면야 그렇게 할 수 있지. 거주할 수 있다면. 거짓말 안하고 큰 사업 해서 돈 많이 벌 수 있어요. 원래 장사치에요. 조국에서 장사했어요. 강제 철근 장사했어요. 건축자재, 시멘트, 모래, 철근 팔고사고 했어요. 연유 땅크 팔고 장사했어요. 1,000달러에 사서 세 배 되는 값으로 판적도 있어.

북한에서 장사를 하며 큰돈을 벌었다는 그의 말을 들으며 문득 궁금한 점이 생겼다. 그렇게 많은 돈을 벌 수 있는데 왜 굳이 러시아까지 나왔을까 하는 의문이 들었다.

> 필　자: 북한에서 돈을 많이 버는데 왜 여기에 나왔어요?
> 노동자: 그 때는 남의 돈 빌려서 장사를 하니까, 내가 몽땅 다 갖는 게 아니고, 야는 앉아서 돈만 빌려주고 돈만 받고 나는 일만 하는데 나눠먹으니까. 남의 것을 빌려서 같이 나눠먹으니까 돈이 안 돼. 어처구니 없는 일이지. 남의 것에 의존하게 되면 노예가 된다는 말이 있잖아.

북한에서 장사를 하며 큰돈을 만졌지만 그 돈이 모두 그의 것이 될 수 없었다. 돈을 빌려서 장사를 했기에 나눠 먹으면, 실제 그에게 남는 것도 없었다고 한다. 자기가 혼자 새빠지게 고생하며 일하고, 돈을 빌려준 사람은 앉아서 그냥 돈을 받기만 했다. 그의 말을 들으며, 북한에서 장사를 할 때는 돈을 빌려준 사람에게 바쳐야 하고, 러시아에 나와서 일할 때는 국가에 바쳐야 한다는 사실은 똑같다는 생각이 들었다.

장사는 신용이에요

그는 러시아 대륙을 오가며 큰돈을 벌 수 있는 장사꾼이 되고 싶다고 말한다. 러시아와 관계가 좋아지면 자신들도 마음대로 오갈 수 있는 날이 올 거라 기대했다. 그러면서 필자와 함께 장사를 같이 해 보자는 제안도 했다.

> 빨리 돈 벌어서 조국에 들어가 장사해야지. 러시아 관계가 좋아져서 내가 왔다 갔다 할 수 있으면 물건 보내면서 서로 거래하면 되지. 장사는 신용이에요. 사람은 환경에 빨리 적응해야 한다는 말이 있어. 내가 미국이나 한국을 가든 어디를 가든 환경에 빨리 적응해야 한다고.

카톡도 알고 있다: 인터넷 시대에

그는 한국의 카카오톡 메신저도 알고 있었다. 한국 영화뿐만 아니라 뉴스까지 상세하게 보고 있다고 말한다. 그가 한국 방송을 보는 이유는 정세를 파악하기 위함이었다. 필자가 '한국 영화 파일을 좀 구해 줄까요'라며 제안하자, 그는 인터넷으로 보기 때문에 굳이 필요 없다고까지 말할 정도였다. 지금은 '인터넷 시대'라며…

한국 영화 보니까 카톡 하고 들어오더라구. 생활영화 많이 봤어요. 한국 영화 구해줄까요? 한국영화 구해주면 집값 좀 싸게 해주나요? 아... 나 인터넷으로 다 받아서 봐요. 인터넷 시대인데. 정세, 뉴스도 봐야 하고, 소식도 알아야 되니까 인터넷 봐야지. 나라가 어케 돌아가는지 알아야지요.

건설공법만 알면 금방 지어요

집을 지어달라는 의뢰를 위해 만났으니, 화제를 돌려 그와 관련한 이야기를 건넸다. 집을 지어 본적이 있는지, 얼마나 잘 지을 수 있는지 등 일종의 그의 실력을 마치 검증이라도 하듯 꼬치꼬치 물어보았다. 그러자 그의 대답은 이 지역 건물 중에 자신의 손이 안 닿은 곳이 없다며 자랑삼아 말한다.

OOO지역 여기 길거리에서 보이는 집은 다 내가 지은 거에요. 도면이 있어야 정확히 자재를 알고 단가를 낼 수 있어요. 두 달 반에서 석 달 정도면 지을 수 있어요. 건설공법을 모르는 사람들은 힘들어도 건설공법만 알면 금방해요. 조선 건설공법과는 좀 달라요. 여기 와서 배운 거에요. 집하나 지으려면 자기가 기사가 되어야 해요. 세탁기, 냉동기 전기선 어디에 꼽아야 할지 자기가 다 구상을 해야 되요. 술 사갖고 오면 내가 가르쳐 줄게요.

에틸알콜을 희석해서 만드는 술

이 지역의 많은 건물을 자기가 직접 공사했다며 자랑을 했다. 술 한병 사오면 그 비결을 가르쳐 주겠다며 농담을 건네기도 했다. 그러면서 술에 대한 이야기로 화제가 옮겨갔다.

> 러시아 보드카는 보통 40도예요. 60도짜리도 있는데 그건 못 마셔요. 알코올을 사서 희석해서 먹어요. 90도짜리도 있어요. 에틸알콜은 식용이에요. 돈이 없어 술을 사 먹지 못하니까 에틸알콜을 사서 그걸 25에서 30프로 정도로 희석해서 먹어요. 소련에 오래 있던 사람들은 40도 정도 먹는데 보통 조선아이들은 25도 정도 먹어요.

술 한 병 사는 돈을 한 푼이라도 아끼기 위해 식용알콜에 물을 희석해서 마신다는 그의 말은 너무도 마음을 아리게 했다. 블라디보스토크를 찾는 한국 관광객들이 선물로 구입하는 보드카 한 병이 채 만원을 넘지 않는 것도 많다. 러시아 현지인들이 슈퍼마켓에서 사다 마시는 보드카 한 병이 한화로 3,000원 정도다. 그 돈을 아끼기 위해 알코올에 물을 타서 마시는 그들의 생활을 어떻게 받아들여야 할까?

땅덩어리는 요만한데, 국가보위부는 이만큼씩 있다고

첫 만남에서 스스럼없이 북한체제에 대한 자신의 불만을 이야기하던 그였다. 대화가 오갈수록 조금은 조심스러운 듯 말을 아꼈다. 하지만 그의 마음속에 있는 솔직한 심정은 결코 숨길 수 없었다.

한국 사람하고 앉아서 밥 같이 먹는 건 처음이에요. 자유적 조건이 있는데 우리는 한마디 잘못하면, 버스 타고 가다 김정은이 노동자 못살게 하나 이렇게 말하면 그냥 없어져. 내 주위에 4-5명의 보위원이 있다고. 땅덩어리는 요만한데 국가보위부는 이만큼씩 있다고. 그니까 땅덩어리 구석구석 얼마나 많은 거야. 정권을 유지하려니까 법을 통제안하면 못하지. 하지만 뒷구멍으로 다 안다고.

우리는 아직 왕의 자식이 왕이 되고

한국드라마 <쾌도 홍길동>을 보며 당시의 봉건제도와 지금 3대 세습을 비교하기도 했다. 그는 "한 세기를 못 간다"고 단호히 말한다.

미국 영화든 소련 영화든 다 본다고. 다 진실적으로 표현하잖아. 생활적인 내용이고 현실에 돌아가는 것처럼 만들었으니까 재미나다고. 국가보위부 아들이 본들 들키겠어. 다 보지. 쾌도 홍길동이라는 영화를 봤다고. 그 때 봉건통치배가 아직도 있으니까. 통치방식은 예나 지금이나 같다고. 방법만 다를 뿐이지. 근데 우리는 아직 왕의 자식이 왕이 되고... 이건 봉건이라고. 한국이야 인민들이 지지하는 사람이 대통령이 되잖아. 우리는 김일성-김정일-김정은 3대 정치를 하고 있잖나. 근데 한 세기를 못 가. 김정은이 다음에 누가 되겠는지... 1945년부터 시작했다고 보면 한 세기 못 가.

북한은 군사강국, 남한은 경제강국

트럼프가 북한에 대해 제재를 가하는 이유는 무엇인지 그의 이야기를 들어보자.

> 김일성은 높여준다고. 김정일은 고난의 행군 때 사람들 굶겨 죽은 거 밖에 더 있나. 김정은이 핵무기 들고 미국 떨게 만들고 있는데 혼자는 군사강국 되기 어려워. 북한은 군사강국, 남한은 경제강국으로 통일되면 잘 살 수 있어. 우리는 미사일 있는데 돈이 없어. 대륙간탄도미사일이라고 우주를 건너가서 정확히 떨어지는 거 갖고 있다고. 수직으로 올라갔다가 수직으로 떨어지게 되어 있어서 이건 완전한 성공이라고. 조선한테 왜 압박을 가하냐, 우리가 뭘 잘못했냐 다른 나라에 피해 안주고 내 집안에서 내가 하는데 왜 상관이냐. 미국도 떤다고. 군사강국 경제강국 두 개 합하면 세계를 재패할 수 있다고, 그래서 트럼프가 그게 두려워서 우리를 자꾸 짓밟는 거라고. 우리 조선을 옛날에 대고구려라고 했어.

내가 굳이 왜 김정은 배 채워줘?

그는 자신이 일한 만큼 온전히 가질 수 있는 사회를 꿈 꾸는 듯 했다. 자신이 번 돈을 계획분이라는 이름으로 바쳐야 하는 현실은 그에게 짐이었다.

> 나오면 전화기부터 사서, 그 이전 것 까지 다 들쳐 봐야지. 난 내 배만 채우면 되지, 내가 굳이 왜 김정은 배 채워줘. 내가 힘들게 번 돈을 내 혼자 먹는 게 아니니까 아깝지. 내가 일하는 게 있고 다른 사람들을 일

맡겨 놓은 곳도 있고. 회사사람들 중에 일감 없는 사람들 연계해 주고. 회사에 돈은 바쳐야 하는데 돈은 못 버니까. 술 먹을 돈도 없어. 일감 없는 사람들을 불러서 보름동안 일인당 900달러 주고 일 시킨다고. 하루에 50달러 정도 주면 된돼. 그 정도 주면 많이 주는 거야. 보름에 계획분 다 바치고 다음에 버는 건 자기 주머니에 차면돼고. 겨울에 일감이 없어서 계획분 낮춘 게 그 정도야.

뼈마디가 썩는다고

그의 거친 손을 들여다봤다. 손톱은 성한 게 하나도 없었다. 잠은 현장에서 그냥 자는데 뼈마디가 썩는다고 말한다. 새벽 4시까지 일한 적도 있었다.

하루에 아침 8시 30분에 시작해서 밤 12시까지 일한다고. 새벽 4시까지 일한 적도 있어. 일할 때는 완전 도깨비들이라고. 무조건 끝내야겠다 생각하면 오늘 무조건 끝내야지. 깡지가 있다고 하잖아요. 그래서 조선사람들을 좋아해. 완전 악으로 살아가는 거야. 조국 가서는 이렇게 일 안해. 여기와서 돈을 벌어야 한다는 마음이 있으니까 악으로 일하지. 건설은 공정을 맞추지 않으면 한발 더 갈 수 있는 것도 두 발 더 뒤로 간다고. 공정에 딱 맞추어서 일해야 너도 돈 되고, 나도 돈 되는 거지.

한 시간에 얼마 줄래요?

그는 러시아에 와서 살아남기 위해 자신만의 혹독한 훈련을 거쳤다. 러시아 말은 6개월 만에 배웠다고 한다.

같이 일해야 빨리 배우게 된다고. 글은 내가 혼자 자습했어. 새벽 2시까지 일하고 4시까지 자습했지. 그런 노력 없이 러시아 땅을 제나라 땅처럼 마구 휘저어 놓지 못해. 자유자재로 말할 수 있어야 한다고. 여기는 홀로몸인데 나를 내가 스스로 시켜야 한다는 마음이 있어야 해. 이런 각오로 살아야 하지. 러시아 말로 '제눈깔로'는 거울이라는 뜻인데 이것을 "제눈깔로 찌르지 말라"하면서 단어를 배웠어. 러시아어 가르쳐줄게요. 한 시간에 얼마 줄래요?

북한에 있을 때 OO대학을 졸업하고 러시아어는 한 번도 배운 적이 없는 그였다.

군관대학에 합격했는데 내가 안갔어. 내가 그 줄기로 뻗었으면 정치위원이 되었을 거야. 나 군함 배 탔으니까. 수뢰, 어뢰, 포, 기관이 전공이야. 만능해병이라는 말이 있어. 조타수가 죽으면 배는 끌고 가야 하니까 항해를 배운다고, 여러 가지 혼자 다 할 줄 알아야 해. 무선, 신호, 수기도 배웠다고. 다 죽었는데 나 혼자 살아 있다고 가정하면 조타, 항로를 배우고 기관도 배웠다고.

거래되는 현지 전화번호

그가 필자에게 처음에 건넸던 명함을 다시 들여다봤다. 러시아어로 '전기, 난방, 리모델링(레몬트), 집수리'라고 적어 놓았다. 모든 일을 다 할 수 있다는 의미다. 그의 사업 성공 비결(?)은 바로 거래되는 전화번호였다.

전화번호가 많아요. 여러 개 써요. 내가 처음 러시아 땅에 와서 오랫동안 있던 놈들한테 돈 주고 다 샀다고. 일감이 많으니까. 전화번호를 사는데 15,000루블 정도 들었어. 20,000루블 준 적도 있어요. 전화번호 하나 사는 데. 장사할려면 명함도 있어야 돼. 전화번호가 4개에요. 쏘련 땅에서 살려면 법을 잘 알아야 돼.

그에게 집짓는 공사를 맡길 수 있을 때가 언제인지 알 수 없다. 아니, 그런 날이 정녕 오기나 할는지 장담할 수 없다. 마지막으로 그가 필자에게 건넨말은 아린 기억으로 마음을 울린다.

"동포니까 좀 도와주세요. 일감 좀 주세요."

에필로그

    그들을 보며 우리네 아버지들을 떠올렸다. 전쟁으로 잿더미가 된 폐허 속 조국을 살리기 위해 부단히도 애쓴 그 때 그 시절 우리의 영웅들 말이다. 독일의 광부로, 베트남의 포화 속으로, 중동의 건설현장으로 달려가 청춘을 바친 그들이 있었기에 오늘의 우리가 살아 있음을…

    차가운 시베리아 벌판의 칼바람 맞으며 건설현장에 외로이 선 그들처럼, 뜨거운 중동사막의 모래바람 맞으며 조국을 생각한 당신들이 계셨으리라.

    그 아버지들의 눈물을 밑동 삼아,
배곯아 본 적도,
자유를 뺏긴 적도,
인권을 유린 당한적도 없는,
찬란한 조국을 유산으로 물려받았다.
그리고 또 다른 시대의 미래를 맞는다.

    그럼 이제 남겨진 우리네 반쪽 조국은 어찌해야 할까?
    '당과 조국을 위한 충성자금'을 마련하라며 낯선 나라로 보내진 이 시대 또 다른 아버지들의 시름 겨운 삶은 어찌해야 하는가?

뼛속을 에이는 혹한의 추위에도 아랑곳없이 연해주 건설장 어디나 그들의 흔적이 뿌려진다. 사람의 손이 그토록 거칠어 질 수 있음은 애써 그들의 손을 잡아 보지 않아도 알 수 있었다. 성한 손톱 하나 없이 뼈 마디가 으스러지는 고된 노동의 삶을 그저 견뎌내야만 했다.

애옥살이 인생이라 한탄할 겨를 따위도 없었다. 가장의 어깨 위에 드리운 고단한 삶의 무게를 걱정하는 것조차 짐짓 사치였다. '계획분'이라는 명목으로 바쳐야 하는 상납금의 압박은 매순간 그들의 숨통을 조여 왔다.

그나마 지갑 깊숙이 넣어둔 한 장의 가족사진을 부여잡고 홀로 눈물 훔쳤을 마음들이 오롯이 경계를 넘는다. 섣옛장 마냥 어디로 흘러가 부서질지 모를 거친 삶이라 해도, 그 질긴 생을 이어준 건 오로지 가족 때문이었으리라.

수 년 동안 얼굴 한번 제대로 보지 못한 채, 희미하게 지워져 가는 기억을 애써 놓치지 않으려 발버둥 쳤다. 사랑하는 사람들이 담긴 사진을 수 백, 수 천 번이나 되뇌며 고향집을 그렸을게다.

가족들 생각으로 궁싯거리던 숱한 밤들을 지나 저적거리는 한 걸음을 또 옮긴다. 10년 세월 동안 몰래 여투어 두었던 돈을 싸들고 귀향 하는 날, 어슴새벽 지난 아침 햇살마냥 아비의 손은 가족의 희망이 될까?

<하나의 대가정>이라는 미명 아래 지도자 한 사람을 어버이라 부르며, 당을 어머니라 칭하라는 쓰디쓴 독재의 칼날에 베여진 가족의 사랑...

우리가 지금 여기에서 누리는 이 소중한 가치를 경계 너머 그들도 함께 누리기를 간절히 소망한다.

갈라진 조국의 아픔 앞에 바스락거리는 마음들을 보듬어 이제는 하나가 될 그 순간을 꿈꾼다.

통일 그날을 위해,
오늘의 하루하루를 또 잘 살아보고자 한다.

"눈 속에 묻힌대도 푸른빛 잃지 않는 소나무처럼..."

> 사람은 먼 훗날 자기 인생을 총화하면서
> 내가 혁명(통일)을 위해 무엇을 했는가 묻고,
> 스스로 허무해지는 자신을 발견하지 않도록,
> 오늘의 하루하루를 잘 살아야 해.
>
> 북한영화 <열 네 번째 겨울중에서>

너나드리의 책들 SINCE 2015

너나들이는 서로 너 나하며 허물없이 지내는 사이를 일컫는 순우리말입니다.
도서출판 너나드리는 남북한 사람들이 서로 그런 사이가 되기를 바라는 희망을 안고
통일 북한 전문 출판을 통해 하나의 길을 만들어 갑니다.

· 이 도서의 수익금 전액은 통일을 위한 후속 연구 및 출판에 사용됩니다.

사람과 사람
김정은 시대 북조선 인민을 만나다
강동완 · 박정란 지음　544쪽 | 22,000원
출간연월 | 2015.9　*2016 세종도서 선정

국내최초 북한주민 100명 면접 설문조사!
나와 그들은 '같은 사람'이 아니라 '남한 사람, 북한 사람'으로 분명히 경계를 나누어야 하는 분단국가의 '다른 사람'이었다.

이 책은 국내 최초로 북한주민 100명을 대상으로 한 설문조사를 통해 그들의 생생한 통일이야기를 담아냈다. 이 책에서 말하는 '북한주민'은 남한이나 중국 등 제3국으로의 이주를 목적으로 탈북한 사람들이 아니라, 식량구입 및 장사를 위해 국경을 반복해 넘나드는 사람들과 중국 친지 방문을 위해 공식적으로 비자를 받고 중국에 체류하고 있는 사람들을 의미한다. 인터뷰에 응한 북한 주민 100명은 김정은 집권 이후 북한 당국으로부터 공식 허가를 받고 중국에 입국한 사람들이다. 이들은 최근 북한 상황과 사회변화에 대해 상세하게 증언해 주었다.

통일과 페친하다
강동완 지음　256쪽 | 13,800원
출간연월 | 2016.9

이 책은 6년동안 페이스북에 채워진 삶의 기록 가운데 통일이야기라 말할 수 있는 특별한 흔적들을 추렸다. 천 개의 숫자가 가진 특별한 의미… 무엇이든 간절히 천 번을 바라고 또 바라면 이루어진다고 하지 않았던가. 통일을 생각하고(통일과 사색), 그 길을 묵묵히 걸으며(통일의 길을 걷다), 그와 재미나게 놀면서(통일과 놀다), 통일을 평생의 소명으로 삼는 사람들(통일과 사람)의 이야기를 오롯이 담아냈다.

통일, 너를 만나면 심쿵
붓으로 새기는 통일

강동완, 차고은 지음 | 192쪽 | 14,800원

출간연월 | 2016.11

**국내 유일 북한 청봉체 전수자의
손끝에서 새겨진 통일!**

남남북녀라는 이름으로 남한 출신 북한학 교수와 북한에서 온 북한이탈주민 통일서예강사가 함께 엮은 책이다. 71년 켜켜이 쌓인 한 맺힌 시간들을 이제 그만 끝내고자 하는 바람을 담아 71개의 글씨를 짓고 붓으로 새겨 넣었다. 그리고 71명의 통일 동지라 불리는 사람들의 마음을 페이지마다 오롯이 담아냈다. 71년이라는 분단의 시간에 이제 그만 마침표를 찍었으면 하는 간절한 마음을 아로새기면서 말이다. 통일의 그 날, 김일성 광장에 깊게 새겨질 '통일 심쿵'이 우리 모두의 마음이 되었으면 좋겠다.

통일의 눈으로 부산을 다시보다

강동완 지음 | 176쪽 | 15,800원

출간연월 | 2017.2

**국내 최초 통일여행 안내서
- 통일 교두보 부산의 이야기!!!**

이 책은 '통일아 놀자'라는 주제로 우리의 일상을 통일의 눈으로 다시 보자는 시도다. 우리 주변에 흩어져 있는 분단의 유적을 과거와 기억의 역사로 묻어두지 않고 일상에서 느끼는 산 역사의 장으로 다시 재구성 하자는 것이다. 그 첫 출발지는 바로 부산이다. 어쩌면 부산은 통일을 위한 마지막 보루로 지켜진 땅일지도 모른다. 부산은 통일을 해 남겨진 땅이라 부르고 싶다.

김정은의 음악정치
모란봉악단, 김정은을 말하다(두 번째 이야기)

강동완 지음 | 512쪽 | 25,000원

출간연월 | 2018.10

김정은의 아이콘이라 할 수 있는 모란봉악단은 북한에서 의미 있고 특별한 날에는 어김없이 공연 무대에 오른다. '음악정치'라 표현할 만큼 모란봉악단의 위상은 대단하다. 모란봉악단을 보면 분명 김정은이 보인다. 북한판 걸그룹이라 불리며 우리 사회에서도 남다른 주목을 받는 모란봉악단은 공연마다 김정은의 정치적 의도를 담고 있다. 이 책은 〈모란봉악단, 김정은을 말하다〉후속편으로 전편 14회차 공연에 이어서 2014년 3월 공연(15회차)부터 2017년 12월까지 개최된 전공연(31회차)을 살펴본다.

통일의 눈으로 제주를 다시보다

강동완 고성준 지음 | 300쪽 | 21,000원

출간연월 | 2018.12

**국내 최초 통일여행 안내서
- 당신이 통일과 만나는 작은 여행**

분단이 우리 삶에 깊숙이 자리하는데, 통일은 일상에 스며들지 못한다. 이 책은 '통일아 놀자'라는 주제로 우리의 일상을 통일의 눈으로 다시 보자는 시도다. 일상의 통일, 통일의 일상을 살다 보면 꿈에도 그리던 통일은 현실이 될 것이다. 우리 일상에서 늘 통일을 생각하고 공감할 수 있는 스토리와 장소가 많아야 한다. 제주 역시 통일을 이야기 하는 〈통일과 평화의 섬〉으로 재조명되어야 한다. 이 책은 제주를 찾는 분들에게 재미있는 통일여행길라잡이가 될 것이다. 푸른 바다에 묻어오는 통일의 바람이 한라에서 백두까지 이어지는데 귀한 걸음을 보태어 달라고 말한다. 통일의 그 날을 생각하며, 통일이 그립거든 제주로 오시기를...

북중접경 시리즈 1
평양 밖 북조선
999장의 사진에 담은 북쪽의 북한

강동완 지음 540쪽 | 35,000원
출간연월 | 2018.9

**999장의 사진에 담은 북중접경 2,000km
북녘 사람들의 모습**

이 책은 2018년 6월부터 8월까지 북중 접경에서 찍은 999장의 사진을 담았다. 평양 밖 북한은 과연 어떤 모습일까? 북한은 평양과 지방으로 나뉜다. 평양에 사는 특별시민이 아니라 북조선에 살고 있는 우리네 사람들을 마주하고 싶었다. 2018년 여름날, 뜨거웠지만 여전히 차가운 분단의 시간들을 기록하고자 했다. 그리하여 999장의 사진에 북중접경 2,000km 북녘 사람들을 오롯이 담았다. 〈사람, 공간, 생활, 이동, 경계, 담음〉 등 총 6장 39개 주제로 사진을 찍고 999장을 엮었다.

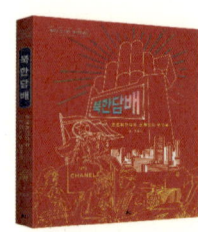

메이드 인 북한 - 첫번째 상품
북한담배
프로파간다와 브랜드의 변주곡

강동완 지음 285쪽 | 29,000원
출간연월 | 2019.9

국내 최초 북한담배 200여종의 브랜드(색상, 디자인, 서체, 콘텐츠 등)와 정치선전에 관한 탐구

〈자력갱생〉, 〈자급자족〉의 우리식사회주의를 지키자며 목소리를 높이지만 정작 북한사회 깊숙이 자리한 자본주의 행위 양식은 이미 북한사회 변화의 주요한 동력이다. 상표에 정치사상을 담지만, 동시에 소비자를 의식해 디자인과 색상, 서체 등 브랜드를 고려할 수 밖에 없는 북한당국의 이중적 고민이 북한담배 안에 고스란히 담겨 있다. 북한담배에 감추어진 선전(propaganda)과 또 다른 선전(advertise)이 어떤 변주곡으로 울리는지 함께 들어보자. 북한사회를 가늠하는 또 하나의 창(窓)으로 말이다.

북중접경 시리즈 2
그들만의 평양
인민의 낙원에는 인민이 없다

강동완 지음 272쪽 | 29,000원
출간연월 | 2019.4

평양 밖 사람들이 어찌 사느냐 물으신다면...

이 책은 2018년 9월부터 2019년 2월까지 북중접경에서 바라본 북녘 사람들의 가을과 겨울을 찍고 기록했다. 혁명의 수도 평양에서 '살아가는' 평양시민이 아닌, 오늘 또 하루를 '살아내는' 북한인민들의 억센 일상을 담았다. 강 너머 망원렌즈로 보이는 북녘의 모습은 누군가의 의도로 연출된 장면이 아니라는 건 분명하다. 북중접경 지역은 바로 북한인민들의 삶이자 현실 그 자체의 잔상을 품었다. 영하 30도를 넘나드는 두만강 칼바람은 마치 낯선 분단의 칼날처럼 뼛속을 파고들었다. 매섭고도 아픈 국경의 길은 끊기고 또 이어졌다. 손마디가 떨어질 것 같은 혹독한 추위에도 아랑곳하지 않은 채 덤덤히 또 하루를 살아내는 사람들... 그 길 위에서 마주한 북녘사람들에게 안부를 묻고 싶었다. 그들을 사진에라도 담는 건 진실에서 눈 돌리지 않으려는 최소한의 몸부림이자 고백이다.

북중접경지역 5000리 길
그곳에도 사람이 있었네

강동완 지음 432쪽 | 21,000원
출간연월 | 2017.8

이 책은 그동안 북중 접경지역을 수십 차례 오가며 만난 북녘의 사람들을 통일의 눈으로 담아냈다. 같은 장소라도 다른 계절에 가면 바람에 실려 오는 냄새가 달랐다. 분단의 깊은 상처를 고스란히 간직한 북중 접경지역 통한의 길에서 북녘의 사람들을 한 명이라도 더 보려 애썼다. 그곳에도 사람이 있었다. 같지만 다르고, 다르면서도 같은 분단의 사람들이...

통일수학여행
해파랑길에서 만나는 통일

강동완 외 　 225쪽 | 21,000원
출간연월 | 2017.9

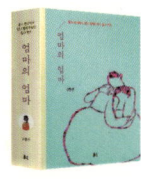
엄마의 엄마
중국 현지에서 만난 탈북여성의 삶과 인권

강동완 지음 　 450쪽 | 22,000원
출간연월 | 2018.5

이 책은 남북한과 제3국 출신 청소년들이 부산 해맞이공원에서부터 강원도 고성 통일전망대에 이르는 해파랑길 770km를 걸으며 통일을 사색하는 여행기다. 진짜 여행이란 본디 무언가를 찾아가는 것이라 하지 않았던가? 아이들에게 해파랑길을 걸으며 통일을 찾아보라 했다. 하지만 그 길 어디에도 통일은 없었다. 대신에 아이들은 분단의 길에서 스스로가 통일이 되었다. 그대 그리고 나, 바로 우리가 통일이다.

국내 최초 중국 현지 거주 탈북여성의 삶을 담다.

이 책은 현재 중국에 거주하는 탈북여성 100명을 현지에서 직접 인터뷰한 그녀들의 이야기다. 북한을 떠나 중국에서 살고 있는 중국거주 탈북여성... 떠났다는 표현은 어쩌면 그녀들에게는 사치스러운 말이었다. 어미로 살아가는 그 삶속에서 그리운 엄마를 떠올렸다. 누군가의 딸이자 또 누군가의 엄마여야 했다. 엄마에게 가는 길은 가깝고도 멀었다. 그래서 통일은 엄마다.

통일, 에라 모르겠다
한류로 만나는 남북청년 통일프로젝트

강동완 외 　 380쪽 | 17,000원
출간연월 | 2017.3

〈한류, 북한을 흔들다〉라는 제목으로 분단조국의 청년PD들과 함께 만든 라디오 다큐멘터리는 〈뉴욕페스티벌〉, 〈한국방송대상〉을 수상했다. 이 책은 방송 제작과정의 순간순간을 오롯이 담아냈다. 통일이 우리의 일상이 되기를 바라면서...남북 **청년들이 말한다. "통일, 에라 모르겠다. 고민하지마."**

자기가 태어나 전보다 세상을 조금이라도
살기좋은 곳으로 만들어 놓고 떠나는 것,
자신이 한 때 이곳에 살았음으로 해서
단 한사람의 인생이라도 행복해지는 것
이것이 진정한 성공이다. _ R. W. Emerson

러시아 연해주 벌판에 홀로 선
<안중근 의사 단지동맹비>